Teologia do Cativeiro e da Libertação

Dados Internacionais de Catalogação na Publicação (CIP)
(Câmara Brasileira do Livro, SP, Brasil)

Boff, Leonardo
Teologia do Cativeiro e da Libertação /
Leonardo Boff. 7. ed. – Petrópolis, RJ :
Vozes, 2014.

1ª reimpressão, 2025

ISBN 978-85-326-2046-0

1. Teologia da Libertação I. Boff, Leonardo.
II. Título.

13-12023   CDD-261.8

Índices para catálogo sistemático:
1. Teologia da Libertação : Teologia social :
Cristianismo   261.8

Leonardo Boff

Teologia do Cativeiro e da Libertação

EDITORA VOZES

Petrópolis

© by Animus/Anima Produções Ltda.
Caixa Postal 92.144 – Itaipava
25741-970 Petrópolis, RJ
www.leonardoboff.com

Assessoria Jurídica e Agenciamento Literário:
Cristiano Monteiro de Miranda
(21) 9385-5335
cristianomiranda@leonardoboff.com

Direitos de publicação em língua portuguesa:
1980, 2014, Editora Vozes Ltda.
Rua Frei Luís, 100
25689-900 Petrópolis, RJ
Internet: http://www.vozes.com.br
Brasil

Todos os direitos reservados. Nenhuma parte desta obra poderá ser reproduzida ou transmitida por qualquer forma e/ou quaisquer meios (eletrônico ou mecânico, incluindo fotocópia e gravação) ou arquivada em qualquer sistema ou banco de dados sem permissão escrita da editora.

CONSELHO EDITORIAL

Diretor
Volney J. Berkenbrock

Editores
Aline dos Santos Carneiro
Edrian Josué Pasini
Marilac Loraine Oleniki
Welder Lancieri Marchini

Conselheiros
Elói Dionísio Piva
Francisco Morás
Teobaldo Heidemann
Thiago Alexandre Hayakawa

Secretário executivo
Leonardo A.R.T. dos Santos

PRODUÇÃO EDITORIAL

Anna Catharina Miranda
Eric Parrot
Jailson Scota
Marcelo Telles
Mirela de Oliveira
Natália França
Priscilla A.F. Alves
Rafael de Oliveira
Samuel Rezende
Verônica M. Guedes

Editoração: Maria da Conceição B. de Sousa
Projeto gráfico: Sheilandre Desenv. Gráfico
Capa: Adriana Miranda

ISBN 978-85-326-2046-0

Este livro foi composto e impresso pela Editora Vozes Ltda.

Sumário

Introdução à 7ª edição – Quarenta anos de Teologia da Libertação, 9

Introdução, 35

Capítulo I. A hermenêutica da consciência histórica da libertação, 39

    1 A emergência de uma nova consciência histórica, 39

    2 A libertação dentro de uma hermenêutica da história universal, 49

Capítulo II. O que é fazer teologia a partir do cativeiro e da libertação?, 60

    1 Passos metodológicos da Teologia da Libertação e do Cativeiro, 62

    2 Libertação a partir do cativeiro, 78

    3 Teologia a partir do cativeiro e a libertação: ensaio descritivo, 80

    4 A partir da Teologia da Libertação: outras formas de fazer teologia, 85

    5 Conclusão: o importante não é a Teologia da Libertação, mas a libertação, 97

Capítulo III. Teologia como libertação, 101

    1 A dimensão libertadora e praxística da fé e da teologia, 102

    2 Libertação de um certo tipo de teologia, 120

Capítulo IV. Libertação como teologia, 121

    1 A dimensão de fé e de teologia de toda práxis libertadora, 122

    2 O que é cristão?, 127

    3 Libertação como expressão e manifestação da revelação hoje, 128

Capítulo V. O que é propriamente processo de libertação? – Uma reflexão sobre a estrutura, 133

    1 A liberdade como modo próprio de ser do homem-espírito, 134

    2 O drama da liberdade e da libertação na concreção da história, 144

    3 A estrutura da liberdade e da libertação no processo social, 147

    4 Processo de libertação e história da salvação, 150

Capítulo VI. Teologia do Cativeiro: a anti-história dos humilhados e ofendidos, 162

    1 História e anti-história, 162

    2 Tentativa de detecção do sentido do sem-sentido, 177

Capítulo VII. Ainda a Teologia do Cativeiro: a estrutura da Modernidade, 182

    1 A cativicdade no pensamento radical: o conhecer como poder, 183

    2 A cativicdade na teologia: a incapacidade de aceitar o mal leva a fazer o mal, 193

    3 Denúncia e anúncio profético ao *homo emancipator*, 199

Capítulo VIII. Como compreender a libertação de Jesus Cristo? – Ensaio crítico de des-construção, 204

    1 O que é propriamente redentor em Jesus Cristo: o começo (encarnação) ou o fim (cruz)?, 208

    2 Problemática e aporias das imagens soteriológicas, 210

    3 O modelo do sacrifício expiatório: morto pelo pecado do seu povo, 215

    4 O modelo da redenção e do resgate: esmagado por nossas iniquidades, 219

    5 O modelo da satisfação substitutiva: fomos curados graças a seus padecimentos, 222

    6 Jesus Cristo liberta na solidariedade universal com todos os homens, 227

Capítulo IX. Libertação de Jesus Cristo pelo caminho da opressão – Ensaio de construção teológica, 231

    1 Como falar significativamente hoje da libertação de Jesus Cristo?, 231

    2 O mundo de Jesus: oprimido interior e exteriormente, 236

    3 Presença de um sentido absoluto que contesta o presente, 240

    4 A tentação de Jesus: regionalizar o Reino, 241

    5 A nova práxis de Jesus: libertadora da vida oprimida, 244

    6 Fundamento da libertação de Jesus Cristo: a experiência do Pai de bondade, 261

    7 A efetivação da completa libertação, 262

    8 Atualização e antecipação da redenção pelo processo de libertação, 266

Capítulo X. Vida religiosa no processo de libertação, 275

    1 Vida religiosa encarnada e pensada numa situação, 275

    2 Presença da vida religiosa no processo de libertação, 277

    3 Espiritualidade de esperança no interior da cativade, 290

Capítulo XI. A Igreja no processo de libertação: uma nova consciência e etapas de uma práxis, 293

    1 Igreja sacramento-instrumento, 295

    2 Igreja sacramento-sinal, 302

    3 Igreja-sacramento, isto é, instrumento e sinal profético, 309

    4 Conclusão: *Ecclesia* do *tempus medium*, 317

Capítulo XII. Pobreza e libertação: espiritualidade de compromisso e solidariedade, 318

    1 Só os não pobres têm problema com a pobreza, 318

    2 A pobreza é um mal que ofende o homem, e Deus não quer, 319

    3 A riqueza é um mal que desumaniza o homem, e Deus não quer, 322

    4 Por que condenar tanto a pobreza quanto a riqueza?, 324

    5 O que significa "bem-aventurados os pobres"?, 330

    6 A pobreza que é riqueza querida por Deus e dignificadora do homem, 336

    7 Jesus, o rico que se fez pobre, 342

Livros de Leonardo Boff, 345

Introdução à 7ª edição
Quarenta anos de Teologia da Libertação

Estamos lançando uma nova edição do livro *Teologia do Cativeiro e da Libertação*, cuja primeira edição foi feita em Portugal em 1975 (Multinova) e posteriormente pela Editora Vozes. Pertence ao grupo de livros de Gustavo Gutiérrez (no Peru), Juan Luiz Segundo (no Uruguai), Ronaldo Muñoz (no Chile), Miguez Bonino (na Argentina), Rubem Alves e Hugo Assmann (no Brasil), que fundaram, nos inícios dos anos de 1970, esse tipo de teologia, que ganhou ressonância mundial. Em 1971 eu havia escrito, ainda em forma de artigos, o que veio a se transformar em livro no ano seguinte: *Jesus Cristo Libertador* (Vozes, 1972), igualmente tido como um marco inicial da Teologia da Libertação no que se refere à doutrina sobre Cristo.

Muitos anos já se passaram. Ela conheceu muitas adesões, diferenciadas críticas e até severas recusas. Dentro de uma geração esse tipo de teologia moveu também as mais altas autoridades doutrinárias da Igreja no Vaticano, que sobre ela tomaram posição: uma mais crítica (*Instrução sobre alguns aspectos da "Teologia da Libertação"*, 1984) e outra mais positiva (*O anúncio da liberdade*, 1986). Esse fato é raro na história das doutrinas, o que revela o forte impacto causado internamente na Igreja e externamente na opinião pública mundial. E não é para menos, pois com a Teologia da Libertação se conferia centralidade aos pobres do mundo e o compromisso cristão para a sua libertação.

Passados quarenta anos de seu surgimento, convém fazermos um balanço para identificarmos seu destino e avaliarmos sua eventual atualidade, já que os pobres no mundo não param de crescer. Ele gritam. E este grito se encontra no nascedouro da Teologia da Libertação. Ontem como hoje ela nasceu e se alimenta na escuta do grito do oprimido, que, como veremos, tem mil rostos e mil tons.

A presente edição deixa inalterado o texto e as análises, próprias dos anos de 1970, e por isso limitadas. Mas, por se tratar de um texto-fundador, convém mantê-lo como foi publicado, para que os leitores e leitoras possam observar as evoluções que essa teologia conheceu nos últimos quarenta anos.

Olhando para trás podemos dizer que a Teologia da Libertação participa da profecia de Simeão a respeito do Menino (Jesus): Ele será motivo de queda e de elevação, será um sinal de contradição (cf. Lc 2,34). Efetivamente, a Teologia da Libertação é uma teologia incompreendida, difamada, perseguida e condenada pelos poderes deste mundo. E com razão. Os poderes da economia e do mercado a condenaram porque ela cometeu um crime para eles intolerável: optou por aqueles que estão fora do mercado e são zeros econômicos. Alguns setores eclesiásticos de grande poder a condenaram por cair, segundo eles, numa "heresia" prática ao afirmar que o pobre pode ser construtor de uma nova sociedade e também de outro modo de ser Igreja. Antes de ser pobre ele é um oprimido, ao qual a Igreja deveria sempre se associar em seu processo de libertação. Isso não é politizar a fé, mas praticar uma evangelização que inclui também o político. Consequentemente, quem toma partido pelo pobre-oprimido sofre acusações e marginalizações por parte dos poderosos, sejam civis, sejam religiosos.

Por outro lado, a Teologia da Libertação representa uma bênção e uma boa-nova para os pobres. Eles sentem que não estão sós. Encontraram aliados que assumiram sua causa e suas lutas. Lamentam que o Vaticano e parte dos bispos e padres construam no canteiro de seus opressores e se esquecem de que Jesus foi um operário e pobre, e que morreu em consequência de suas opções libertárias a partir de sua relação para com o Deus da vida, que sempre escuta o grito dos oprimidos.

De qualquer forma, numa perspectiva espiritual, é, para um teólogo e para uma teóloga comprometidos e perseguidos, uma honra participar um pouco da paixão dos maltratados deste mundo.

1 A centralidade do pobre e do oprimido

O *punctum stantis et cadentis* da Teologia da Libertação é o pobre concreto, suas opressões, a degradação de suas vidas e os padecimentos sem conta que sofre. Sem o pobre e o oprimido não há Teologia da Libertação. Toda opressão clama por uma libertação. Por isso, onde há opressão concreta e real que toca a pele e faz sofrer o corpo e o espírito aí tem sentido lutar pela libertação. Herdeiros de um oprimido e de um executado na cruz, Jesus, os cristãos encontram em sua fé mil razões por estarem do lado dos oprimidos e junto com eles buscarem a libertação. Por isso, a marca registrada da Teologia da Libertação é agora e enquanto se ouvir o clamor dos oprimidos: *a opção pelos pobres contra sua pobreza e a favor de sua vida e da justiça.*

A questão crucial e sempre aberta é esta: como anunciar que Deus é Pai e Mãe de bondade num mundo de miseráveis? Este anúncio só ganhará credibilidade se a fé cristã ajudar na libertação da miséria e da pobreza. Então tem sentido dizer que Deus é realmente Pai e Mãe de todos, mas especialmente de seus filhos e filhas flagelados.

Como tirar os pobres-oprimidos da pobreza, não na direção da riqueza, mas da justiça? Esta é uma questão prática de ordem pedagógico-política que incidirá na pastoral e na reflexão teológica. Identificamos três estratégias.

A primeira interpreta o pobre como *aquele que não tem*. Então faz-se mister mobilizar aqueles que têm para aliviar a vida dos que não têm. Desta estratégia nasceu o assistencialismo e o paternalismo. Ajuda, mas mantém o pobre dependente e à mercê da boa vontade dos outros. A solução, embora nascida da sensibilidade cristã, tem respiração curta.

A segunda interpreta o pobre como *aquele que tem*. Ele tem força de trabalho, capacidade de aprendizado e habilidades. Importa formá-lo para que possa ingressar no mercado de trabalho e ganhar sua vida. Introduz o pobre no processo produtivo, mas sem fazer uma crítica prévia ao sistema social que explora sua força de trabalho e devasta a natureza, criando uma sociedade de desiguais; portanto, injusta. É uma solução que nasce da racionalidade, que favorece o pobre, mas é insuficiente porque o mantém refém do sistema, sem libertá-lo de verdade.

A terceira interpreta o pobre como aquele *que tem força histórica*, mas força para mudar o sistema de dominação por um outro mais igualitário, participativo e justo, no qual o amor não seja tão difícil e a sociedade menos malvada (Paulo Freire). Esta estratégia é libertária. Faz do pobre sujeito de sua prática de libertação. A Teologia da Libertação, na esteira de Paulo Freire, assumiu e ajudou a formular essa estratégia. É uma solução adequada à superação da pobreza. Quando essa prática vem motivada pela fé cristã e o seguimento de Cristo, fornece a base de uma reflexão crítica, que passa a se chamar então de Teologia da Libertação.

Só podemos falar de libertação quando seu sujeito principal é o próprio oprimido; os demais entram como aliados; importantes, sem dúvida, para alargar as bases da libertação. E a Teologia da Libertação surge do momento em que se faz uma reflexão crítica à luz da mensagem da revelação desta libertação histórico-social.

2 Teologia da Libertação e movimentos por libertação

Entretanto, só entenderemos adequadamente a Teologia de Libertação se a situarmos para além do espaço eclesial e dentro do movimento histórico maior que varreu as sociedades ocidentais no final dos anos de 1960. Um clamor por liberdade e libertação tomou conta dos jovens europeus, depois norte-americanos e por fim dos latino-americanos.

Em todos os âmbitos: na cultura, na política, nos hábitos da vida cotidina... derrubaram-se esquemas tidos como opressivos. Como as igrejas estão dentro do mundo, membros numerosos delas foram tomados por este *Weltgeist*, por este espírito do tempo. Levaram para dentro delas tais anseios por libertação. Começaram a se perguntar: Que contribuição nós cristãos e cristãs podemos dar a partir do capital específico da fé cristã, da mensagem de Jesus que se mostrou, segundo os evangelhos, libertador? Esta questão era colocada por cristãos e cristãs que já militavam politicamente nos meios populares e nos partidos que queriam a transformação da sociedade.

Acresce ainda o fato de que muitas igrejas traduziram os apelos do Concílio Vaticano II (1962-1965), de abertura ao mundo, para o contexto latino-americano, como abertura para o submundo e uma entrada no mundo dos pobres-oprimidos. Desse impulso surgiram figuras proféticas, nasceram as CEBs, as pastorais sociais e o engajamento direto de grupos cristãos em movimentos políticos de libertação especialmente vindos da Pastoral da Juventude Universitária. Para muitos desses cristãos e cristãs, e mesmo para uma significativa porção de pastores, não se tratava mais de buscar o desenvolvimento. Este era entendido como desenvolvimento do subdesenvolvimento; portanto, como uma opressão. Demandava, portanto, um projeto alternativo de libertação.

Portanto, a Teologia da Libertação não caiu do céu nem foi inventada por algum teólogo inspirado, mas emergiu do bojo desse movimento maior mundial e latino-americano, por um lado político e por outro eclesial. Ela se propôs pensar as práticas eclesiais e políticas em curso à luz da Palavra da Revelação. Ela comparecia como palavra segunda, crítica e regrada, que remetia à palavra primeira, que é a prática real junto e com os oprimidos.

3 Os muitos rostos dos pobres e oprimidos

A Teologia da Libertação partiu diretamente dos pobres materiais, das classes oprimidas, dos povos desprezados como os indígenas, dos afrodescendentes marginalizados, das mulheres submetidas ao machismo, das religiões difamadas e outros portadores de estigmas sociais. Mas logo se deu conta de que os pobres-oprimidos possuem muitos rostos e suas opressões são, cada vez mais, específicas. Não se pode falar de opressão-libertação de forma generalizada. Importa qualificar cada grupo e tomar a sério o tipo de opressão sofrida e sua correspondente libertação a buscar.

Desmascarou-se o sistema que subjaz a todas essas opressões, construído sobre o submetimento dos outros e da depredação da natureza. Daí a importância do diálogo que a Teologia da Libertação conduziu com a economia política capitalista. De grande relevância crítica foi a releitura da história da América Latina a partir das vítimas, desocultando a perversidade de um projeto de invasão coletivo no qual o colono ou o militar vinha de braço dado com o missionário. Esse casamento, altamente problemático para uma perspectiva evangélica do poder, foi cúmplice, segundo o historiador Oswald Spengler, do maior genocídio da história. Até hoje nem as potências outrora coloniais nem a Igreja institucional tiveram a honradez de reconhecer esse crime histórico face aos povos originários, muito menos de fazer qualquer gesto de reparação.

Sem entrar em detalhes, surgiram várias tendências dentro da mesma e única Teologia da Libertação: a feminista, a indígena, a negra, a das religiões, a da economia política, a da cultura, a da história e a da ecologia. Logicamente, cada tendência se deu ao trabalho de conhecer de forma crítica e científica seu objeto, para poder retamente avaliá-lo e atuar sobre ele, de forma libertadora, à luz da fé.

4 Como fazer uma teologia de libertação

Aqui cabe uma palavra sobre o como fazer uma teologia que seja libertadora. Cabe abordar o *método* da Teologia da Libertação. Este talvez seja uma de suas contribuições mais notáveis trazidas ao quefazer teológico universal. Parte-se, antes de mais nada, de baixo, da realidade, a mais crua e dura possível; não de doutrinas, documentos pontifícios ou de textos bíblicos. Estes possuem a função de iluminação, mas não de geração de pensamento e de práticas.

Face à pobreza e à miséria, a primeira reação foi tipicamente jesuânica, a do *miserior super turbas*, de compaixão que implica transportar-se à realidade do outro e sentir a sua paixão. É aqui que se dá uma verdadeira experiência espiritual de encontro com aqueles que Bartolomeu de las Casas, no México, e Guamán Poma de Ayala, no Peru, chamavam de *os Cristos flagelados da história.* Há um encontro espiritual e contemplativo com o Cristo crucificado que quer ser baixado da cruz. Essa experiência de compaixão só é verdadeira se der origem a um segundo sentimento, o de *iracúndia sagrada*, que se expressa: "Isso não pode ser, é inaceitável e condenável; esta antirrealidade deve ser superada".

Destes sentimentos surge imediatamente a vontade de fazer alguma coisa. É nesse momento que entra a racionalidade que nos ajuda a evitar enganos, fruto da boa vontade, mas sem crítica. Sem análise corre-se o risco do assistencialismo e do mero reformismo que acabam por reforçar o sistema. O conhecimento dos mecanismos produtores da pobreza-opressão nos mostra a necessidade de uma transformação e libertação; portanto, de algo novo e alternativo.

Em seguida buscam-se as mediações concretas que viabilizam a libertação, sempre tendo como protagonista principal o próprio pobre. Aqui entra em funcionamento outra lógica, aquela das metas, das táticas e estratégias para alcançá-las; das alianças com outros grupos de apoio e da avaliação da correlação de forças; do juízo prudencial acerca da reação do sistema e de seus agentes e da possibilidade real de avanço.

Em terceiro lugar vem a avaliação teológica. Que nos dizem as Escrituras, a teologia do Êxodo e dos profetas, a tradição de Jesus e dos apóstolos e da própria Igreja, os testemunhos maiores de nossa fé acerca dos pobres? Eles possuem o privilégio de ser os amados do Deus vivo, que escuta seu grito; aqueles aos quais Jesus chamou de bem-aventurados, fazendo-os juízes no momento terminal da história e chamando-os de "meus irmãos e irmãs menores". Os pobres somente deixarão de gritar quando lhes fizerem justiça, lhes devolverem a dignidade e forem considerados pessoas e filhos e filhas de Deus. A fé cristã, portanto, a partir de seu íntimo, sente-se comprometida com a libertação dos injustamente feitos sofredores e oprimidos. Daí a prática de libertação a partir da própria fé cristã.

Alcançada a meta vale a celebração e a festa que congraçam as pessoas, conferem-lhes sentimento de pertença e de reconhecimento da própria força transformadora. Então constatam empiricamente que um fraco mais um fraco não são dois fracos, mas um forte, porque a união faz a força histórica transformadora.

Resumindo: estes são os passos metodológicos da Teologia a Libertação: 1) um *encontro espiritual*, vale dizer, uma experiência do Crucificado sofrendo nos crucificados; 2) uma *indignação ética* pela qual se condena e se rejeita tal situação como desumana, que reclama superação; 3) um *ver atento*, que implica uma análise estrutural dos mecanismos produtores de pobreza-opressão; 4) um *julgar crítico* – seja aos olhos da fé, seja aos olhos da sã razão – sobre o tipo de sociedade que temos, marcada por tantas injustiças e a urgência de transformá-la; 5) um *agir eficaz*, impulsionado pela fé, que faz avançar o processo de libertação a partir dos próprios oprimidos; 6) um *celebrar*, que é um festejar coletivo das vitórias alcançadas.

Este método é usado na linguagem do cotidiano, seja pelos meios *populares* que se organizam para resistir e se libertar, seja pelos grupos *intermediários* dos agentes de pastoral, de padres, bispos, religiosos e religiosas, leigos e leigas, cujo discurso é mais elaborado, seja pelos próprios *teólogos*, que buscam rigor e severidade no discurso.

5 Contribuições da Teologia da Libertação para a teologia universal

A Teologia da Libertação, por causa da perspectiva dos pobres que assumiu, revelou dimensões diferentes e até novas da mensagem da revelação. Em primeiro lugar, ela propiciou a reapropriação da Palavra de Deus pelos pobres. Em suas comunidades e círculos bíblicos eles aprenderam a comparar a página da Bíblia com a página da vida, e daí tirar consequências para sua prática cotidiana. Lendo os Evangelhos e se confrontando com o Jesus de Nazaré, artesão, *factotum* e camponês mediterrâneo, perceberam a contradição entre a condição pobre de Jesus e a riqueza e o poder da grande instituição Igreja. Esta está mais próxima do palácio de Herodes do que da gruta de Belém. Com respeito aprenderam a fazer suas críticas ao exercício centralizado do poder na Igreja e ao fechamento doutrinal face a questões importantes para a sociedade, como é a moral familiar e sexual.

A Teologia da Libertação nos fez descobrir Deus como o Deus da vida, o Pai e Padrinho dos pobres e humildes. A partir de sua essência, como vida, sente-se atraído pelos que menos vida têm. Deixa sua transcendência e se curva para dizer: "Ouvi a opressão de meu povo [...] desci para libertá-lo" (Ex 3,7). A opção pelos pobres encontra seu fundamento na própria natureza de Deus-vida.

Revelou-nos também Jesus como libertador. Ele é libertador não porque assim o chamam os teólogos da libertação, mas por causa do testemunho dos apóstolos. Ele libertou do pecado, mas também da doença, da fome e da morte. Jesus não morreu como todos um dia morrerão. Foi assassinado porque viveu uma prática libertária que ofendia as convenções e tradições da época. Anunciou uma proposta – o Reino de Deus – que implicava uma revolução em todas as relações; não apenas entre Deus e os seres humanos, mas também na sociedade e nos cosmos. O Reino de Deus se contrapunha ao reino de César, o que representava um ato político de lesa-majestade. O imperador reivindicava para si o título de Deus e até de "Deus de Deus", coisa que o credo cristão mais tarde atribuirá a Cristo. A ressurreição, ao lado de outros significados, emerge como a inauguração do *Novissimus Adam* (1Cor 15,45), como uma "revolução na evolução". E pode ser vista também como uma insurreição contra este tipo de mundo que mata o Justo em nome da lei imperial e da lei religiosa, que se enrijeceu a ponto de não mais reconhecer os sinais de Deus na história.

Permitiu-nos identificar em Maria, não apenas aquela humilde serva do Senhor que diz *Fiat*, mas a profetisa que clama pelo Deus Go'El, o vingador dos injustiçados, aquele que derruba dos tronos os poderosos e eleva os humildes (Lc 1,51-52). Ela clarificou também a missão da Igreja, que é atualizar permanentemente, para os tempos e lugares diferentes, a gesta libertadora de Jesus e manter vivo seu sonho de um Reino de Deus, que começa pelos últimos, os pobres e excluídos e que se estende à criação inteira, até que seja finalmente resgatada, quando vigerá a justiça, o amor incondicional, o perdão e a paz perene.

6 A Teologia da Libertação como revolução espiritual

As reflexões que acabamos de fazer nos permitem dizer: a Teologia da Libertação produziu uma revolução teológico-espiritual. Não houve muitas revoluções espirituais no cristianismo. Mas sempre que elas ocorrem se ressignificam os principais conteúdos da fé, como assinalamos acima; emerge uma nova vitalidade e a mensagem cristã libera dimensões insuspeitadas, gerando vida e santidade.

Esta é a primeira teologia histórica que nasceu na periferia do cristianismo e distante dos centros metropolitanos de pensamento. Ela denota uma maturação inegável das igrejas-filhas que conseguem articular, com sua linguagem própria, a mensagem cristã, sem romper a unidade de fé e a comunhão com as igrejas-mães. Elas mostram não ser mais igrejas-espelho da Europa, mas igrejas-fonte em suas próprias culturas, nas quais lançam raízes e criam novos rostos.

Nunca na história do cristianismo os pobres ganharam tanta centralidade como aquela que lhe atribuiu a Teologia da Libertação. Ela é só comparável aos movimentos pauperistas do século XIII, de onde emergiram São Francisco, São Domingos e os sete servitas. Os pobres sempre estiveram na Igreja e foram destinatários dos cuidados e da caridade cristã. Mas aqui se trata de um pobre diferente, que não quer apenas receber, mas dar de sua fé e inteligência. Trata-se do pobre que pensa, que fala, que se organiza e que ajuda a construir um novo modelo de Igreja-rede-de-comunidades. Os políticos e alguns eclesiásticos de estilo autoritário não temem o pobre que silencia e obedece, mas tremem diante do pobre que pensa, fala e participa na definição de novos rumos para a comunidade. São cristãos com consciência de sua cidadania social e eclesial.

A temática dos pobres e oprimidos é, por sua natureza, conflitiva. Não sem razão mobilizou os grupos sociais conservadores, que não querem transformações por temerem perder seus privilégios. E também por setores da institucionalidade da Igreja, geralmente comprometidos com os poderes políticos estabelecidos, por verem riscos para a unidade e mesmo para fé, provocados por mudan-

Teologia da Libertação, Teologia da Igreja (PADUA, 2013). Curiosamente antes, na fase polêmica, dizia-se que a Teologia da Libertação era teologia marxista; agora se afirma com forte ênfase que se trata de uma teologia da Igreja. Este tipo de mudança vem apontando para uma relação pacífica, cooperativa e confiante entre magistério e Teologia da Libertação.

7 A Teologia da Libertação como revolução cultural

Por fim, essa teologia não representou apenas uma revolução espiritual. Ela significou também uma *revolução cultural*. Contribuiu para que os pobres ganhassem visibilidade e consciência de suas opressões. Gestou cristãos que se fizeram cidadãos ativos e, a partir de sua fé, empenharam-se em movimentos sociais, em sindicatos e em partidos políticos, no propósito de dar corpo a um sonho, que, de algum modo, tem a ver com o sonho de Jesus, o de construir uma convivência social na qual o maior número possa participar e todos juntos possam forjar um futuro bom para a humanidade e para a natureza. E também que criem uma relação com Deus de intimidade e de amor, libertada do peso das muitas tradições, normas e doutrinas religiosas.

É mérito da Igreja da Libertação, com sua Teologia da Libertação subjacente, ter contribuído decididamente na construção do Partido dos Trabalhadores, do Movimento dos Sem-Terra, do Conselho Indigenista Missionário, da Comissão Pastoral da Terra, da Pastoral da Criança, dos Afrodescendentes, do Hansenianos e dos Portadores do vírus HIV. Estas emergências sociais foram os instrumentos para praticar a libertação, e assim realizar os bens do Reino. Aqui o cristianismo mostrou e mostra a primazia da ortopráxis sobre a ortodoxia e a importância maior das práticas sobre as prédicas.

Nascida na América Latina, essa teologia se expandiu por todo o Terceiro Mundo, na África, na Ásia, especialmente naquelas igrejas particulares que penetraram no universo dos pobres e oprimidos e em movimentos dos países centrais ligados à solidariedade internacional e ao apoio às lutas dos oprimidos, na Europa e nos Estados Unidos. De forma natural, ela se associou ao Fórum Social Mundial e encontrou lá visibilidade e espaço de contribuição às grandes causas vinculadas a um outro mundo possível e necessário, articulando o discurso social com o discurso da fé.

Em todas as questões abordadas, a preocupação é sempre esta: Como vai a caminhada dos pobres e dos oprimidos no mundo? Como avança o Reino com seus bens e que obstáculos encontra pela frente, vindos da própria instituição eclesial, não raro tardia em tomar posições e pouco sensível aos problemas do homem de rua e aqueles derivados principalmente das estratégias dos poderosos, decididos em manter invisíveis e silenciados os oprimidos para continuarem sua perversa obra de acumulação e dominação.

8 O futuro da Teologia da Libertação

Que futuro tem e terá a Teologia da Libertação? Muitos pensam e lhes interessa pensar assim que ela é coisa dos anos de 1970 e que já perdeu atualidade e relevância. Só mentalidades cínicas podem alimentar tais desejos, totalmente alienadas com o que se passa com o Planeta Terra e com o destino dos pobres no mundo. O desafio central para o pensamento humanitário e para a Teologia da Libertação é exatamente o crescente aumento do número de pobres e o acelerado aquecimento global, a erosão da biodiversidade e a pressão sobre todos os ecossistemas extenuados pela vontade de acumulação e de consumo.

Lamentavelmente, cada vez menos pessoas, grupos e igrejas estão dispostos a ouvir seu clamor canino que se dirige ao céu. Uma Igreja e uma teologia que se mostram insensíveis a essa paixão se colocam a quilômetros luz da herança de Jesus e da libertação que Ele anunciou e antecipou.

A Teologia da Libertação não morreu. Ela é atualmente mais urgente do que quando surgiu no final dos anos de 1960. Apenas ficou mais invisível, pois saiu do foco das polêmicas que interessam aos meios de comunicação social, geralmente controlados pelos poderosos deste mundo. Enquanto existirem pobres e oprimidos no mundo haverá pessoas, cristãos e igrejas que farão suas as dores que afligem a pele dos pobres, suas as angústias que lhes entristecem a alma e seus os golpes que lhes atingem o coração. Estes atualizarão os sentimentos que Jesus teve para com a humanidade sofredora.

No contexto atual de degradação da Mãe Terra e da devastação continuada do sistema-vida, a Teologia da Libertação entendeu que dentro da opção pelos pobres deve incluir maximamente a opção pelo Grande Pobre que é o Planeta Terra.

Ele é vítima da mesma lógica que explora as pessoas, subjuga as classes, domina as nações e devasta a natureza. Ou nos libertamos dessa lógica perversa ou ela nos poderá levar a uma catástrofe social e ecológica de dimensões apocalípticas, não excluída a possibilidade até da extinção da espécie humana. A inclusão dessa problemática, quiçá a mais desafiante de nosso tempo, fez nascer uma vigorosa Ecoteologia da Libertação. Ela se soma a todas as demais iniciativas que se empenham por um *bien vivir* em harmonia com a Mãe Terra e com todos os seus filhos e filhas, que pensam um outro paradigma de relação para com a natureza, com outro tipo de produção e com formas mais sóbrias e solidárias de consumo.

Que futuro tem a Teologia da Libertação? Ela tem o futuro que está reservado aos pobres e oprimidos. Enquanto estes persistirem, há mil razões para que haja um pensamento rebelde, indignado e compassivo, que recusa aceitar tal crueldade e impiedade e se empenhará pela libertação integral. E o fará em nome do Deus vivo, de todos os profetas, de Jesus de Nazaré e de todos aqueles e aquelas que na tradição de Jesus entregaram suas vidas em favor daqueles cujas vidas são ameaçadas pela fome, pela sede, pelo desprezo e pela degradação de sua dignidade.

A Teologia da Libertação não terá lugar dentro do atual sistema capitalista, máquina produtora de pobreza e de opressão. Ela só poderá existir na forma de denúncia profética, de resistência, sob perseguições, difamações e martírios. Mesmo assim, porque nenhum sistema é absolutamente fechado, ela poderá colocar cunhas por onde o pobre e o oprimido construirão espaços de liberdade. Por isso, a Teologia da Libertação possui uma clara dimensão política: ela quer a mudança da sociedade para que nela se possam realizar os bens do Reino e os seres humanos possam conviver como cidadãos livre e participantes.

Que futuro tem a Teologia da Libertação dentro do tipo de Igreja-instituição que possuímos? Mantido o atual sistema, cujo eixo estruturador é a *sacra potestas*, o poder sagrado, centralizado somente na hierarquia, ela só poderá ser uma teologia no cativeiro e relegada à marginalidade. Ela é disfuncional ao pensamento único e ao modo como a Igreja se organiza hierarquicamente: de um lado o corpo clerical, que detém o poder sagrado, a palavra e a direção; e de outro, o corpo laical, sem poder, obrigado a ouvir e a obedecer. Na esteira do Concílio Vaticano II a Teologia da Libertação se baseia num conceito de Igreja-comunhão, rede de comunidades, povo de Deus e poder sagrado como serviço.

Esta visão de Igreja foi, nos últimos decênios, praticamente anulada por uma política curial de volta à grande disciplina e pelo reforço à estrutura hierárquica de organização eclesial.

Assim se fecharam as portas à conciliação tentada pelo Concílio Vaticano II entre Igreja povo de Deus e Igreja hierárquica, entre Igreja-poder e Igreja-comunhão. O difícil equilíbrio alcançado foi logo rompido ao se entender a comunhão como comunhão *hierárquica,* o que anula o conteúdo inovador deste conceito, que supõe a participação equânime de todos e a hierarquia funcional de serviços, e não a hierarquia ontológica de poderes. A burocracia vaticana e os últimos dois papas interpretaram o Vaticano II à luz do Vaticano I, centralizando novamente a Igreja ao redor do poder do papa e esvaziando os poucos órgãos de colegialidade e participação.

Não devemos ocultar o fato de que ao reforçar o poder sagrado a Igreja-instituição optou pelos que também têm poder; numa palavra, os poderosos e opulentos. Os pobres perderam centralidade. A eles está reservada a assistência e a caridade que nunca faltaram. Mas quem opta pelo poder fecha as portas e as janelas ao amor e à misericórdia. Lamentavelmente ocorreu com o atual modelo de Igreja: burocrático, frio, e nas questões concernentes à sexualidade, à homoafetividade, à Aids e ao divórcio, sem misericórdia e humanidade.

Nessas condições, a Teologia da Libertação terá que enfrentar grandes dificuldades para realizar a sua tarefa. Mas a cumprirá na convicção de que ela constitui um bem da Igreja local e universal, que tomam a sério a questão dos pobres e da justiça social. Ela subverte a ordem estabelecida das coisas. Seu destino poderá ser a deslegitimação e a perseguição. Nisso ela participará dos padecimentos que os pobres sempre sofreram no passado e que continuam no presente. Não será exagero dizer que ela vive e viveu o seu mistério pascal: sempre rejeitada, sempre sepultada e também sempre de novo ressuscitada, porque o clamor dos pobres não permite que ela morra.

Mas na Igreja-instituição, apesar de suas graves limitações, sempre há pessoas, homens e mulheres, padres, religiosos e religiosas e bispos que se deixam tocar pelos crucificados da história e se abrem ao chamado do Cristo libertador. Não apenas socorrem os pobres, mas se colocam do lado deles e com eles caminham, buscando formas alternativas de viver e de expressar a fé.

O novo Papa Francisco, que prefere se entender, dentro da tradição do primeiro milênio, como bispo de Roma, com a missão de presidir as demais igrejas na caridade e menos no direito canônico, vindo da América Latina, representa uma grande esperança para as causas sustentadas pela Teologia da Libertação, causas concernentes ao destino trágico dos pobres deste mundo. E ele mesmo viveu como cardeal em Buenos Aires pobremente, despojado de todos os símbolos de poder e de privilégio, e fazendo pessoalmente uma clara opção pelos pobres e em favor da justiça e da igualdade social. O importante não consiste em falar ou aderir à Teologia da Libertação, mas favorecer a libertação concreta, pois esta é um bem do Reino e em função dela é que surgiu e existe a Teologia da Libertação.

Qual o futuro da Teologia da Libertação? Ecumênica desde seus inícios, ela vicejará naquelas igrejas que se remetem ao Jesus dos evangelhos, àquele que proclamou bem-aventurados os pobres e que se encheu de compaixão pelo povo faminto e que, num gesto de libertação, multiplicou os pães e os peixes. Essas igrejas, ou porções delas, ousadamente mantêm a opção pelos pobres contra a sua pobreza. Entenderão essa opção como um imperativo evangélico e a forma, talvez a mais convincente, de preservar o legado de Jesus e de atualizá-lo para os nossos tempos.

9 Onde encontrar hoje a Teologia da Libertação

Qual será o futuro da Teologia da Libertação? O melhor futuro é seu presente. Ela continua viva e cresce, com caráter ecumênico, na leitura popular da Bíblia, nos círculos bíblicos, nas Comunidades Eclesiais de Base, nas pastorais sociais, no Movimento Fé e Política e nos trabalhos pastorais nas periferias das cidades e no interior do países. Neste nível, e por sua natureza ecumênica e popular, essa teologia escapa, de certa forma, da vigilância daqueles que a detestam ou querem diminuir-lhe a força de irradiação.

Ela é a teologia adequada àquelas práticas que visam a transformação social e a gestação de um outro modo de habitar a Terra. Se alguém quiser encontrar a Teologia da Libertação, não vá às faculdades e institutos de teologia. Ali encontrará alguns fragmentos e poucos representantes. Mas vá às bases populares. Elas são o seu lugar natural e nelas viceja vigorosamente. Ela está reforçando o surgimento de um outro modelo de Igreja: mais comunitário, evangélico, participativo, simples, dialogante, espiritual e encarnado nas culturas locais que lhe conferem um rosto da cor da população; em nosso caso, índio-negro-latino-americano. Alegra-nos pensar que este é exatamente o grande desejo do Papa Francisco para a Igreja no século XXI.

Alçando a vista numa perspectiva universal, tenho como que uma visão. Vislumbro a multidão de pobres, de mutilados, aqueles que o Apocalipse chama "de sobreviventes da grande tribulação" (7,14), cujas lágrimas são enxugadas pelo Cordeiro, organizados em pequenos grupos, erguendo a bandeira do Evangelho eterno, da vida e da libertação. Seguidores do Servo sofredor e do Profeta perseguido e ressuscitado, a eles está confiado o futuro do cristianismo, disseminado no mundo globalizado em redes de comunidades, enraizadas nas distintas culturas locais e com os rostos dos seres humanos concretos: africanos, asiáticos, indígena-afro-latino-americanos, europeus e norte-americanos. Deixando para trás a pretensão de excepcionalidade, que tantas dilacerações trouxe, se associarão a outras igree trabalhar de forma libertadora. Há pouco lugar para a euforia dos anos de 1960, quando se podia sonhar com uma arrancada espetacular de libertação popular.

A Teologia da Libertação em regime de cativdade tem outras tarefas do que em tempos de gozo das liberdades conquistadas. Há que semear, preparar o terreno, manter firme a esperança, consolar as vítimas, minorar as dores e lutar a favor dos direitos humanos violados. Neste campo a hierarquia da Igreja atuou de uma maneira carismática e muito evangélica. Foi e continua sendo em muitos países do continente latino-americano a única voz forte dos sem-voz fracos. Soube suportar as difamações públicas com o espírito das bem-aventuranças.

Em regime de cativdade, a libertação encontrou um outro caminho de concretização bem diverso daquele articulado anos atrás nos meios universitários ou em grupos conscientizados por distintas ideologias promotoras da mudança social. Encarnou-se num nível bem popular, no meio de gente secularmente pisada ou oprimida pelos mais fortes. Esta libertação se faz com inspiração nitidamente evangélica; nasce da meditação, da colocação em comum e da prática das palavras do Evangelho, dos exemplos de Cristo e dos primeiros cristãos. São as Comunidades Eclesiais de Base, grupos de bairro, movimentos de operários e de jovens. Ensaia-se uma libertação muito humilde, porém efetiva, porque se mudam as atitudes, a práxis de vida, as relações de sociabilidade e o projeto de fundo da sociedade e também da Igreja institucional.

Junto com esta libertação em regime de cativeiro emerge um novo estilo de ser Igreja. Verifica-se uma verdadeira eclesiogênese, ainda não explicitada teologicamente, mas uma real Igreja que nasce do povo.

Neste contexto de preocupações foi escrita a teologia destes doze capítulos. O autor tem consciência dos limites e lacunas de tal intento. Para não poucos leitores, toda a primeira parte parecerá muito exigente em termos de reflexão. Isto tem sua razão de ser. Teologia da Libertação e da catividade não é a mesma coisa que a libertação histórica. Nasce, sim, de uma vida de fé e deve levar a uma práxis mais iluminada e qualificada. No entanto, possui também a tarefa de discutir os pressupostos seja da libertação-processo seja da teologia-reflexo. Deve dar-se conta das implicações globais com o sentido histórico que o cativeiro estabelece em contrapartida ao processo de libertação. O sistema capitalista, sob cuja vigência vivemos no mundo ocidental, gerador de opressão e se desdobrando eventualmente em repressão, não constitui a realidade primeira. É já o resultado de um sentido de viver e de relacionar-se com a natureza e com os demais homens que foi dado por nossa história ocidental. Urge descer à análise e aos mecanismos estruturais que aí funcionam para conscientizar as reais dimensões da catividade e considerar as possibilidades de libertação que se anunciam na catividade e apesar dela. Há que se pensar a redenção de Cristo também no quadro concreto desta nossa epocalidade. Para poder dizer tudo isso, o autor reconhece os limites do pensamento abstrato e sua incapacidade de fazê-lo mais concreto.

Estas páginas não nasceram da desesperança, mas de uma grande esperança. Estamos certamente no cativeiro e no exílio. No entanto, não são como aqueles do Egito ou da Babilônia, porque temos diante de nossos olhos de fé a atendendo às dimensões sociais, políticas, educacionais e culturais. A *Populorum Progressio* esposou este conceito global, fazendo sua uma expressão famosa do padre J. Lebret: "ter mais, para ser mais", "desenvolver todo o homem e o homem todo". Um dos mais atuantes discípulos de Lebret, V. Cosmao, assim circunscrevia o desenvolvimento: "O desenvolvimento não pode ser senão a evolução global de uma sociedade que se mobiliza a si mesma sob o impacto da civilização científica e técnica e põe em atividade todo o seu capital de civilização e de cultura para enfrentar a situação nova na qual se encontra pela evolução histórica"[8]. Nesta acepção global, o desenvolvimento encerra um componente humanístico; trata-se de uma implementação de todos os valores, inclusive da reciprocidade da consciência social. A Aliança para o Progresso foi fruto desta teoria, encampada também por outros organismos internacionais como o BID, Cepal, FMI e ONU. Face aos países desenvolvidos, os países não são mais chamados em vias de desenvolvimento, mas simplesmente subdesenvolvidos, mas que urge desenvolver harmonicamente.

cc) Países mantidos subdesenvolvidos

Pelos meados da década de 1960 anunciaram-se graves frustrações em toda a América Latina. Ao otimismo eufórico do desenvolvimento seguiu-se uma crítica pertinente ao modelo que falseara as perspectivas de fundo. Não se trata de interdependência externa e interna, mas de verdadeira dependência. Não se aproximaram as dis-

---

8. Cf. "Les exigences du développement au service de l'homme". *Parole et Mission*, 1967, p. 587-588.

tâncias entre os desenvolvidos e os subdesenvolvidos, mas se agravaram: "Enquanto as nações desenvolvidas tinham na década de 1960-1970 aumentado em 50% suas riquezas, o mundo em desenvolvimento, que abarca dois terços da população mundial, continuava debatendo-se na miséria e na frustração"[9]. O subdesenvolvimento não é uma fase superável, mas uma situação geral dentro do sistema político e econômico vigente na América Latina e no mundo ocidental. "O subdesenvolvimento dos países pobres, como fato social global, aparece em sua verdadeira face: como subproduto histórico do desenvolvimento de outros países. Com efeito, a dinâmica da economia capitalista leva a estabelecer um centro e uma periferia e gera, simultaneamente, progresso e riqueza para poucos e desequilíbrios sociais, tensões políticas e pobreza para muitos"[10]. Os países subdesenvolvidos são mantidos subdesenvolvidos pela rede de dependência dos centros de decisão que não estão em Buenos Aires, Lima, Bogotá ou em qualquer outro centro, mas em Nova York, Londres, Paris, Frankfurt etc. O sistema de dependência é interiorizado dentro dos próprios países pelas grandes empresas multinacionais. Penetra a cultura, a escala de valores, os meios de comunicação, o mundo simbólico, a moda, as ideias e a teologia. A categoria *dependência* ganhou esta-

---

9. HERRERA, F. "Viabilidad de una comunidad latinoamericana". *Estudios Internacionales*, abril, 1967, Santiago do Chile; cf. os vários testemunhos em SANTOS, Th. "La crisis de la teoría del desarrollo y las relaciones de dependencia en América Latina". In: *La dependencia político-económica de la América Latina*. México, 1969, 1964-1965. • FURTADO, C. *Subdesenvolvimento e estagnação na América Latina*. Rio de Janeiro, 1968.

10. GUTIÉRREZ, G. *Teología de la liberación* (nota 1), p. 106; cf. FURTADO, C. *A formação econômica da América Latina*. Rio de Janeiro. 1969; • *La dominación de América Latina*. Lima, 1968.

tuto científico como chave interpretativa e explicativa da estrutura do subdesenvolvimento[11].

O subdesenvolvimento desempenha a função de subconsciência da consciência histórica de libertação.

b) Dependência-libertação: duas categorias de correlação oposta

A consciência aguda dos mecanismos que mantêm a América Latina no subdesenvolvimento entendido como dependência e dominação levou a falar-se em libertação. Esta categoria, *libertação*, correlativa com a outra, *dependência*, articula uma atitude nova no afrontamento com o problema do desenvolvimento. O fenômeno não é apenas descrito e explicado, mas principalmente denunciado. A categoria *libertação* implica uma recusa global do sistema desenvolvimentista e uma denúncia de sua estrutura subjugadora. Urge romper com a rede de dependências. Esta ruptura não se faz sem o conflito. O conflito começa com o desmascaramento ideológico, mantenedor do estado de subdesenvolvimento, com uma análise socioanalítica que traz à luz os mecanismos de dependência e dominação. Pode passar a uma práxis libertadora, como sucedeu em muitos grupos de quase todos os países latino-americanos,

---

11. Cf. a principal literatura: CARDOSO, F.H. "Desarrollo y dependencia: perspectivas en el análisis sociológico". In: VV.AA. *Sociología del desarrollo*. Buenos Aires, 1970, p. 19s. • BORDA, F.O. *Ciencia propia y colonialismo intelectual*. México, 1970. • SANTOS, Th. *Dependencia y cambio social*. Santiago do Chile, 1970. • ARROYO, G. "Pensamiento latinoamericano sobre subdesarrollo y dependencia externa". *Mensaje*, outubro de 1968, p. 516-520. • GONZÁLEZ, J.G. "Développement et/ou libération?" *Lumen Vitae*, 26 (1971), p. 559-584. • POBLETE, R. "La teoría de la dependencia: análisis crítico". *Liberación*: Diálogos en el Celam. Op. cit., p. 201-220. • COMBLIN, J. *Théólogie de la pratique révolutionnaire*. Paris, 1974, p. 118-127.

com o objetivo de provocar uma ruptura com o sistema de dependência e criar condições para que os países sejam agentes e produtores de seu próprio destino. A libertação veicula um valor ético e não apenas um dado científico. Dá conta de uma ausência de liberdade, autonomia e independência rechaçando-a. Propõe-se recuperar a liberdade perdida ou adquiri-la. Essa recuperação ou conquista se instaura como processo de despegamento da dependência e de liberdade *para* a construção de uma convivência menos opressora e injusta. *Libertação*, como a própria semântica sugere, constitui-se como *ação* criadora da *liber*-dade. É uma palavra-processo, palavra-ação intencionalmente orientada a uma práxis que liberta *de* e *para*.

Com efeito, libertação supõe processo de libertação *de* um tipo de relacionamento *de*-pendente, vivido como *de*-primente e *de*-pauperador. Convoca para uma *des*-obstaculização com o fito de *des*-lanchar uma libertação *para* a condução *in*-dependente e *auto*-assegurante do próprio caminho.

Não se trata mais, portanto, de um desenvolvimento harmônico, percorrendo fases sucessivas e lineares, embora aceleradas. Mas ineludivelmente se postula uma ruptura e uma cissura com o *status quo* dependente, não para poder tornar outros dependentes, mas para que haja uma convivência humana mais fraterna ou menos dominadora.

Esta libertação deve ser conquistada pelos próprios povos oprimidos. O grande brasileiro Paulo Freire, que atuou em Genebra junto ao Conselho Mundial de Igrejas, concebeu a educação como prática da liberdade[12] e elaborou

---

12. FREIRE, P. *Educação como prática da liberdade*. Rio de Janeiro, 1969; seus artigos recolhidos em "Contribución al proceso de concientización en América Latina". *Cristianismo y Sociedad* (suplemento). Montevidéu, 1968. • "Educa-

mem não fica eternamente no berço em que nasceu nem se deixa adequadamente interpretar a partir de sua origem), pode surgir a impressão de que a categoria *libertação* – por causa de sua generalização e transformação em horizonte – se tenha esvaziado de sua mordência e de seu caráter explosivo. Acode um agravante ainda maior: a ideologia vigente, para se autodefender, assume as categorias contestadoras, castra-as em seu vigor questionante, domestica-as e assimila-as como se foram conquistas suas. Ou então a temática libertação-opressão assume a função de suplência do evidente desgaste da linguagem tradicional, fenômeno corrente no campo teológico[15]. Apesar destes inconvenientes, que devem ser tomados em conta, não podemos, sem cairmos rapidamente num processo de ideologização, vincular a temática da libertação apenas ao processo vivido na sociedade latino-americana. Exatamente pelo fato de ter constituído já uma nova consciência histórica é que podemos ver a categoria *libertação* aplicável a outras zonas da experiência humana. Um dos maiores teóricos da libertação em nível teológico, Gustavo Merino Gutiérrez, o percebeu muito bem: "Procurar a libertação do subcontinente vai mais além da superação da dependência econômica, social e política. Consiste, mais profundamente, em ver o devir da humanidade como um processo de emancipação do homem ao longo da história, orientado para uma sociedade qualitativamente diferente, na qual o homem se vê livre de toda servidão, na qual seja artífice de seu destino. É buscar a construção de *um homem novo*... É isto o que em última instância sustenta o esforço de libertação no qual está em-

---

15. Essa crítica é feita, com justa razão, à linguagem teológica por ASSMANN, H. *Teología desde la praxis de la liberación*, p. 106.

penhado o homem latino-americano"[16]. Ora, exatamente esta perspectiva deve ser articulada mais detalhadamente. Nisso reside a hermenêutica da libertação.

a) A estrutura hermenêutica de todo e qualquer processo de libertação

Libertação-dependência-opressão não é vivida como realização ou frustração apenas atualmente. Como se acenou mais acima, é uma estrutura permanente em todo o devir da humanidade nas mais diferentes vertentes em que ela foi articulada. Aqui interessa-nos desentranhar a estrutura que vem sempre dramatizada concretamente em processos históricos de libertação. Essa estrutura constitui a identidade na diferença das manifestações libertadoras e também origina a unidade do movimento libertador global da história. Esta estrutura da libertação, insistimos, não existe em si. Por isso não podemos falar dela diretamente. Ela existe somente nas concreções políticas, sociais, culturais, ideológicas, religiosas etc. Mas ao dar-se em articulações históricas, ela não se esgota aí nem se perde. Mantém sempre uma abertura permanente (e isso é o processo de libertação) para novas formas concretas ou em outros níveis. Em cada concreção, o processo de libertação movimenta alguns elementos *estruturalmente* permanentes, *mas historicamente* manifestando-se em formas sempre diversas. Sobre isso precisamos refletir, pois nisso reside a captação do que seja o processo global de libertação em que a história está metida.

Na concreção exposta rapidamente acima, da libertação num contexto político e social, apareceram algumas

---

16. GUTIÉRREZ, G. *Teología de la liberación*, p. 121.

estruturas permanentes como opressão-dependência-libertação, conflito-ruptura, processo. Ora, essa temática surge em qualquer articulação histórica. Fundamentalmente podemos representá-la assim: o homem cria para si um arranjo vital (político, econômico, filosófico, religioso etc.). Como toda concretização, move-se dentro de coordenadas e limites, e realiza as possibilidades reais que se dão dentro deste arranjo. O homem e a sociedade só vivem na medida em que criam uma circun-stância. Esta de alguma maneira cerca e aprisiona o homem (*circum*), mas lhe permite viver e estar (stância) como senhor dentro de um mundo domesticado e familiarizado por ele através do pensamento, do trabalho, da cultura, da convivência etc. Embora não possa viver sem sua circun-stância, ele contudo surge sempre maior do que qualquer circun-stância dada. Ele se faz prisioneiro, mas jamais permite que o aprisionem. Vive oprimido dentro de seu arranjo vital, mas jamais se deixa oprimir. Dentro da circun-stância cria para si o espaço de sua liberdade concreta, porque liberdade significa sempre campo de liberdade. Como tal é limitado em suas possibilidades. Mas jamais tolera que o enquadrem somente dentro deste campo-de-liberdade. O homem encontra-se sempre dimensionado para o mais, para a abertura, para o outro diferente, para o horizonte ainda não determinado. A sociedade dos homens da mesma forma. As ciências dos homens igualmente. Tudo o que o homem faz e produz possui esta estrutura. Pode pensar em filosofias as mais diferentes. Em sua estrutura radical, todas elas convergem para esta experiência fundamental. Manter e preservar permanentemente esta abertura é o específico humano. Tolher, sufocar e negar esta abertura significa oprimir, escravizar e manter o homem numa dependência desumanizadora. Preservar permanentemente sua abertura não quer dizer erradicar o homem de sua circun-stância e acomodá-lo numa outra forma. Mas consiste em fazê-lo ver e viver aquela circun-stância de tal maneira que se dê conta que ela ainda não é sua liberdade e sua libertação. Mas que deve, estando nela, perceber um mais e, por isso, estar pronto para superá-la. A circun-stância aparece então como concretização precária da liberdade e da libertação. Ela se constitui como mediação, concreção histórica da liberdade e da libertação, mas que não se extenua nesta realização. Para se sustentar como liberdade e libertação, deve permanecer sempre como passagem, movimento, ponte e processo indefinido.

Quando o homem ou a sociedade (que possuem a mesma estrutura radical) se dão conta do limite e que as possibilidades do arranjo vital e social se exauriram, começa então a se fazer sentir com mais premência a urgência da superação. Esta pode se articular em termos de reforma, quando ainda o arranjo permite correção e aperfeiçoamento interno. Ou como revolução, quando se contesta a globalidade da circun-stância e se postula uma nova. O homem e a sociedade (mas pode ser qualquer outra manifestação, como determinada ciência, economia ou religião) entram numa grave crise. Manifesta-se mais claramente o caráter conflitivo em que sempre está arranjada toda e qualquer circunstância. O conflito manifesta o caráter de ruptura que a abertura pode assumir. Quando o arranjo vital se autoafirma, se autodefende e utiliza a força moral, intelectual e até policial para se perpetuar, então surge o fenômeno da opressão, repressão e dependência imposta e sofrida. Correlativamente a isto, surge a libertação como processo de in-dependentizar-se da circun-stância inadequada, provocar uma ruptura com ela e passar para uma nova circunstância mais adequada. Esta por sua vez historizará as possibilidades imanentes que ela oferece, até se exaurirem, provocará um conflito com manifestações de opressão e repressão, surgirá uma ruptura libertadora e assim encaminhará o penoso processo de libertação. E esse processo será sempre indefinido. Para onde ele, afinal, caminhará? Responder esta pergunta será a tarefa principal de nossas reflexões ao longo de todo este livro. Talvez o sentido desta resposta decisiva confira ou não significado para as várias concretizações históricas do processo global de libertação. Possivelmente é aqui que cobrará razão falar-se numa teo-logia da libertação.

Convém enfatizar novamente: a estrutura, rapidamente exposta, se encontra na raiz de qualquer realidade. Todo arranjo vital (pessoal, social, político, econômico, ideológico, religioso etc.) é sempre o equilíbrio difícil entre uma circunstância limitada e a abertura ilimitada que se inaugura dentro dela. Por isso, ele esconde latentemente dentro de si um conflito insuperável, mas que é o germe de vida, de crescimento e de todo o processo libertador. Quando o limite tenta obstruir a abertura para o ilimitado, surge a opressão e a repressão. Consequentemente se articula uma ruptura que encaminha um processo de libertação do arranjo vital opressor e propugna *por* uma nova forma de circunstância mais adequada e, por suposto, mais humana.

b) Hominização como processo de libertação?

Dizíamos, inicialmente, que a libertação expressa a emergência de uma nova consciência e com isso de uma ótica pela qual se poderá reler o passado e nele detectar a presença ou ausência do processo de libertação. Poder ler a história como história da libertação humana de todos os liames que a amarram interior e exteriormente forma exatamente nossa historicidade. A epocalidade de nosso pensamento se define precisamente em poder pensar o mundo e o homem como história e processo de libertação. Existem outras epocalidades do pensamento, como a da metafísica ou do mito, às quais não é dado captar o mundo como história e processo libertador. Com isso não se diz que neles não havia experiência de libertação e o evento libertador. Estava presente, mas não era tematizado e trazido à consciência. A experiência da América Latina deixou emergir à consciência esta dimensão da realidade – a libertação. Por isso, dizíamos: com ela se inaugura uma virada na consciência dos homens, pois a história é visualizada como conflito dentro do qual implode o processo libertador.

A partir deste ocular da libertação pode-se ver toda a longa caminhada evolutiva do homem como processo de progressiva hominização. Hominização significa exatamente o processo de tornar-se homem. Este se liberta, lentamente, de suas origens animais, emerge no lusco-fusco da noosfera, supera o claro-escuro do pensamento selvagem, preso ainda ao mundo semiótico das imagens, rompe o pensamento formal ligado aos conceitos, supera-os por uma formalização simbólica cada vez mais aguda e, por isso, livre de ambiguidades, construindo o computador, e assim vai libertando cada vez mais as capacidades de comunicação contra os *media* que impedem sua perfeita realização. O processo está totalmente em aberto. Sentimos cada vez mais que o mundo que possuímos não é de forma nenhuma o melhor possível.

De forma semelhante o processo se efetuou no relacionamento do homem com a natureza. Do estado primitivo de uma *union mystique* com a natureza a consciência humana foi ob-jetivando o mundo, compreendendo-o, domesticando-o, submetendo-o progressivamente ao seu projeto histórico, fazendo-se cada vez mais senhora dele a ponto de tentar construí-lo artificialmente. E assim poderíamos prosseguir em todos os campos da atividade histórica do homem, mostrando como o processo de paulatina libertação foi se articulando ou foi também sucumbindo aos mecanismos de repressão e dependência[17]. Na verdade, história de processo de libertação implica simultaneamente seu correlato: o processo de opressão e dominação histórica do homem. Este viveu permanentemente distendido entre o polo da dependência e o da libertação. A passagem de um a outro polo exprime e constitui o processo de libertação ou dominação[18].

Na América Latina vivemos um momento epocal deste processo libertador, polarizado especialmente na esfera sociopolítica. A libertação se efetua em todos os níveis, mas neste setor ela encontra uma concreção prioritária. É por aí

---

17. Para a nossa perspectiva teológica são interessantes as análises, pelo menos o enorme material colecionado: MANTHEY, F. *Das Problem der Erlösung in den Religionen der Menschheit*, Hildesheim, 1964. • SCHÄR, E. *Erlösungsvorstellungen und ihre psychologischen Aspekte*. Zurique, 1950. • MÜHLMANN, W.E. *Chiliasmus und Nativismus* – Studien zur Psychologie, Soziologie und historischen Kasuistik der Umsturzbewegungen. Berlim, 1964. • DESROCHE, H. *L'Homme et ses religions* – Sciences Humaines et Religions. Paris, 1972.

18. Outro tipo de preocupação hermenêutica acerca do tema libertação apresentaram: SCANNONE, J.C. "La liberación latinoamericana, ontología del proceso autenticamente liberador". *Stromata*, 18, 1972, p. 107-150, com a consequente discussão, p. 150-160. • DUSSEL, E.D. "Para una fundamentación dialéctica de la liberación latinoamericana". *Stromata (ut supra)*, p. 53-89. 90-105. • DUSSEL, E.D. *Caminos de liberación latinoamericana*. Buenos Aires, 1972, p. 135-156.

que se anuncia o maior desafio da consciência e que irrompe também a dimensão da libertação como processo global e não apenas sociopolítico.

Contudo, convém de imediato, dilucidar um possível equívoco, originado pela concepção linear, ventilada acima, onde libertação e hominização parecem se cobrir e se corresponder. Historicamente o caso não se verifica. Não é assim que a cada passo de maior hominização, como sinônimo de maior consciência, corresponda um passo de maior liberdade. A liberdade é uma tarefa a ser realizada e alcançada através do processo penoso e conflitante da libertação. A hominização ascendente não cria *ipso facto* maior liberdade, mas *condições* de alargamento possível do espaço da liberdade que deve ser logrado pelo esforço humano. Hoje somos, provavelmente, mais dominados e dependentes do que o selvagem de antanho que dentro de seu meio conheceu uma domesticação da realidade circunstante tal que o fazia nela mais integrado e senhor. A vontade de poder e a ideia do progresso que caracterizam nossa epocalidade nos detêm acorrentados num círculo de produção e consumo em ciência, em técnica, em meios de comunicação e de subsistência que nos faz extremamente frágeis em termos de ser, embora possamos ser ricos em termos de ter. Dependemos cada vez mais do mundo de segunda mão, cheio de aparatos, que nós mesmos criamos. Isso nos deixa entrever que o assim chamado processo de libertação não quer dizer outra coisa do que a crescente criação de chances para o homem e o alargamento das coordenadas do exercício de nossa atividade livre e criadora, embora esta venha sempre e cada vez mais carregada de redes entrecruzadas de dependências. O que fazemos com as chances criadas de maior liberdade e libertação não está *a priori* decidido. A história do século XX nos tem convencido suficientemente de que elas abrem iguais possibilidades de manipulação desumanizadora e de mecanismos de regressão inimaginados pelos clássicos humanistas. Pertence também ao *humanum* poder revelar sua dimensão in-humana. Nosso tempo assistiu à sua apocalíptica aparição.

c) A radicalização do problema hermenêutico

Se o binômio dependência-libertação traduz a emergência de uma nova consciência histórica e se esta, por sua vez, cria um ocular ou um foco a partir do qual se podem trazer à luz fenômenos e dimensões da realidade, antes ocultos e não visualizados – e isso constitui, exatamente, todo o processo de libertação, com os dramas históricos que envolve –, podemos lançar uma derradeira pergunta: Que é esse ocular em si mesmo? Que significado possui? Por que exatamente irrompeu dentro do nosso tempo vivido? Por que os homens não despertaram antes para a libertação consciente? Advertimos que perguntar assim é já mover-se dentro da ótica criada pela consciência histórica de libertação. Tudo que fazemos e compreendemos é feito e compreendido a partir deste ocular da libertação como processo histórico. Com isso, nos damos conta de que não podemos captar o ocular em si mesmo. É um olho que permite ver e possibilita o patente do que estava latente, mas ele mesmo não se deixa ver. O olho vê tudo, menos a si mesmo. Somos destarte impotentes de falá-lo e exprimi-lo. Só podemos falar sobre ele, a partir dele. Por isso, a libertação está à mercê de um mistério que está sempre presente no processo de libertação, mas que também sempre se retrai e se recolhe na sua inacessibilidade. Na luta pela libertação das circunstâncias escravizadoras e no gozo das liberdades bem-logradas encontramo-nos mergulhados no vigor originário que nos toma e nos carrega.

Talvez alguém diga: Que adianta, para o processo urgente e denso da libertação, saber do não saber e do fato de que não podemos explicar o próprio evento-emergência da libertação consciente? Talvez não adiante nada em termos de eficiência. Mas talvez aqui se jogue o sentido radical do próprio processo de libertação porque a consciência da ignorância e da importância face àquilo do qual emergiu a consciência histórica da libertação cria no homem empenhado uma atitude nova com a qual afrontará tanto a dependência quanto a libertação, acolherá diferentemente os fracassos e as vitórias. Só então estará ele mesmo livre face a ambos e se deixará colher por Aquilo que é maior e por isso, verdadeiramente, libertador. Será que a consciência histórica de libertação não é revelação deste Maior?

Capítulo II
O que é fazer teologia a partir do cativeiro e da libertação?

A Teologia da Libertação e do cativeiro, tal como se articula na América Latina, não quer ser uma teologia de compartimentos e de genitivos como a teologia do pecado, da revolução, da secularização, da vida religiosa, isto é, um tema entre outros da teologia[1]. Quer apresentar-se, ao contrário, como uma maneira global de articular praxisticamente na Igreja a tarefa da inteligência da fé. É um modo diferente de fazer e pensar em teologia. O modo de fazer e pensar implica e pressupõe uma maneira diferente de ser ou de viver. Esse modo de ser e viver, implicado e pressuposto na Teologia da Libertação, é o do cativeiro como o correlativo oposto da libertação e do esforço de superação dessa condição.

A Teologia da Libertação não nasceu voluntaristicamente. Constitui-se como um momento de um processo

---

1. Cf. o que relata SCANNONE, J.C. "Necesidad y posibilidades de una teología socio-culturalmente latinoamericana". *Fe cristiana y cambio social en América Latina*. Salamanca: Sígueme, 1973: "Certa vez que veio a Buenos Aires perguntou ao Cardeal Daniélou como é que ele via a Teologia da Libertação. Disse [...] que era uma subdivisão da teologia moral. Parte da teologia que estuda o ato moral, parte da moral que estuda o ato social, parte da teologia do social que estuda o ato político, parte desta que estuda o problema dos países subdesenvolvidos. De forma nenhuma era uma nova maneira de ver a teologia" (p. 356).

maior e de uma tomada de consciência característica dos povos latino-americanos. A pobreza generalizada, a marginalidade e o contexto histórico de dominação irromperam agudamente na consciência coletiva e produziu uma virada histórica. Dessa consciência nova que impregnou todo o continente, nas ciências sociais, na educação, na psicologia, na medicina, nas comunicações sociais, participa também a existência cristã, que repercute na reflexão teológica. O anelo de fundo se expressa mais pelo esforço de ruptura e transformação que pela celebração da vida e a continuidade da forma de convivência; mais que cantar a flor, olha para o jardineiro que passa fome e para o florista que é explorado. A Teologia da Libertação nasceu como propósito de resposta aos desafios da sociedade oprimida e como contribuição própria, sob o enfoque da fé, ao processo maior de libertação que se articula em outros campos da vida do povo.

A América Latina constitui hoje um lugar teológico privilegiado para a ação e a reflexão porque aqui se vivem problemas candentes, verdadeiros desafios para a fé. É o único continente de cristandade colonial, com todas as consequências culturais, políticas, econômicas e religiosas, que sobrevivem até nossos dias. A Teologia da Libertação surgiu de uma práxis experimentada ou de uma experiência praticada em tal contexto e pretende levar a uma práxis mais esclarecida e qualificada, que seja deveras libertadora.

Nossa tarefa agora consiste em descobrir os passos concretos nos quais se articula o processo dessa teologia e conscientizar os seus pressupostos hermenêuticos[2]. Seu objetivo

---

2. Sobre este tema já existem bons textos latino-americanos, entre outros: VIDALES, R. "Cuestiones en torno al método en la Teología de la Liberación". *Servicio de Documentación*, 9, 1974. Lima: Miec-Jeci. • ELLACURÍA, I. "Tesis

é conferir maior criticidade a essa mesma teologia e fazer mais efetiva e vigilante a práxis da fé.

1 Passos metodológicos da Teologia da Libertação e do Cativeiro

Quando nos referimos ao método, não o entendemos como algo extrínseco ao trabalho teológico. O método é a própria teologia em ato concreto, sua forma histórica de sensibilizar-se diante da realidade, de fazer as perguntas e formular as respostas, de elaborar os modelos na práxis e encontrar as mediações que os implementam. Da mesma forma, os diversos passos não são compartimentos estanques e sim momentos de um mesmo movimento dinâmico, nos e pelos quais a realidade e a verdade se vão desvelando.

A Teologia da Libertação elabora-se de acordo com um método iniciado pela *Gaudium et Spes* e oficializado por Medellín, feito paradigmático em todo tipo de reflexão latino-americana como uma espécie de ritual: análise da rea-

---

sobre posibilidad, necesidad y sentido de una teología latinoamericana". *Teología y mundo contemporáneo* –Homenaje a K. Rahner. Madri: Cristiandad, 1975, p. 325-350. • ALONSO, A. "Una nueva forma de hacer teología". *Iglesia y praxis de liberación*. Salamanca: Sígueme, 1974, p. 50-87. • GUTIÉRREZ, G. *Teología de la liberación*: perspectivas. Salamanca, 1973, cap. I. • ASSMANN, H. "Teología de la liberación – Una evaluación prospectiva". *Teología desde la praxis de la liberación*. Salamanca, 1973, p. 27-102. • SCANNONE, J.C. "Teología y política – El actual desafío planteado por el lenguaje teológico latinoamericano de liberación". *Fe cristiana y cambio social en América Latina*, p. 247-264. • GERA, L. "Cultura y dependencia a la luz de la reflexión teológica". *Stromata*, 30, 1974, p. 169-227. • ALONSO, J. "La teología de la praxis y la praxis de la teología". *Christus*, 444, 1972, p. 223-241. • COMBLIN, J. "El tema de la liberación en América Latina". *Pastoral Popular*, 134, 1973, p. 46-63. • VV.AA. *Hacia una filosofía de la liberación latinoamericana*. Buenos Aires: Bonum, 1973 [Enfoques Latinoamericanos, 2]. • VV.AA. *Liberación* – Diálogos en el Celam. Bogotá: Secretariado Geral do Celam, 1974. • DUSSEL, E. *Método para una filosofía de la liberación*. Salamanca: Sígueme, 1974.

lidade – reflexão teológica – pistas de ação pastoral. Isso constitui uma verdadeira revolução metodológica diante da maneira de praticar a teologia nos centros metropolitanos. Simplesmente não se parte já de quadros teóricos elaborados abstratamente e sistematizados totalizadoramente, mas de uma leitura cientificamente mediatizada da realidade, dentro da qual se processa a práxis da fé. A partir desta, depois de captar as urgências, os anseios e as interpelações à consciência cristã, opera-se a reflexão teológica. E esta, por sua vez, não se substantiva e se fecha no gozo de sua iluminação, mas antes se abre como práxis de fé libertadora.

Esse procedimento metodológico não está isento de implicações hermenêuticas[3], as quais nem sempre são conscientizadas por aqueles que comumente o empregam, mas sim em círculos vigilantes da Teologia da Libertação. Para elas, mais adiante, iremos chamar a atenção.

a) A experiência espiritual diante do pobre

A Teologia da Libertação e do cativeiro pretende ser uma reflexão crítica da práxis no horizonte da fé cristã, articulando-se metodologicamente mediante os três passos enunciados acima. Mas antes de erigir-se em teologia e ser elaborada tematicamente, foi uma práxis da fé e uma experiência praticada de libertação. A situação de pobreza de

---

3. Com que método devemos falar sobre o método da Teologia da Libertação? Essa questão já coloca o problema do círculo hermenêutico. A partir da própria Teologia da Libertação se irá falando de seu método e somente a partir daí se poderá diferenciar de outros. Cada um constitui uma forma de totalizar a tarefa teológica sem, contudo, poder esgotá-la: há um limite interno, pois todo ponto de vista é a visão de um ponto.

imensas maiorias produziu uma comoção do amor cristão que procurava ser eficaz. Fez-se uma verdadeira experiência espiritual, ponto de partida da teologia. Passou-se com a Teologia da Libertação aquilo que ocorreu e continua sucedendo com a maioria das ciências: na raiz de tudo sempre jaz uma grande intuição e uma experiência nova da realidade. A ciência, e em nosso caso a Teologia da Libertação, constitui-se no esforço por traduzir criticamente a racionalidade presente na experiência primigênia em termos de diagnóstico, de causalidade, de processos e dinamismos estruturais, funcionamentos e tendências do sistema aí anunciado. A Teologia da Libertação é, por conseguinte, resultado e não realidade primeira. Resulta da experiência de libertação, que é bem mais rica que a Teologia da Libertação. Esta se entende e conserva sua validade enquanto reflete a libertação-ato e leva ao enriquecimento do processo de libertação. Caso contrário, degenera em ideologia, superpõe-se à realidade e cinde a experiência, contrapondo teoria e práxis, aliena-se. Para atender a este problema de fundo, distinguimos na Teologia da Libertação duas articulações, uma sacramental e outra crítica. Tanto uma como a outra elaboram em seus níveis próprios a mesma experiência espiritual.

b) Teologia da Libertação e do Cativeiro: articulação sacramental

Os cristãos do continente participaram com outros na descoberta do outro, das classes populares exploradas e de suas culturas do silêncio. Reagiram diante dessa situação inserindo-se em um processo de mudança e buscando uma sociedade mais justa e mais fraterna. A própria encarnação e a práxis dentro desse contexto despertaram-lhes a consciência e a ampliaram. Essa opção pelos oprimidos e contra a forma de sociedade dominante deu-lhes outra maneira de ser cristãos, abriu-lhes novas dimensões da fé e fê-los ver de maneira diferente a Escritura e a Tradição.

Esse fato complexo se estrutura em diversos passos:

aa) Horizonte da fé cristã

No ato de captar a realidade em sua iniquidade e na opção pelas maiorias humilhadas se faz presente o horizonte da fé no qual o cristão vitalmente se movimenta. Nesse horizonte, é certo, situam-se valores fundamentais como o amor e a solidariedade com os pobres testemunhados e elogiados por Jesus Cristo, o anseio pela justiça, a ideia do Reino de Deus etc. Todos esses dados, e outros da fé cristã, como maneira própria de ser no mundo (práxis), entram na leitura da realidade.

bb) Leitura da realidade conflitiva

O acesso à realidade conflitiva não se faz originalmente por um ato que poderíamos chamar propriamente de científico. O Povo de Deus e mesmo a hierarquia percebem a situação histórica mediante um conhecimento intuitivo, sapiencial, globalizante, mas confuso, marcado já pelo horizonte da fé. Através da experiência e da práxis intuem como que de chofre o determinante da situação: presença da opressão e urgência da libertação. Lucio Gera denomina essa percepção *conhecimento sacramental*[4], pois habilita a cap-

---

4. "La Iglesia frente a la situación de dependência". GERA; BÜNTIG Y CATENA. *Teología pastoral y dependencia*. Buenos Aires: E. Guadalupe, 1974, p. 19.

tar, simbolicamente, os acontecimentos da história. Como já afirmamos acima, a consciência dos problemas surge antes da ciência a seu respeito.

cc) Reflexão intuitiva de fé sobre a realidade percebida

Colocado em face do problema social, o cristão reage por assim dizer profeticamente, quando detecta de forma intuitiva a sua contradição com o plano divino. A pobreza ofende o homem e a Deus, é pecado. Deve-se lutar pela justiça e pelos direitos dos oprimidos. Isto se lhe apresenta como imperativo humano e cristão. A reflexão não se articula ainda em nível crítico, mas intuitivo e sintético. Mas constitui verdadeira teologia popular (do Povo de Deus), com sua verdade e praticidade.

dd) Pistas de ação transformadora

O engajamento pela justiça e para a superação de uma situação marginalizante e opressora leva a concretizações operativas que traduzem uma práxis de amor comprometido. Pode ser uma ação com sentido libertador, por ser uma opção por um tipo de sociedade diferente, ou pode ser então um compromisso que ainda não se deu conta dos mecanismos estruturais e dos sistemas de opressão e desta sorte aceita-os fundamentalmente buscando a sua reforma e dando assistência aos marginalizados. Com isto se limita a eficácia e corre-se o perigo de cair em posições reformistas e assistencialistas.

Esses quatro passos são momentos articuladores de uma mesma práxis de fé que se vai desdobrando. A fé – e nisto insistimos com toda a firmeza – faz-se presente e atuante em todos os momentos; mediatiza-se, sem dúvida, mas sem perder-se no conhecimento intuitivo e sacramental, e se exprime finalmente em uma ação transformadora da situação.

A Teologia da Libertação percorre os mesmos passos em outro nível de articulação mais reflexo, crítico e analítico. Mas não se entenderia sem aquilo que rapidamente expusemos acima. É sempre a mesma práxis de fé e o mesmo amor comprometido que procura servir o irmão e o Senhor no irmão oprimido e por isso procura ser eficaz e libertador.

c) Teologia da Libertação e do Cativeiro: articulação crítica

Procurou-se fazer compreender a teologia num contexto de libertação como "uma reflexão crítica na e sobre a práxis histórica em confronto com a Palavra do Senhor vivida e aceita na fé. Será uma reflexão na e sobre a fé como práxis libertadora"[5]. Nessa formulação de Gustavo Gutiérrez colocam-se oportunamente os principais momentos da inteligência da fé na situação dominada da América Latina. Vamos pormenorizá-los, com suas implicações e pressupostos.

aa) O horizonte da fé entendida como práxis

A teologia, na perspectiva de libertação, parte decididamente da fé. Esta é a sua palavra primeira. Fé, originariamente, é um modo de ser, uma atitude fundamental que não se reduz a nenhuma outra mais originária e fun-

---

5. GUTIÉRREZ, G. "Evangelio y praxis de liberación". *Fe cristiana y cambio social en América Latina*, p. 244.

damental. Por ela o crente vive e interpreta sua vida e sua morte, o mundo, a história, o outro, a sociedade etc., como religados permanentemente a Deus e, no cristianismo, ao Pai, ao Filho e ao Espírito Santo pela mediação de Jesus Cristo, como o sentido verdadeiro e plenificante de tudo. Nesse sentido, a fé constitui uma experiência e uma práxis. A partir daí, no processo de explicitação daquilo que a atitude de fé concretamente significa vão surgindo os conteúdos sobre Deus, sua graça, sua libertação, sobre o destino do mundo e do homem etc. Nessa explicitação entram fatores de ordem ideológica, cultural, marcos teóricos de uma sociedade, interesses de grupos, perspectivas da tradição popular, experiências pessoais do crente. A fé-práxis nunca se oferece pura e simplesmente. Vem já mediatizada dentro de uma teologia que por sua vez constitui um *produto* cultural com todos os condicionamentos enumerados acima. O mesmo ocorre com o maior testemunho de nossa fé, a Sagrada Escritura. Esta não é *in recto* Palavra de Deus. Temos, sim, uma palavra humana na qual se concretiza a Palavra Divina. Mas esta não se encontra no mesmo nível daquela; caso contrário, teríamos um dicionário divino, uma gramática divina e uma semântica divina. Por ser divina ela conserva sempre o seu caráter transcendente; mediatiza-se na palavra humana, mas continua conservando a própria liberdade. Na composição da palavra humana que concretiza a Palavra Divina, exatamente pelo fato de ser humana, entram todos os condicionamentos possíveis[6]. Por isso, quando se fala de fé-práxis é mister discernir aquilo

---

6. Cf. BARTSCH, H.W. "Die Ideologiekritik des Evangeliums dargestellt an der Leidensgeschichte". *Evangelische Theologie*, 34, 1974, p. 176-195. • CASTELLI, E. *Démythisation et idéologie*. Paris, 1973.

que constitui o apelo exigente de Deus e as articulações teológicas, sociais e até mesmo ideológicas, ligadas a uma era passada e que pouco ou nada dizem ao nosso tempo. A mesma coisa, e com mais razão, aplica-se à tradição e à doutrina católicas. Nem sempre é fácil resgatar a fé, que nos coloca imediatamente em face de Deus, no meio de suas historicizações, que nos mantêm imediatamente diante do mundo. Com base nessa realidade se impõe, na fé, uma contínua vigilância crítica, como nunca, para manter a fé e não confundi-la com interesses, por vezes ocultos, de grupos humanos.

O critério de discernimento, entre muitos outros, mais fecundo e eficaz é a própria práxis de fé: tudo aquilo que no texto humano, mediador da mensagem divina ou da fé cristã, obriga a romper com os acanhados limites dos egoísmos pessoais ou coletivos, tudo o que impele para o outro, para a solidariedade com ele e sua libertação, tudo o que faz Deus ser mais Deus para os homens, tudo isso nos coloca diante daquilo que significa a Palavra de Deus e sua mensagem cristã. Essa fé-práxis opera pela caridade; não pode, sem perverter-se, desvincular-se da busca da justiça, da luta por um mundo mais humano, onde se torne menos difícil a fraternidade. Fé como práxis libertadora implica todos os grandes valores da verdade e solidariedade, da fraternidade e do amor etc. Estes são outros dos muitos nomes que Deus tem. Mas não podem jazer num universalismo vazio. Devem historicizar-se em processos concretos que digam respeito à libertação de opressões sensíveis e confiram eficácia à fé. Neste sentido é que se procura um conhecimento crítico e científico da realidade que se deve transformar.

bb) Leitura sócio-analítico-estrutural da realidade

A fé entra na determinação do tipo de análise da realidade. Constitui o horizonte maior, e as opções de fé influem nas opções concretas por um determinado esquema científico de interpretação, aquele modelo político, esta ideologia em vez daquela. A fé (e a teologia que encarna a fé) respeita a racionalidade própria da ciência, mas realiza um discernimento para detectar qual o esquema analítico que melhor traduz as exigências da mesma fé. A fé há de optar por aquele tipo de análise que mais se coaduna com a sua direção e maneja categorias afins a ela, que mais vigorosamente decifra os mecanismos que, segundo ela, formam o pecado estrutural e colocam opções que a fé considera as mediações mais adequadas para a salvação e libertação integral do homem, uma vez que promovem mais eficazmente a justiça e uma transformação qualitativa de maior participação e fraternidade[7].

Nesse sentido, a Teologia da Libertação optou por aquele tipo de análise do subdesenvolvimento, denominador comum de nossos países, como sistema de dependência dos centros imperiais. É o reverso da medalha do desenvolvimento e consequência dele. Para se criar, estruturar-se e manter-se no ritmo acelerado que alcançou, o desenvolvimento capitalista necessita de alta taxa de iniquidade so-

---

7. Cf. ELLACURÍA, I. "Tesis sobre posibilidad, necesidad y sentido de una teología latinoamericana", p. 338, nota 2. • SCANNONE, J.C. "Teología y política", p. 259, nota 2. Quanto às implicações hermenêuticas do saber científico, seu caráter modelar (procede sempre por modelos e paradigmas projetados pela subjetividade coletiva, que, por estar inserida na história e num horizonte sociopolítico, é também movida por interesses ideológicos), cf. BOFF, L. "Ciência e técnica modernas e pensar teológico". *Grande Sinal*, 29, 1975, p. 243-259. • BOFF, L. "A graça na experiência de nosso mundo científico e técnico". *Vozes*, 69, 1975, p. 477-486.

cial, sofrida pelo Terceiro Mundo, dentro do qual se situa a América Latina. Os sintomas do subdesenvolvimento, entre outros, são a pobreza generalizada, a marginalidade, o baixo índice das rendas, as doenças endêmicas, a mortalidade infantil, a escassez de escolas, de empregos, de hospitais etc.

Uma análise mais atenta, como a processada pela teoria da dependência, descobre os mecanismos geradores dessa situação. A causa mais determinante (não única, por existirem outras como a diferença de *ethos* culturais, fatores de ordem biológica e sanitária) é a dependência de centros fora de nosso continente, mas internalizados dentro dele pelos representantes do império. A realidade latino-americana é uma realidade-espelho e não uma realidade-fonte. Essa dependência se desdobra em dependência no sistema econômico e na divisão do trabalho, na cultura, na política e também na religião. A dependência assume a forma de opressão, pois usa-se de força para manter os países no subdesenvolvimento. Historicamente a América Latina viveu na dependência de sucessivos centros hegemônicos, cada qual deixando nela as suas manifestações próprias.

A saída que resolve esta situação é um processo de ruptura dos laços de dependência e de libertação para um projeto nacional autossustentado. Mas essa revolução não se faz voluntaristicamente, pois "os homens só fazem as revoluções que se fazem"[8]; é mister prestar atenção às condições objetivas da história que a tornam viável. A libertação alcançada leva sem dúvida à independência, mas não ainda ao desenvolvimento. Os países latino-americanos

---

8. COMBLIN, J. *Théologie de la pratique révolutionnaire*. Paris: PUF, 1974, p. 65.

não possuem tecnologia própria, e ninguém pode desenvolver-se sozinho. Por isso observa com muita propriedade José Comblin: "Estamos em face de um dilema: libertar-se e não se desenvolver ou escolher o desenvolvimento e submeter-se. O terceiro termo não passa de um compromisso: limitar o desenvolvimento para conservar uma certa autonomia, limitar a dependência escolhendo setores que devem se desenvolver. Mas isso não leva além da simples teoria da dependência"[9].

Acresce ainda que na América Latina as forças repressoras detêm o poder e tornaram impossível um movimento organizado de libertação. Diante do regime geral de cativeiro, muitos, embora aceitem a teoria da dependência, mas com sentido histórico das mediações políticas e estratégicas de toda revolução, propõem uma mudança *do* sistema por meio de mudanças *no* sistema. O que não significa renúncia à opção por um projeto de libertação e por uma sociedade diferente, mas antes uma estratégia para sua realização em termos históricos e processuais imposta pela situação geral de repressão e cativeiro.

Na análise da realidade não atuam somente preocupações vindas das ciências sociais (sociologia, economia, politologia), mas também as de ordem histórico-cultural, antropológica, da cultura popular. As imensas maiorias esmagadas criaram sua cultura do silêncio, suas maneiras próprias de dar sentido à vida, de libertar-se embora vivam no cativeiro. Nessa linha é que se vão estudando, em quase todo o continente, a cultura e a religiosidade popular como sementeira de valores não afetados pela ideologia

---

9. Ibid., p. 127.

imperialista e dinamismo para um autêntico processo de libertação[10].

Para captar a gravidade do subdesenvolvimento como dependência urge transcender as análises de cunho sociológico ou das ciências humanas e descer até uma análise de cunho estrutural e cultural. O capitalismo, o consumismo, os laços de dependência e opressão são manifestações de uma opção fundamental e de um *ethos* cultural que possuem sua própria história de concretizações. O homem – subjetividade transcendental – optou por um sentido de ser e viver orientado pelo saber e o poder, sobretudo o que alcança sobre o mundo em termos de dominação, lucro e exploração. Toda revolução que não muda esse *ethos* cultural, subjacente à nossa história ocidental, será apenas uma variação do mesmo tema e nunca uma verdadeira libertação[11].

cc) Leitura teológica do texto sócio-analítico-estrutural

A fé-práxis que procura a eficiência libertadora aceita, como mediação para sua realização histórica, a leitura da realidade feita acima. É sobre ela que faz sua leitura à luz da Palavra de Deus e da própria fé. Detecta graça e pecado; vê no emaranhado dos interesses políticos e econômicos o acolhimento ou a rejeição do plano divino que é de fra-

---

10. Cf. GERA, L. "Cultura y dependencia a la luz de la reflexión teológica", nota 2. • SCANNONE, J.C. "Teología, cultura popular y discernimiento – Hacia una teología que acompañe a los pueblos latinoamericanos en su proceso de liberación". *Teología y mundo contemporáneo* – Homenaje a K. Rahner. Madri, 1975, p. 351-376. • "A Igreja que nasce do povo – Encontro de Vitória". *Sedoc*, mai./1975 [todo o número].

11. Cf. BOFF, L. "Teologia da catividade: a anti-história dos humilhados e ofendidos" e "Ainda a teologia da catividade". *Grande Sinal*, 28, 1974, p. 355-368, 426-441.

ternidade, justiça, participação e liberdade. A consciência cristã sente-se chamada a uma ação eficaz que ajude a superar a situação esmagadora. O acento cai sobre o sentido da práxis da fé e de toda a práxis, se é libertadora ou justificadora do *status quo* opressor. A teologia como elaboração temática será ato segundo como reflexão sobre a práxis e para a práxis, a fim de que seja mais autêntica e libertadora. "A Teologia da Libertação mais não é senão o momento teológico da experiência feita pela fé cristã ao reassumir conscientemente, desde o Evangelho, a transformação do mundo em situação de dependência"[12].

Três, a nosso ver, as tarefas que a teologia deve assumir:

a) Teologia como discernimento histórico-salvífico da situação

A primeira e fundamental tarefa da teologia é poder interpretar a partir de seu horizonte específico a densidade histórico-salvífica da situação em um duplo sentido: denunciar o pecado e as ilusões da situação, repelir o sistema imperial com seu *ethos* de poder e lucro, por contradizer abertamente o projeto histórico de Deus; proferir um juízo favorável aos anelos de libertação e às mediações que os concretizam porque por essas ânsias passa a salvação histórica e a antecipação do Reino de Deus[13].

---

12. SCANNONE, J.C. "Teología, cultura popular y discernimiento", p. 353, nota 10.

13. Quanto ao conteúdo concreto dessa tarefa teológica, cf. GERA, L. "Cultura y dependencia a la luz de la reflexión teológica", na discussão de sua exposição, p. 198-206, nota 2.

b) Teologia como leitura crítico-libertadora da tradição da fé

Inicialmente a Teologia da Libertação deverá efetuar a libertação de uma teologia universalizante e ligada a uma práxis sem crítica de seus pressupostos socioanalíticos e históricos. A partir daí deverá resgatar as dimensões libertadoras e críticas presentes na fé e em seus grandes temas, dimensões encobertas por um certo tipo de vida cristã pequeno-burguesa e desfrutadora da situação social privilegiada e de pregação, catequese e presença da instituição da Igreja, amasiada e cúmplice da empresa colonizadora. Como também a dimensão social e política da temática do Reino de Deus, da escatologia, da graça, do pecado, da libertação conquistada por Jesus Cristo etc.

c) Teologia como discurso do teológico de toda a práxis libertadora

A teologia deverá conseguir resgatar e reforçar o teológico presente em todo verdadeiro processo de libertação, embora executado por agentes ou ideologias que nem sequer façam uma referência explícita à fé cristã. O teológico de sua ação não depende da interpretação ideológica que lhe acrescentam, mas de sua dimensão objetiva de libertação e de criação de maior espaço para a liberdade. A práxis em si mesma, contanto que seja práxis verdadeiramente libertadora, traz uma densidade cristã e salvífica. A salvação é um conceito englobante. Não se restringe às libertações socioeconômicas e políticas. Mas não se realiza também sem elas. A salvação definitiva e escatológica se mediatiza em libertações parciais intra-históricas em todos os níveis da realidade humana, não só nos reflexamente teológicos. Isso permite que a fé cristã identifique uma presença evangélica e salvífica naqueles movimentos e ações que efetivamente libertam. Não é o *dizer* da consciência o critério de autenticidade cristã, mas sim o *ser* da realidade. Isso sempre foi afirmado pela teologia, pois não é a verdade pensada que salva e sim a verdade que se faz e verifica em uma práxis. A partir daí fica claro que a teologia do político não pode ser unicamente a articulação de um discurso sobre a prática política da Igreja ou dos cristãos, e sim de *toda* a política, quer se refira a marcos teóricos cristãos ou não. Caso contrário, a teologia acaba sendo o discurso que racionaliza (ideologiza) a prática da Igreja, ou de sua instituição ou dos leigos. A teologia do político deve ser capaz de dizer o conteúdo cristão de uma práxis que se chama "ateia", mas é deveras libertadora.

dd) *Pistas de ação pastoral libertadora*

Já que a teologia é reflexão crítica no horizonte da fé sobre a práxis humana, é natural que acompanhe essa fé até suas concretizações mais determinadas, como as do ideológico, político e estratégico-tático. No campo estritamente político não cabe à Igreja como *communitas fidelium* organizada especificar estratégias e táticas, porque assim não respeitaria a dimensão e racionalidade próprias da política. Cabe-lhe, no entanto, fazer uma opção fundamental pela liberdade, como o explicitou Medellín (1968), opção vivida por cristãos e outros homens. Dentro dessa opção de fundo, que se pode pormenorizar em suas mediações maiores, subsiste todo um leque de subopções possíveis e que correspondem a opções de cristãos ou à seleção de urgências.

Grupos de cristãos comprometidos em níveis estratégico-táticos bem determinados, embora não contem com o respaldo da instituição eclesial, podem elaborar uma verdadeira teologia que reflita sua práxis e animação crítica da mesma e podem ter um sentido profético para toda a comunidade, apesar de que nem todos possam acompanhá-los. A tarefa teológica não se esgota em funções de caráter mais oficial e comunitário, mas pode e mesmo deve iluminar o caminho comprometido e perigoso de grupos[14].

Em seu campo específico teológico-pastoral cabe à Igreja (hierarquia, cada bispo, colégio presbiteral, cada sacerdote-pároco) concretizar sua atuação em uma estratégia que possibilite dar eficácia às dimensões políticas e sociais da fé, do anúncio evangélico, da caridade etc. Eis aí o lugar das opções prioritárias, captadas mediante uma análise crítica da realidade à luz da fé e a procura das mediações que tornem os projetos escolhidos historicamente viáveis e mais libertadores. Pode acontecer que não haja condições objetivas para um salto qualitativo e o trabalho deva articular-se no seio do sistema vigente. Não se pode, sem agravar a situação de repressão, ser livre a todo custo. Há um sentido de libertação de cunho místico realizado dentro de um regime de cativeiro que se nutre de enorme esperança e de pequenas, mas reais modificações. Cabe ainda à fé manter viva a esperança, libertar também ali onde os caminhos estão barrados e não deixar que a ação se esvazie de sua eficácia libertadora.

---

14. ASSMANN, H. "Reflexión teológica a nível estratégio-táctico". *Teología desde la praxis de la liberación*, p. 113-120, nota 2.

2 Libertação a partir do cativeiro

Com o estabelecimento de regimes militares em muitos países da América Latina e diante do totalitarismo da ideologia da segurança nacional, modificaram-se as tarefas da Teologia da Libertação. Urge viver e pensar a partir de uma situação de cativeiro; deve-se elaborar uma verdadeira Teologia do Cativeiro. Esta não é uma alternativa da Teologia da Libertação; é uma nova fase sua, dentro e a partir de regimes repressivos. O cativeiro constitui o horizonte mais amplo, em cujo seio se deve trabalhar e refletir libertadoramente.

Para Israel o cativeiro no Egito e na Babilônia significou tempos de elaboração da esperança e dos dinamismos indispensáveis para o momento necessário da ruptura libertadora. São outras as tarefas da Igreja; outras também as funções da teologia. É tempo de preparar o terreno, de semear, de conceber, de crescer no ventre materno; mas ainda não chegou a hora do nascimento. A Igreja sente-se impelida ao confronto com o Estado totalitário. Como instituição deve ser coesa e forte para fortalecer a sua função profética; não deve desgastar-se em problemas e conflitos intra-*sistêmicos*. As maiores contradições não se acham em seu seio, mas sim na sociedade e no Estado. Em algumas situações a Igreja não tem outro caminho senão assumir a postura digna e cheia de riscos do próprio Jesus Cristo. Não poderá, sem trair o Evangelho, eximir-se de emprestar sua voz aos sem-vez e sem-voz. A forma qualificada de presença evangelizadora no mundo reside em seu empenho pela defesa dos direitos humanos violados. Cabe à Igreja manter viva a esperança sem a qual um povo esmagado não vive, procurar os sequestrados pelas forças repressoras, consolar os órfãos, defender os desprotegidos contra a prepotência do aparelho militar.

Mais que em qualquer outra situação impõe-se a união entre profetismo e instituição. A instituição deve ser ela mesma profética. A prudência não é nem acomodação nem subserviência, nem ousadia sem inteligência. É o risco assumido diante de táticas eficazes. Em nível teórico, urge manter clara a opção fundamental pela libertação; aqui nada pode conceder. Urge, porém, ter senso histórico pelas alianças e viabilidades possíveis que, a partir do regime de cativeiro, possam mediatizar passos libertadores. Só assim se elimina o neorreformismo, bem como um profetismo suicida.

Uma tarefa de evangelização da Igreja em regime de cativeiro consiste em inserir-se no Povo. A Igreja, em muitas partes, constitui o único lugar legal onde se pode exercer a palavra livre e crítica, e onde se podem realizar os laços mínimos de sociabilidade. Neste sentido, a Igreja recupera um eminente sentido político em favor da liberdade e de crítica ao Estado totalitário.

Cabe à Teologia do Cativeiro elaborar uma reflexão bem concreta sobre as novas urgências da Igreja, o novo sentido da esperança, do compromisso cheio de riscos. Deverá aprimorar sua prática teórica, enriquecer criticamente seu instrumental de reflexão e práxis e recuperar os grandes temas da Tradição que, muitas vezes, dentro de tantas urgências de ação e análises da realidade, foram caindo no esquecimento. Muitos, em uma amarga experiência de cativeiro, aprenderam e descobriram dimensões novas da cruz de Cristo e da história dos mártires. Será uma teologia sem euforias e permanentemente vigilante para não esvaziar de crítica e de libertação seus conteúdos em vista da linguagem camufladora que a repressão lhe impõe usar.

Deverá o teólogo assumir decididamente sua dimensão profética e viver um compromisso com a libertação que pode significar perigo pessoal, mas também o preço de sua fidelidade à voz de Deus e dos oprimidos.

3 Teologia a partir do cativeiro e a libertação: ensaio descritivo

A Teologia da Libertação nasceu de uma profunda experiência espiritual: a sensibilidade e o amor pelos pobres que compõem a enorme maioria de nosso continente. Os pobres, além de sua determinação econômica, constituem o lugar de uma teofania e cristofania e a possibilidade, para o homem, de um encontro de salvação. Como ajudá-los a sair de sua situação humilhante? Que passos efetuar para transformar a realidade na qual existem muitos oprimidos e poucos ricos, e que mediações procurar para criar uma forma de convivência diferente, mas igualitária, livre e fraterna? Estas as perguntas que se acham na base da Teologia da Libertação. Como se acaba de ver, o amor se acha em sua medula. Esse amor não é fruto de uma teologia, é seu ponto de partida. E o amor é práxis, não teoria. É uma opção pelos pobres.

No afã de descobrir os mecanismos geradores da pobreza, a Teologia da Libertação se viu obrigada a procurar uma racionalidade mais pertinente que aquela que a tradição teológica oferecera pela filosofia. Esta não perdeu sua função; ganhou outras tarefas. As ciências humanas, especialmente as sociais, ofereceram um instrumental analítico capaz de descobrir as causas estruturais da opressão e de elaborar modelos alternativos. O interesse por dados da realidade, mediatizados por uma racionalidade científica, acha-se ao serviço da práxis transformadora da fé. Deve ajudar a articular concretamente a resposta à pergunta: Que sentido possui a libertação alcançada por Jesus Cristo dentro das condições de marginalidade, cativeiro e opressão do homem latino-americano? Somente tem sentido histórico se a libertação escatológica e definitiva de Jesus Cristo se mediatiza em processos libertadores e se antecipa no seio da própria situação. A libertação econômico-política não é somente econômico-política; em sua limitação processual constitui já a forma histórica como se manifesta no tempo a plena libertação. Possui, portanto, um conteúdo teológico que pode e deve ser almejado e promovido pela fé. Procurar que isto se verifique, eis a tarefa da teologia, procurando empenhar a todos os homens, os cristãos e a Igreja na denúncia e desmascaramento das ideologias imperiais que promovem e sustentam a atual forma de sociedade, e por uma práxis consequente e libertadora conceber e gerar um novo homem e uma forma mais humana de sociedade.

Na tentativa de uma descrição da teologia a partir do cativeiro e a libertação, poderíamos dizer: é refletir criticamente à luz da experiência cristã de fé sobre a práxis dos homens, principalmente dos cristãos, em vista da libertação integral dos homens. Especificamente, resulta:

a) *Refletir*: A Teologia da Libertação não deixa de ser um *logos* a partir e sobre a experiência histórica de Deus em

Jesus Cristo. Como reflexão é já realidade segunda, função da experiência cristã que deseja explicitar, articular, sistematizar. Como todo *logos* tem suas leis próprias, sua lógica, sua gramática e semântica. Elabora seus dados não para bastar-se a si mesmo, mas sim como momento dialético de uma mesma globalidade vital, para iluminar a práxis. Sem reflexão a práxis é cega, sem práxis a reflexão é vazia. A circularidade dialética da práxis-reflexão constitui a unidade e a riqueza da experiência.

b) *Criticamente*: Dizer reflexão crítica é no fundo uma redundância. Toda reflexão ou é crítica ou nem é reflexão. Crítica significa capacidade de discernimento, de vigilância sobre os processos, de consciência quanto aos próprios pressupostos, de alcance das afirmações e de vigilância sobre as implicações ideológicas de todo discurso.

c) *À luz de*: Por esta expressão – à luz de – se implica o horizonte a partir do qual se põem as perguntas e se capta a realidade e se chega ao conhecimento. Tanto as ciências como as pessoas vivem dentro de um horizonte que é a situação histórica dada com sua tradição, seus valores, sua maneira de sentir a realidade e orientar o sentido do todo. Tudo que se entende, é entendido a partir de um horizonte: já vem, pois, interpretado socioculturalmente. Quando elabora a fé, a teologia projeta-a dentro do horizonte de seu tempo. A fé não é determinação de um horizonte, mas ela mesma é um horizonte; a teologia, sim, é subdeterminação de um horizonte.

d) *Da experiência cristã de fé*: A fé é uma atitude fundamental humana pela qual o homem reconhece a sua ligação com Deus. Essa atitude não significa um modo psicológico, mas antes ontológico como maneira de situar-se no mundo e sintetizar toda a realidade a partir de Deus e de Cristo. A experiência cristã de fé reconhece em Jesus Cristo o sentido último da totalidade. Nele Deus se manifestou assim como é, como Pai, Filho e Espírito Santo, revelou-nos a sua paternidade universal que encontra a contrapartida na fraternidade universal. Ao revelar-se, Deus revelou também quem é o homem. Isso fundamenta a igualdade de origem, de processo histórico-salvífico e de destino. Esse conteúdo mínimo da fé cristã já contém forte densidade crítica diante do social e do político.

e) *Sobre a práxis*: É a realidade humana fontal. Na práxis existe unidade de fazer e saber. Vida já é práxis, e por isso na práxis se dá, como em forma condensada, toda a realidade[15]. A tematização teórica é explicitação daquilo que já estava presente, de maneira difusa e atemática, na práxis. Que qualidade tem a práxis humana? É libertadora do homem e dos outros para a comunhão, para a fraternidade e para Deus ou é opressora de si mesma e dos outros? Que mediações materiais e humanas utiliza para se fazer efetiva? Coaduna-se com o plano de Deus e com as exigências do Evangelho?

f) *Dos homens*: Como a fé cristã é uma forma de ser ontológica que encara a realidade toda a partir de Deus encarnado em Jesus Cristo, considera também a práxis dos homens, mesmo sem referência explícita ao mistério cristão, sob a luz de salvação ou perdição, de aceitação de Deus ou de repulsa a Ele. A história da salvação abrange todos indistintamente dentro das suas situações concretas pró-

---

15. Na práxis está presente o mundo que é o lugar de sua efetivação e verificação; acha-se presente Deus como horizonte de possibilidade de tudo aquilo que acontece.

prias. Os portadores da salvação não são exclusivos (cristãos, Igreja-instituição), mas qualquer homem pode sê-lo. A libertação de Deus em Jesus Cristo se antecipa na história e se mediatiza nas realidades humanas sociais, econômicas, políticas, pessoais. Cabe à teologia discernir quais as práxis humanas que viabilizam a libertação ou a impedem. Por isso, a sua tarefa não se limita ao exercício *intra-sistêmico* dos da mesma fé, mas se estende a todos os homens.

g) *Principalmente dos cristãos*: A Teologia da Libertação conscientiza, não sem pasmar-se, a pergunta: Como é possível que a opressão social ocorra na América Latina, continente predominantemente católico? Que práxis de fé foi aqui vivida para permitir semelhante situação histórica? Deve confessar que a fé foi aqui transculturizada e manejada para legitimar os detentores do poder opressor. Que tipo de práxis devem historicizar os cristãos para que seja aquilo que deve ser, libertadora e continuadora da práxis de Jesus Cristo?

h) *Em vista da libertação integral do homem*: Todo o sentido do refletir teológico deve desembocar em uma efetiva libertação integral do homem. Esta expressão – libertação integral – pode não significar nada e ocultar uma posição meramente verbal. Por *integral* entendemos que a libertação passa por um processo onde cada etapa alcançada está aberta a um mais, até a plenitude escatológica. Para implementar o processo libertador, a Teologia da Libertação deve considerar a racionalidade própria de cada passo, fazer juízos prudenciais sobre a viabilidade de seus projetos e levar em conta o regime geral de cativeiro no qual estão mergulhados quase todos os países do continente, o que impõe à práxis de fé novas tarefas: tarefa de semear, de sustentar a esperança, de lutar com meios mais simples e menos espetaculares, de preparar uma conscientização profunda para o momento de organizar a libertação-ato.

Como sistema elaborado, a Teologia da Libertação ainda está longe de ser uma realidade acabada. No entanto, contém um horizonte tão amplo e já se prefiguram tais tendências que pode ser uma maneira global de assimilar, proclamar e viver o cristianismo.

4 A partir da Teologia da Libertação: outras formas de fazer teologia

A partir do horizonte da Teologia da Libertação podem-se contemplar outras formas de fazer teologia no passado e hoje[16]. Não se trata de julgá-las em sentido libertador ou bloqueador dos anelos de libertação em si mesmas e no contexto no qual surgiram. Trata-se de perguntar se a sua repristinação ou vigência em nosso contexto latino-americano responde aos desafios que interpelam a fé e o nosso mister teológico.

Da Teologia da Libertação aprendemos que toda reflexão tematizada resulta de um certo tipo de práxis. A reflexão elaborada constitui a palavra segunda, o esforço de

---

16. Cf. CONGAR, Y. "Théologie". *DThC* XV/1, p. 341-502. • CONGAR, Y. *La foi et la théologie*. Tournai, 1962, p. 124-272. • SCHILLEBEECKX, E. "Qu'est-ce que la théologie?" *Révélation et théologie*. Bruxelas/Paris, 1965, p. 79-142. • CHENU, M.-D. *La foi dans l'intelligence*. Paris, 1963, p. 115-138. • LATOURELLE, R. *Teologia, ciência de salvação*. São Paulo, 1971. • KASPER, W. *Die Méthode der Dogmatik*. Munique, 1967. • CONGAR, Y. *Situation et tâches présentes de la théologie*. Paris, 1967. • GEFFRÉ, C. *Un nouvel âge de la théologie*. Paris, 1972. • PHILLIPS, G. "Les méthodes théologiques du Vatican II". *Le service théologique dans l'Eglise* – Mélanges offerts au P. Congar. Paris, 1973, p. 11-35.

articulação da racionalidade presente no seio de um certo modo de viver. Esse determinado modo de viver forma a palavra ou realidade primeira, matriz geradora da reflexão, controladora de seu desenvolvimento e lugar de verificação de sua verdade. Na interação entre práxis e teoria dá-se a verdade concreta e a unidade coerente da vida humana. Assim, um modo de viver na marginalidade irá, por conseguinte, refletir outro tipo de teologia diverso daquele que se beneficia do *status quo* e do bem-estar. A posição que o teólogo (sujeito transcendental) ocupa na estrutura da sociedade ou na Igreja, sua colocação em face do poder e dos meios de produção e consumo, seu estatuto de classe não deixam de influenciar a elaboração de sua teologia, a maneira de colocar os problemas, encarar as realidades presentes e interpretar os textos da tradição da fé (Escritura e Tradição). Nesse sentido constatamos quase completa ausência de vigilância crítica por parte das teologias consagradas e praticadas nos centros metropolitanos de reflexão teológica. Nessa dimensão crítica gostaríamos de assinalar algumas formas de fazer teologia, como são interpretadas e julgadas a partir do horizonte da libertação e cativeiro. Por amor da brevidade, seguiremos as três maneiras como historicamente foi compreendida a fé e, por conseguinte, a teologia como racionalidade da fé (*intellectus fidei*).

a) A partir das diversas concepções de fé

aa) Fé como adesão a verdades reveladas – Teologia como sua explicação sistemática

Uma concepção bastante vulgarizada entende a fé como adesão a verdades reveladas contidas na Sagrada Escritura ou na Tradição e propostas como tais pela Igreja. A teologia, em função dessa compreensão de fé, orientar-se-á fundamentalmente, como na exemplar articulação de Abelardo e Santo Anselmo, por dois olhos: o olho da *auctoritas* e o da *ratio*. A *ratio* se exerce na penetração e explicitação da racionalidade da *auctoritas* (Sagrada Escritura, Tradição, Magistério) com o recurso à mediação do instrumental filosófico de procedência grega. A teologia não será mais como antigamente, com os padres, uma leitura da vida, da história do mundo e da cotidianidade à luz e a propósito dos textos escriturísticos (*lectio*). Será agora a leitura e interpretação de um setor privilegiado do mundo: as verdades reveladas.

Esse método atingiu a perfeição a partir do século XVI, quando a teologia foi elaborada em confronto apologético com os reformadores em um sistema dogmático. O método desse tipo de teologia processar-se-á em três passos: 1) exposição da doutrina oficial católica; 2) comprovação da doutrina mediante frases da Escritura e da Tradição; 3) razão teológica, combinando os dois momentos anteriores com argumentos racionais e tirados de um certo tipo de compreensão da lei natural. A Bíblia e a Tradição formam o grande depósito de verdades reveladas sistematizadas dentro da doutrina católica oficial.

O Concílio Vaticano II não modificou fundamentalmente o esquema, como se pode comprovar no Decreto sobre a Formação Sacerdotal (*Optatam Totius*, n. 16): 1) Sagrada Escritura; 2) Padres e história dos dogmas e história da Igreja; 3) ilustração especulativa.

Evidentemente hoje todo esse proceder teológico é acompanhado da preocupação hermenêutica aplicada à Bíblia, aos textos da Tradição e às declarações dogmáticas do Magistério oficial, situando-as na história e conscientizando o horizonte de sua formulação e os pressupostos filosóficos de sua expressão. Permanecem, no entanto, como os lugares teológicos privilegiados.

É tarefa imprescindível da teologia buscar a racionalidade das verdades contidas nos Testemunhos Maiores de sua fé, sua harmonização e sua não contradição. Mas urge situar adequadamente o sentido das verdades de fé, dentro da história da salvação. A Revelação consiste originalmente na autocomunicação de Deus dentro da situação do homem. É uma vida que se autoentrega a outras vidas. As verdades surgem como tradução racional da revelação-ato. São já interpretações de um fato-revelação, dentro do horizonte histórico e ideológico em que se movimenta o hagiógrafo ou sua comunidade, embora tudo isto sob a inspiração do Espírito. Isso quer dizer: a *auctoritas*, os dados "revelados" são feitos e construídos. A função principal da teologia consiste não em ser uma interpretação de uma interpretação (verdades reveladas), mas sim em perceber e dizer a Vida divina como hoje se está comunicando na situação do homem, à luz daqueles que desempenharam em seu hoje de outrora a mesma função (Bíblia e Tradição). A teologia, desta sorte, é *ante et retro oculata*, tem um olho voltado para o passado onde o Senhor se manifestou, e o outro no presente onde prossegue a autocomunicação de Deus. Ela não se acha centrada somente nas fontes da fé, mas também na *historia mundi*, pois esta é portadora da história da salvação. Crer não significa aderir a frases abstratas sobre Deus e seus desígnios, sobre o mistério da salvação, e sim comprometer-se e entregar-se a uma Pessoa que é Pai e Amor. A teologia deve articular aquilo que isso significa no mundo, como aparece, que exigências põe, que sentido confere à sociedade humana. Quando o diz, surgem as verdades.

Que práxis de fé supõe uma interpretação da fé como adesão a verdades? Essa teologia exprime um modo de viver cristão. É o modo de viver das autoridades institucionais, que desfrutam do poder sagrado, que detêm de forma exclusiva os meios de produção religiosa. A teologia elaborada a partir daí é fundamentalmente uma teologia do poder argumentativo e apologético, orientada antes pela busca de segurança que de verdade. Por isso se destaca pela clareza das fórmulas, pelo afã de ortodoxia, pelo perfeito acabamento de suas definições, que se contrapõem à opacidade e ao emaranhado da vida concreta. É uma teologia que se move por deduções de princípios inalteráveis ou de frases escriturísticas, que servem de parâmetros para julgar a experiência real.

Esse tipo de teologia supõe um teólogo desafogado economicamente, que disponha de muito tempo, muitos livros, muito dinheiro para comprá-los e muita tranquilidade. Como todo poder, essa teologia paira sobre a vida, ordena-a, enquadra-a e a totaliza sob seu critério; essa modalidade de fazer teologia corre o risco de se tornar facilmente em ideologia de uma pequena elite esclarecida. De fato, na história, ela favoreceu o clericalismo, degenerou em um positivismo doutrinário oficial e numa incapacidade de diálogo para dentro e para fora. Um fato transparece, diz W. Kasper, nela: a tendência a um dogmatismo suspeito de ideologia[17].

---

17. KASPER, W. *Die Methode der Dogmatik*, p. 29.

A maior limitação dessa teologia consiste em não ter densidade histórica e não se aperceber dos pressupostos econômicos, políticos, culturais e classistas para sua elaboração. Além disso, os princípios não caíram como um raio do céu: foram vividos, primeiramente, como experiência vital. A partir daí foram erigidos em princípios. O mesmo se diga quanto às fontes da fé. A Escritura não caiu do céu, toda pronta e redigida.

A exegese nos mostrou quais as peripécias literárias e históricas que enfrentaram os múltiplos textos escriturísticos. *In recto*, ela é palavra humana com todos os seus limites e fases de construção, dentro da qual o Espírito concretizou sua Palavra reveladora. A palavra humana reflete condicionamentos ideológicos, econômicos, políticos e religiosos que foram assumidos pela Palavra divina. Uma teologia que tenha um estatuto crítico não pode subsumir tudo isso sob a Palavra divina e esquecer essas mediações para a sua encarnação em meio à comunidade dos crentes.

A teologia tem sua dimensão de ciência, enquanto discurso crítico sobre e a partir dos Testemunhos Maiores da fé; mas nunca pode esquecer o sentido das verdades abstraídas e das formulações teóricas: não estão aí para substituir a experiência de fé e sim para iluminá-la. Nasceram da vida e para a vida devem voltar-se.

bb) Fé como conversão ao Deus vivo – Teologia como mistagogia sapiencial

Fé, como atitude ontológica originária, antes de estruturar-se tematicamente em proposições intelectuais, é experiência de encontro com o mistério de Deus historicizado em Jesus Cristo. É converter-se, abrir-se, entregar-se, confiar-se a Ele, colocar nele todo o sentido do viver e do morrer. Essa concepção de fé acha-se mais na linha bíblica, vital, englobante, envolvendo todos os aspectos da vida. Leva a sério o testemunho dos grandes teólogos e místicos: o verdadeiro conhecimento de Deus é aquele que nasce do amor a Deus. Dentro dessa atitude de fé já se acham todos os elementos de racionalidade e de teologia, mas ainda sem elaboração e explicitação sistemática. Isto é o que fará a teologia como discurso lógico sobre a experiência de fé.

A teologia que elabora a fé-conversão ao Deus vivo há de insistir com toda a firmeza na estrutura dialogal de toda salvação e revelação, no aspecto eminentemente existencial e de compromisso implicado na adesão a Cristo. Far-se-ão estudos minuciosos sobre as estruturas do diálogo, sobre a psicologia da conversão e as exigências de transformação pessoal requeridas pela conversão. À luz desses estudos se recuperou o sentido bíblico de revelação como autocomunicação do Amor divino, resgatou-se o sentido existencial de graça e pecado e toda a riqueza da experiência de Deus. A catequese, a liturgia e a teologia sistemática ganharam ricas dimensões existenciais e personalistas; são mais indutivas e ligadas às experiências vitais. A teologia é fundamentalmente uma mistagogia sapiencial para a experiência cristã.

Apesar de todos os enriquecimentos que trouxe, essa teologia, à luz da Teologia da Libertação, apresenta sensíveis limitações. Será uma teologia ainda intimista e privatizante. Entenderá a revelação, a salvação e a graça como diálogo entre Deus e o homem, pessoa individual. É fortemente calcada na antropologia personalista, existencial e transcendental. Mas não levou suficientemente em conta as implicações cosmológicas, sociais, ideológicas da pessoa e de todo o diálogo. A conversão ficou demasiado centrada no coração e na pessoa considerada individualmente; não se tomou consciência do peso próprio das estruturas que já dependem das pessoas e podem oprimi-las, o que impõe também uma conversão para essas estruturas. A dinâmica da conversão das estruturas e de processos sociais geradores de iniquidade social não é a mesma da conversão das pessoas.

Exige novo tipo de racionalidade e outras mediações.

cc) Fé como práxis libertadora – Teologia da Libertação

Em um terceiro e decisivo momento entende-se a fé como práxis libertadora na história. Sobre isso já falamos acima, ao sublinhar que a fé se constitui em uma práxis, ou seja, em uma forma de comportar-se diante da realidade à luz de Deus. Que tipo de práxis é a fé verdadeira? Uma fé que seja deveras fé em Deus e em Jesus Cristo leva a um processo libertador, de denúncia das opressões concretas que corporificam o pecado como rejeição de Deus e do irmão e de efetivo compromisso na gestação e criação de uma sociedade mais justa e igualitária. A conversão se articula em termos de mudanças sociais que implicam processos demorados e passos estratégico-táticos que concretizam um projeto libertador. E isso tudo supõe, como já se expôs acima, outras categorias analíticas, depreendidas particularmente da infraestrutura da sociedade, pois ela sobretudo necessita de mudança. A Teologia da Libertação quer elaborar todo o conteúdo do cristianismo a partir das exigências de uma libertação social, que antecipa e mediatiza a definitiva libertação no Reino.

Dentro de uma compreensão da fé como práxis também se entendem outras teologias aparecidas na Europa ou nos Estados Unidos: teologia da esperança, da revolução e da política. Com diversos níveis de compromisso, têm em mira uma modificação da sociedade mediante a recuperação dos conteúdos críticos, subversivos e libertadores da fé e de sua Tradição. A partir da América Latina, essas teologias foram criticadas por sua ausência de densidade analítica concreta, por suas generalizações sobre os desvios de nossa sociedade ocidental, por se acharem mais interessadas na teologia da revolução que na revolução mesma, mais na teologia da política que na própria política. Seriam elas, como diz jocosamente Assmann, "prólogos em busca de coragem", em contraposição à nova posição dos teólogos latino-americanos, "a coragem com armas primitivas"[18]. Confrontos e semelhanças de tais teologias com a Teologia da Libertação foram já feitos convenientemente, por isso nos dispensamos de repeti-los aqui.

A Teologia da Libertação, por insistir firmemente no aspecto histórico da fé e da salvação como libertação, outorga-nos as demais dimensões da fé e não deixa de apreciar as contribuições das teologias que elaboram essas dimensões. Mas acha que são insuficientes, quando tomadas em si mesmas. Entretanto, alcançam sua verdadeira situação dentro da perspectiva da Teologia da Libertação que deseja não apenas libertar a história, mas também possibilitar a libertação da pessoa e de sua capacidade de elaborar a verdade.

---

18. ASSMANN, H. *Teología desde la praxis de la liberación*, p. 77.

b) A partir das diversas posições diante da dialética sujeito-objeto

O que acabamos de focalizar acima pode compreender-se também na dialética do sujeito-objeto. Nessa linha podemos diferenciar várias teologias:

aa) Teologia como elaboração do objeto da fé

Por objeto da fé se entendem as múltiplas manifestações de Deus na história, atestadas pela Escritura e mantidas como memória viva na própria vida da Igreja. A tarefa da teologia consistiria em elaborar sistematicamente, ao nível do *logos* da racionalidade, esse objeto de fé. Com efeito, ela o realizou em sumas teológicas grandiosas, utilizando a mediação filosófica, pois seu instrumental foi extraordinariamente bem trabalhado pela filosofia grega. Esse trabalho é imprescindível para a fé, mas não pode ficar somente nisso, pelas razões aduzidas acima. Historicamente, esse tipo de teologia serviu de ideologia para as instâncias do poder sagrado na Igreja, quer como autojustificação, quer para impor sua ortodoxia aos outros, quer finalmente para bloquear transformações necessárias na Igreja e na sociedade.

bb) Teologia como reflexão crítica sobre o sujeito da fé

O sujeito da fé é a *communitas fidelium* e o crente concreto. São eles os destinatários da revelação e da salvação. E tais se tornam na medida em que se convertem e se abrem sempre mais ao diálogo salvífico. A teologia trabalhou minuciosamente os pressupostos antropológicos da revelação e da encarnação. Pormenorizou os multiformes passos de acesso do homem a Deus e os caminhos da assimilação interior e comunitária, em termos de moral, de celebração e direito canônico da mensagem cristã. Tudo isso constitui, inegavelmente, uma urgência para a fé, e a teologia o elaborou. Como se apontou acima, esse tipo de teologia tem os seus limites.

cc) Teologia como articulação da dialética sujeito-objeto

Sujeito-objeto não se acham apenas um diante do outro. Implicam-se e se exigem mutuamente. Constituem momentos dialéticos de um mesmo processo vital. O objeto influi e atua sobre o sujeito; este assimila, modifica-se e por sua vez também atua sobre o objeto. Noutras palavras: a sociedade condiciona e marca a pessoa e esta por seu turno influi e atua sobre aquela. A Teologia da Libertação quer levar cuidadosamente em conta essa dialeticidade da vida que se articula também na fé. O pecado pessoal modifica o mundo social, e o pecado no mundo, impregnado nas estruturas, na escola, na ideologia dominante, marca a pessoa. O sistema social de opressão se introjeta nos oprimidos. A verdadeira fé, que se move dentro dessa dialética, pode atuar como dinamismo libertador. A Teologia da Libertação sublinha a densidade própria da opressão social e indica a dimensão pública, política e libertadora do projeto histórico de Deus.

dd) Níveis concretizadores da libertação

O elemento libertador não aparece apenas nesta terceira elaboração. Acha-se presente em cada um dos passos, embora em densidades diferentes. Na teologia como elaboração do objeto de fé, dentro dos limites dessa posição, a libertação manifesta-se como libertação do erro objetivo, do erro histórico, do erro de compreensão do texto sagrado que exige uma hermenêutica própria, libertação de erros intelectuais, dos preconceitos, dos pressupostos não conscientizados. A teologia como inteligência da fé-adesão a verdades conseguiu tal libertação.

A libertação ocorre igualmente na teologia-conversão ou na teologia como reflexão crítica sobre o sujeito da fé. Aí se revela como libertação de ilusões subjetivas, de enganos do inconsciente, de falsas representações e de outros subjetivismos que podem colocar em risco a experiência cristã de Deus e Jesus Cristo.

A libertação vem tematizada na Teologia da Libertação, ou seja, é colocada como o centro da tarefa teológica. Na América Latina os cristãos se deixaram sensibilizar pelo peso e pela gravidade da opressão econômico-político-social. A Teologia da Libertação quer fazer a fé operante e eficaz na libertação *de* tal situação corporificada no pecado social e na libertação *para* um mundo mais fraterno. Para consegui-lo deve libertar a teologia a fim de que os seus conceitos não sejam manipulados para adormecer as consciências oprimidas, nem sirvam para justificar o *status quo*. Urge uma vigilância constante na maneira como se fala e escreve a teologia, a fim de que não se torne justificadora daquilo que denuncia, nem possa ser recuperada nos esquemas de outras teologias inadequadas para elaborar tematicamente a eficácia histórica do amor.

Nesse sentido, a Teologia da Libertação acusa as outras teologias por não serem suficientemente críticas e politicamente vigilantes.

Toda teologia ou é libertadora ou nem é teologia. Deve realizar a libertação em todos os níveis: desde a intimidade de cada pessoa até atingir o coração das estruturas de todo um sistema social opressor. Isto não se realiza apenas por meio de convicções intelectuais profundas. Deve-se chegar a atitudes concretas, pois são estas que modificam a realidade.

E as transformações da realidade exigem mais que atitudes concretas e voluntaristas. Pedem sensibilidade para a viabilidade histórica, atenção às condições objetivas e criação de mediações operativas. Em cada irrupção de maior liberdade, justiça e fraternidade na sociedade, concretiza-se nas condições do tempo histórico e se antecipa a definitiva liberdade no Reino.

5 Conclusão: o importante não é a Teologia da Libertação, mas a libertação

Dissemos acima, mais de uma vez, que a Teologia da Libertação constitui uma forma global e diferente de fazer teologia partindo da práxis da fé e visando a práxis mais eficaz e transformadora. Seu método outra coisa não é que a elucidação, explicação e desdobramento da própria Teologia da Libertação. Temos uma clara opção de fundo: o que deveras interessa não é a Teologia da Libertação, mas a libertação histórica de nossos povos. Para tal libertação deve servir a Teologia da Libertação. Se não serve a esse propósito, ela se transforma em tema entre outros muitos de uma outra teologia que por sua vez reflete consciente ou inconscientemente outra opção fundamental. Mas nesse caso a Teologia da Libertação deixa de ser uma maneira diferente de fazer teologia, expressão de um diferente modo de viver, que é processo de libertação em situação de cativeiro.

Estamos bem cônscios de que todo ponto de vista, como o da Teologia da Libertação, é a vista de um ponto. Mas que ponto é este? É o ponto de vista do pobre, do humilhado e ofendido. Parte-se de sua situação; quer-se transformar a sociedade que o gera. A partir do pobre julga-se todo o sistema que o expulsa e mantém marginalizado.

A práxis libertadora exige, por seu lado, uma racionalidade que lhe seja adequada. Deve procurar aquelas mediações teóricas que melhor desvendem os mecanismos geradores da opressão; deve operar aquelas mediações sociais e políticas que tornem eficiente o amor e transformadora a fé. Falar de libertação sem aderência contínua de práxis, de mediações, de passos táticos pode parecer abstrato. Ela tem de ser como o povo. Este não fala palavras, mas coisas; tem terra nos pés, terra nos gestos, terra na língua. Caso não se procure a práxis – e com isso uma opção pelos oprimidos – pode-se falar com os mesmos signos linguísticos, mas sem pensar e visualizar a mesma coisa.

No fundo, tudo pode reduzir-se ao seguinte: O que se deve fazer e como pensar para que a fé e o amor cristãos sejam libertadores de uma situação objetivamente opressora e iníqua? Com a resposta se decide o destino da Teologia da Libertação e finalmente de toda teologia cristã.

Como se evidencia, a tomada de consciência da opressão lança um desafio evangélico e ético para a coerência cristã, especialmente para o teólogo: Qual a sua opção de fundo? E por aqueles que foram os prediletos de Jesus Cristo? Que tipo de práxis está implicada nessa opção? Que tipo de pensar e de teologia essa práxis reflete? As respostas a tais perguntas julgarão todas as nossas teologias.

Mas tudo isso não implica necessariamente que o teólogo abandone a sua cátedra e vá inserir-se nos meios populares. Há muitos que o fazem, com vantagem para sua reflexão. Todavia no processo global de libertação o teólogo pode viver comprometido a partir de sua prática teórica, exercida dentro de uma profunda e clara opção pelos oprimidos. Sua função é a do intelectual orgânico: ajuda as classes oprimidas a tomar consciência, a desmascarar as ideologias castradoras, a elaborar e manter a visão global etc. Em contato com as bases se enriquece, mantém vigilante a própria linguagem e compromete-se com seu destino em outro nível de luta. A situação concreta hoje é tal que a mera palavra libertação já constitui motivo de suspeita e redução à ineficácia. Em tal situação-limite urge a tarefa de aprimorar algumas perspectivas, pormenorizar as implicações de todo o processo de libertação e refletir sobre o próprio sentido do cativeiro. Que significa o fato de séculos de dominação em nosso continente? O que se prepara com tudo isso? Que estrutura iníqua aí se anuncia? Que sentido último possuem os últimos da terra? A anti-história não pode ser totalmente absurda! Nela também se realiza o plano de Deus. Eles não estão fora da graça e do Reino que se realiza especialmente neles. Mas como conceber este sentido salvífico? Talvez semelhante situação nos coloque naquele lugar hermenêutico onde se pode compartilhar e entender, sob nova e surpreendente luz, o caminho árduo do Servo Sofredor Jesus Cristo[19].

---

19. Cf. meus dez artigos em *Grande Sinal* (1974) ou sob forma de livro: BOFF, L. *Teología desde el cativeiro*. Bogotá: Indo-American Press Service, 1975.

Nessa perspectiva creio deve ser elaborada a teologia. Vivemos no Egito. O povo sofre na Babilônia. Nela corre sangue de mártires. Porém estamos em Babilônia e Egito diferentes. No horizonte despontou já um sol de justiça. Nele já se antecipou a libertação de todos os cativeiros. Existe um mais em esperança contra todas as desesperanças. Por causa de Jesus Cristo e de sua ressurreição.

Capítulo III
Teologia como libertação

Numa primeira abordagem – "A hermenêutica da consciência histórica de libertação" – nos propusemos, brevemente, delinear o horizonte novo projetado pela consciência histórica de libertação. Esse horizonte nos permite retomar e reler todas as realidades humanas do passado e do presente à luz da óptica de opressão e de libertação: a economia, a política, a medicina, a psicologia etc., e também a religião e a teologia. *Até que ponto a própria religião é opressora e libertadora?* Até que ponto a teologia, pelo modo como ela se entende a si mesma e pensa as relações do universo de significações com a fé, contém e mantém viva sua dimensão de libertação? A religião e a teologia para serem libertadoras precisam pedir emprestadas uma temática e categorias alienígenas, provindas de outra ideologia ou cosmovisão? Ou não possuem em si mesmas uma riqueza libertadora, a qual urge tematizar e reverter numa práxis? Qual a colaboração que a teologia e a fé dão ao processo global de libertação a partir de seu próprio horizonte? Sem essa colaboração específica faltaria algo ao processo libertador. Não possui a fé um enfoque tal que lhe concede ver, animar e festejar a libertação ou denunciar a opressão que acontecem também fora de suas próprias fronteiras?

À luz destas perguntas, aventuramo-nos a desenvolver, numa primeira parte, duas proposições fundamentais:

- A dimensão libertadora e praxística da fé e da teologia.
- A dimensão de fé e de teologia de toda práxis libertadora.

Estas duas considerações serão tratadas ainda em nível fenomenológico, isto é, tomando a teologia como um conjunto ordenado de doutrinas sobre Deus, o homem, sua salvação etc. dentro de uma tradição de fé que nos vem desde as testemunhas maiores do Antigo e do Novo Testamento e nos atinge a nós hoje em dia.

Numa segunda parte abordaremos a mesma realidade no horizonte de uma reflexão mais essencial e radical que vê a própria teologia como articulação histórica da revelação do Mistério de Deus no processo humano. Esta revelação não ocorre apenas no âmbito do religioso, mas na totalidade das manifestações da história dentro de sua epocalidade própria, no nosso caso sob o signo da libertação. A teologia consiste então na tentativa de tematizar em nível da linguagem e da comunidade de fé essa realidade que afeta a todos, mas que na religião é conscientizada, decifrada e celebrada.

1 A dimensão libertadora e praxística da fé e da teologia

Ao enunciarmos a dimensão libertadora e praxística da fé e da teologia[1] *não queremos desentranhar as consequências li-*

---

1. Cf. "La dimensión política de la fe como praxis de liberación histórica del hombre". ASSMANN, H. *Teología desde la praxis de la liberación*. Salamanca, 1973, p. 15-26. • *Fe cristiana y cambio social en América Latina*. "Encuentro de El Escorial, 1972". Salamanca, 1973, esp. o ensaio de SCANNONE, J.C.

bertadoras que porventura possuam a fé e a teologia. Antes pelo contrário: *visamos relevar o fato* de que toda fé e toda teologia, pela simples razão de serem o que são, possuem em si mesmas uma dimensão libertadora ou opressora. Esta poderá no passado ter ficado no subconsciente e não ter sido articulada explicitamente. Mas estava e está sempre presente e atuante na práxis. Hoje em dia, damo-nos conta desta realidade agora exposta e *des*-coberta. Percebemos que certo modo de compreender a fé é ideológico e sacramentalizador de uma situação oprimente ou é capaz de libertar o homem de sua própria situação e de sua vinculação com a configuração global da vida[2].

a) Verdadeira fé: fé que se faz verdade

Verdadeira fé cristã não se reduz apenas à adesão intelectual a verdades sobre o destino fundamental do homem e do mundo[3]. Ela é adesão ao Mistério de Deus que se comunica permanentemente na história e se autocomunicou

---

"Teología y política – El actual desafío planteado al lenguage teológico latinoamericano de liberación", p. 247-264. • BLANQUART, P. "Fe cristiana y revolución". *Pueblo oprimido, señor de la historia*. Montevidéu, 1972, p. 21-34. • GUICHARD, J. "Une lecture politique de la foi". *Église, luttes de classes et stratégies politiques*. Paris: Cerf, 1972, p. 19-49. • *Die Funktion der Theologie in Kirche und Gesellschaft*. Munique, 1969 [Obra coletiva]. • ALONSO, A. *Iglesia y praxis de liberación*. Salamanca, 1974, p. 98s.

2. Cf. GARCÍA, R. "De la crítica de la teología a la crítica de la política". *Pueblo oprimido, señor de la historia*, p. 69-96. • BORRAT, H. "Las bienaventuranzas y el cambio social". *Fe cristiana y cambio social en América Latina*, p. 213-230. • ASSMANN, H. "El cristianismo, su plusvalía ideológica y el costo social de la revolución socialista". *Teología desde la praxis de la liberación*, p. 171-202. Para a problemática geral cf. MATE, R. "La neoescolástica, teología de la restauración burguesa". *El ateísmo, un problema político*. Salamanca, 1973, p. 145-174.

3. Cf. para a problemática da fé: VV.AA. *Credo para amanhã*. 3 vols. Petrópolis: Vozes, 1971. • BOFF, L. "A mensagem da Bíblia hoje na língua secular". *REB*, 32, 1972, p. 842-854.

de forma definitiva e vitoriosa em Jesus Cristo morto e ressuscitado. É na captação concreta do momento histórico em seu sentido radical como pro-vocação ao homem para uma decisão totalizante de sua vida que se define qual seja o Sentido fundamental. Esse Sentido pode ser expresso na linguagem de verdades que guardam sempre referência ao núcleo experiencial donde emergiram. Não é aquele que conhece as verdades que se salva, mas aquele que pratica a verdade. Praticar a verdade no sentido bíblico (cf. Jo 3,21; 1Jo 3,19) consiste em transformar de tal forma a vida que esta se deixa empapar pela realidade de Deus sentida e sofrida dentro da própria existência.

Fé cristã significa que Deus mesmo se fez história e se chamou Jesus Cristo. Jesus Cristo não ensinou apenas verdades. Caminhou uma senda na qual assumiu a totalidade da vida em suas positividades e em suas negatividades como uma vida vivida, suportada e assumida diante de Deus e sempre a partir de Deus. Deus não era encontrado apenas no templo; nem morava exclusivamente nos céus. Mas se autodoava e se fazia presente em cada homem, anunciava sua Palavra em cada situação concreta e se revelava como o Deus pro-vocativo, isto é, que convoca sempre para frente e para uma permanente abertura acolhedora de sua parusia. Fé assim exige desinstalação e vivência de situação de êxodo. É no amanhã e no futuro de nossa vida que Ele quer armar sua tenda. Fé cristã neste sentido é muito mais um modo de viver e de comportar-se face à totalidade das manifestações do mundo do que adesão a um conteúdo fixo e fixável de verdades proferidas dentro de coordenadas linguísticas que são e serão sempre vinculadas a uma determinada visão do mundo.

Não basta estabelecer as verdades: Deus existe; Jesus Cristo ressuscitou dos mortos; Deus é Pai, Filho e Espírito Santo; o homem é imortal etc. Estas verdades não estão dentro das mesmas coordenadas como quando digo: uma pedra existe, um cão morreu etc. Deus não existe como uma pedra existe. *Quando digo na fé "Deus existe"* afirmo existencialmente: no mundo há um Último Sentido que me acolhe e me aceita radicalmente, mesmo na minha pequenez, no qual há a convergência de todos os opostos e em quem encontro o descanso do coração fatigado de perguntar. Dizer, portanto, "Deus existe" não é como dizer "uma pedra existe" e nada acontece na minha vida. Mas tudo se muda. O mundo se torna diáfano para esta inefável Realidade. *Quando afirmo na fé "Jesus Cristo ressuscitou dos mortos"* não me situo no horizonte de quem me informa: hoje nasceu Raquel. Mas sou mergulhado no oceano da esperança humana que sabe: a morte foi vencida; o anelo de realização e libertação do homem se tornou evento da doçura humana e divina; há um fim bom para o homem e para o cosmos, um fim de todos os mecanismos da opressão. Com isso, toda a existência, a luta secular dos oprimidos e dos opressores (manifestações da morte dentro da vida) e o sentido do futuro da história são iluminados. *Quando professo na fé "Deus é Pai, Filho e Espírito Santo"* não pronuncio uma verdade científica como quem diz que água é um composto de H_2O e nada se modifica no sentido radical de minha existência. Mas ao balbuciar no pudor do Espírito que Deus é Pai, Filho e Espírito Santo testifico: o Mistério que se vela e revela na história é comunhão, alteridade, identidade e diferença, autocomunicação de si (Pai) para o diferente de si (Filho), não se destruindo, mas recolhendo-se, na mútua aceitação amorosa (Espírito Santo), para a única mesmidade (a única natureza divina). Ora, toda realidade, especialmente o homem, não reflete a mesma dialética? A Santíssima Trindade é o derradeiro esclarecimento do mistério do Homem e do *Ecce Homo* Jesus Cristo.

Estas verdades se tornam verdades quando se *fazem* verdades, isto é, quando libertam a existência para o Inefável do Mistério, rompem as de-finições, entram em novas para sucessivamente cindi-las e deixar permanentemente o Mistério ficar Mistério.

A fé cristã testemunha que em Jesus Cristo Deus se fez outro, o mais longe, "a escória da humanidade, o amaldiçoado, o ferido e humilhado" (Is 53,3-5). Deus foi para o exílio. Encarnou o mais diferente dele mesmo, o inimigo (cf. Rm 5,10), despojou-se de si mesmo (Fl 2,7) para poder ser tudo em todas as coisas (1Cor 15,28). Isso não é proclamado para ser mera informação. Mas significa um desafio a seguirmos o mesmo caminho de Jesus Cristo (Fl 2,5). Fé cristã somente é verdadeira se continuamente, como Deus na encarnação, assumir o diferente dela, o mundo, a realidade mais adversa, e reconciliar e reunificar no perdão e na misericórdia. *Então o outro se torna nosso semelhante e o semelhante nosso próximo.*

Ora, a fé cristã que se faz verdade se faz liberdade e libertação, não recalcando o processo de opressão e a carga desumana do sofrimento do mundo, mas assumindo-os como o fez o Filho do Homem e o "homem das dores" (Is 5,3), curtindo sua absurdidade, sofrendo não as próprias penas, mas as penas de Deus no mundo. A aniquilação também é caminho de libertação. Nela nos esvaziamos de nós mesmos e dos objetivos de nossa batalha e nos colocamos à mercê do Mistério de Deus. "No caminho para a libertação, a morte é a mais sublime festa"[4]. Esta fé nos faz efetivamente livres. Ela mostra seu vigor em todas as dimensões da vida humana, também em seu conteúdo político e social, no vasto sentido que estas palavras possuem enquanto concernem à relação do homem com a comunidade humana e com a organização do poder que nela se instaura. Essa fé cria uma mística que não foge nem teme a perseguição, a prisão, a tortura e a morte, porque ela liga a pessoa a um Absoluto. Mas insere-os dentro da normalidade da vida de fé na cruz de Jesus Cristo. Acolhe-os com soberania, sofre e morre com dignidade: "Estas não são torturas, infligidas por causa do nome de Nosso Senhor Jesus Cristo, mas são unções", como serenamente retrucava aos seus esbirros um dos primeiros mártires leigos da Igreja Primitiva, São Máximo mártir[5]. Essa fé contesta todos os absolutos intramundanos, quebra as pernas a todos os ídolos de barro ideológico e desmascara a prepotência do poder que pretende com o aumento da produção e do consumo do estômago humano fazer silenciar a fome de liberdade do espírito feito para o Absoluto.

b) Há uma história só: da graça-libertação e da desgraça-opressão

A própria teologia, como articulação da fé, se entende, desde suas origens bíblicas, como história da salvação e da perdição, do pecado e da graça, do processo de libertação

---

4. BONHÖFFER, D. *Widerstand und Ergebung*. Munique/Hamburgo, 1966, p. 189.

5. *Acta Sancti Maximi martyris*, 2 –Lateinische Märtyrerakten ausgewählt und erläutert von Andreas Schwerd. Munique, 1960, p. 40-41, 85-87.

e de opressão⁶. Por isso se constata uma afinidade muito grande entre a grande tradição teológica da Igreja e a teologia de libertação. Segundo este modelo, a revelação de Deus se entende como história de sua autocomunicação progressiva ao longo dos tempos. Estabelece uma origem e marca um futuro. Ao criar, Deus se autocomunica inaugurando o receptáculo capaz de acolher as suas vindas. Ele sempre vem; a história, no seu significado mais transcendente, não significa apenas processo de gestação do homem, mas também processo de autocomunicação do Mistério de Deus. Tudo é constituído como taça, feita para acolher o vinho precioso que é Deus. Em Jesus Cristo se deu o encontro do máximo extravasamento de Deus e da máxima acolhida da parte da criação: Ele é Deus e homem na sua total presença e imediatez. Junto desta história de Deus e do homem existe também uma anti-história: da liberdade que se estiola no fechamento e do pecado que se recusa ao dom da comunhão. Se a autocomunicação de Deus liberta o homem cada vez mais para os infinitos horizontes do Mistério do amor, o pecado o encaramuja nas estreitezas da subjetividade. O homem se amarra ao seu passado construído e se cerra ao futuro donde Deus sempre vem. Esta estrutura de ambiguidade estigmatiza todas as manifestações da existência humana: na religião, na sociedade, no exercício do poder. A comunidade eclesial se entende como a inauguração de uma nova solidariedade em Cristo do bem contra o mal, da libertação contra todas as formas de opressão, da total abertura do homem ao futu-

---

6. Cf. GUTIÉRREZ, G. *Teología de la liberación*, Lima, 1971, p. 183-229. • SEGUNDO, J.L. *Salvación y construcción del mundo*. Barcelona, 1968, esp. p. 47-91. • DARLAP, A. "O conceito de história da salvação". *Mysterium Salutis* 1/1. Petrópolis: Vozes, 1971, p. 33-108.

ro de Deus contra o enclausuramento sobre suas próprias conquistas. Viver esta dimensão, isso constitui o cristão e não a prática de atos religiosos. Jesus Cristo convocou os homens, não para o exercício de um novo ritual ou para a observância de leis mais puras e mais santas, mas chamou a todos para uma nova forma de vida que se entende a partir de Deus e do futuro que nos promete e não mais a partir do passado e daquilo que nós temos construído.

Não há duas histórias, uma profana e outra sagrada, dentro ou na profundidade daquela. Há uma história só que pode ser lida sob os mais diversos pontos de vista: econômico, político, psicológico, ideológico e também teológico. Na ótica da fé toda a história humana, em todas as suas manifestações, desde suas origens até sua consumação (protologia-escatologia), pode ser vista como a história da libertação enquanto o homem acolhe o Mistério de Deus e como história da opressão enquanto o rechaça. Na verdade, acolhida e rechaço se interpermeiam e constituem o drama humano diante de Deus. Nesta visão também a política, também a economia, também a luta ideológica vêm permeadas de graça e desgraça, de acenos de libertação e de golpes de repressão. Não existe apenas uma situação decadente e opressora (pecado original) que se tradiciona pelos séculos em fora encarnada nas pessoas, nas instituições e nas culturas humanas. Está presente também a graça original, que resplende nos exemplos deixados pelo homem de bem, que sana pelos ensinamentos que o Mistério de Deus articulou nos sábios de todos os tempos e que é comunicada pelas instituições humanitárias de todos os povos. *É perder a perspectiva da fé afirmar que a economia é a-ética e a política é indiferente.* Não há nada de indiferente diante de Deus: ou concorre para a libertação ou para a perdição do homem. Este pretenso despolitismo da teologia ou da Igreja não deixa também de ser uma posição política porque legitima o *status quo* ao invés de questioná-lo, não para rejeitá-lo, mas para que se mantenha sempre aberto à humanidade e à justiça, valores que não se esgotam num código de leis nem se exaurem no estabelecimento e consecução de algumas metas, por mais fundamentais que sejam.

Hoje na América Latina se vive o tempo intenso e urgente (Assmann) da história da salvação sob o signo da libertação das escravizações sociais que assolam o homem, marginalizam milhões e esmagam a dignidade humana. Isso não possui apenas uma dimensão sociológica e política. É a forma como a libertação e a opressão, a graça e a des-graça chegam à nossa consciência histórica e desafiam o engajamento de nossa fé. Uma Igreja e uma teologia que por temor de politicagem e por medo da contestação e da repressão se negam a ver no fenômeno da marginalização sua dimensão também de fé e de teologia atraiçoam o Espírito e blasfemam o Filho do Homem que escolheu como forma eminente de sua parusia no mundo o marginalizado, o faminto, o encarcerado e os últimos da terra (cf. Mt 25,35s.; 18,5).

A compreensão da revelação como processo histórico realça e recalca a concretez do evento revelador que se nos depara hoje dentro deste horizonte de libertação-opressão. Aceitar o desafio desta epocalidade da revelação implica não somente auscultar a voz do tempo e os clamores dos humilhados e ofendidos, mas a voz suplicante do próprio Deus e de Jesus Cristo que sofre, é torturado, crucificado e agoniza até o final dos tempos.

A teologia e a Igreja para libertarem não precisam se filiar a uma ideologia revolucionária ou socializante, como é a tentação de muitos cristãos comprometidos atualmente. Isso apenas reflete a ausência de reflexão teológica e acusa a falta de uma vivência profunda e concreta da fé. O que a teologia e a Igreja necessitam é acionar o tesouro de sua própria riqueza libertadora e tematizar o que já está implícito dentro de seu próprio horizonte. Só então elas darão uma colaboração específica ao processo da libertação que se ramifica em todas as manifestações da vida. É exatamente isso que os homens esperam da Igreja: que ela faça sua leitura, à luz da ótica da fé, do fenômeno político-econômico, da marginalização, da opressão e da libertação. E urge uma práxis libertadora como unidade vital entre leitura e ação e ortodoxia e ortopraxia.

c) O Reino que é libertação está em vosso meio!

Há uma outra categoria bíblico-teológica intimamente vinculada com a temática da libertação, a do *Reino de Deus*[7]. Como veremos em seu devido lugar, Reino de Deus foi o símbolo linguístico preferido por Jesus Cristo para veicular sua mensagem de total libertação do homem e do cosmos. Reino de Deus não se restringe a uma região da existência humana como a do espírito, a da relação entre homem e Deus, a política etc. Ele é global e total. Significa a totalidade da realidade criada inserida no Mistério de Deus. Então é libertação *da* dor, da alienação, das injustiças, da morte. Então é cabal realização do que o homem pode e Deus quis

---

7. Cf. BOFF, L. *Jesus Cristo Libertador*. Petrópolis: Vozes, 1972, p. 62-75 [bibliografia].

dele como libertação *para* o amor, para a comunhão, para a vida em plenitude. Ao Reino pertence também a economia, também a política, também a sociologia. Nada escapa ao desígnio de Deus. O Reino não é uma realidade apenas futura. Ela já está presente. Fermenta. Está sendo gestada na história. Conhece o fracasso das cruzes e irrompe vitoriosa nas ressurreições históricas. O destino de Jesus morto e ressuscitado é paradigmático para a realização histórica do Reino. Ele se manifesta tanto na *kénosis* quanto na glorificação. No homem ele aponta como *saudade pela origem feliz* ou como *esperança pelo fim bom*. Saudade e esperança estão nas profundezas da memória da humanidade e na raiz mais funda do coração. E daí ninguém pode afogá-las ou apagá-las. Nem a des-esperança e o des-espero. E são sempre fonte de todos os começos e de todas as contestações.

A comunidade de fé se sente portadora da saudade e da esperança que em Jesus Cristo se tornaram evento de jovialidade e de certeza. Porque tudo pertence ao Reino, não pode deixar de valorizar também sua faceta política e econômica, que hoje, dentro de nosso arranjo vital, desempenha um fator de significativa relevância. Na sua primeira aparição pública Jesus recalcou a mordência concreta do Reino. Não é só reconciliação com Deus. É também exorcização de tudo o que escraviza o homem: é libertação dos aprisionados, luz para os cegos, liberdade para os oprimidos, saúde para os leprosos e ano da graça do Senhor (cf. Lc 4,18-21; Mt 11,3-5). Na superação destas opressões é que o Reino se mediatiza e está em nosso meio (cf. Lc 17,21). *Ora, para nós hoje libertação dos aprisionados* significa todo o aparato da justiça; luz para os cegos, a organização da saúde pública com os meios mais sofisticados; e ano da graça do Senhor, a concretização da justiça social, especialmente concernente à distribuição mais equitativa dos bens e ao gozo dos direitos humanos fundamentais (esse era o sentido originário bíblico de ano da graça do Senhor). Tudo isso é advento do Reino dentro das condições da história e prenúncio do futuro definitivo do homem e de Deus. *Batalhar para que o Reino venha, como no-lo pede Jesus no Pai-nosso*, consiste também em criar espaço de realização para esta sua dimensão socioeconômica e política. Se a Igreja e a teologia falam e se intrometem na política e na economia, não o fazem porque possuem melhores receitas e estão de posse de melhores dados e modelos, mas porque à luz da fé a economia e a política são modalidades de aparição do Reino de Deus ou de seu retraimento na medida em que, na política e na economia, acolhem ou rejeitam o desafio que vem de Deus, e que não é poder para subjugar, nem saber para massificar, nem produzir para afogar o espírito, mas para abrir o homem ao outro homem e todos ao Mistério que se anuncia em todas as coisas. Como diz excelentemente o Vaticano II: "*O Reino já está presente em mistério aqui na terra.* Chegando o Senhor, ele será levado à plenitude" (GS n. 39/320).

d) Escatologia: o futuro se anuncia no presente

Uma categoria complementária à do Reino de Deus é a escatologia. Como formulava Rahner, a escatologia não é uma reportagem antecipada dos acontecimentos futuros[8]. Mas é a transposição no modo de plenitude daquilo

---

8. RAHNER, K. "Theologische Prinzipien der Hermeneutik eschatologischer Aussagen". *Schriften zur Theologie*, IV. Einsiedeln, 1967, p. 401-428. • BOFF, L. *Vida para além da morte*. Petrópolis: Vozes, 1973.

que aqui já agora vivemos no modo de deficiência. Portanto, vida eterna, sentido radical do homem, amor divino, justiça perfeita, encontro radical, libertação etc., não são realidades que começam com a morte. Já são antecipadas dentro da história. O futuro já se anuncia dentro das condições do presente, embora de forma limitada e sempre ameaçada. Na terra ele está sendo germinado. Vai crescendo até desabrochar plenamente em Deus para quem a Ele se abriu, ou para a absoluta frustração para quem a Ele se encerrou. Não um *outro* mundo, mas um *novo* mundo nos é prometido. Isto significa que tudo o que construirmos nesse mundo em termos de humanização, de justiça, de libertação, de macrocaridade, de socialização etc., não será definitivamente perdido. *Antes pelo contrário. Como nos assegura a fé do Vaticano II: "Tudo isso nós encontraremos novamente, limpo, contudo, de toda impureza, iluminado e transfigurado,* quando Cristo entregar ao Pai o Reino eterno e universal" (GS n. 39/320). Semelhante compreensão, aliada à presença do Reino, deveria incitar os cristãos ao engajamento libertador e à luta para superar toda sorte de desumanização. Só assim se prepara o esboço do futuro. *"A esperança escatológica não diminui a importância das tarefas terrestres, mas antes apoia o seu cumprimento com motivos novos"* (GS n. 21/259).

Uma verdadeira concepção da escatologia gera um dinamismo crítico de extrema atualidade política. Por um lado obriga a assumir com seriedade as situações concretas de libertação porque é através delas que se presencializa e mediatiza o futuro absoluto e a completa libertação. Por outro, compele a desinstalar-se delas porque não devem nem podem ser identificadas com a libertação toda. Os modelos libertadores precisam ser superados dentro de uma experiência de êxodo e de verdadeira Páscoa. Todo presente que se absolutiza e se instaura a si mesmo como a salvação e a solução de todos os problemas do homem e da nação deve ser em nome do futuro desmascarado como ideologia opressora e enquadradora do sentido radical do homem, que deve ser mantido sempre em aberto.

e) **Opressão e êxodo do Egito**

Neste sentido de seriedade do provisório encontra-se na tradição bíblico-teológica uma temática extremamente rica de dimensão hermenêutica dos acontecimentos históricos: o tema de opressão e êxodo do Egito[9]. Toda a consciência de Israel vem marcada profundamente pela dialética opressão-êxodo. Historicamente, o êxodo do Egito foi um fato sem grande relevância[10]. Contudo, aqueles acontecimentos revelaram a estrutura de todo verdadeiro processo de libertação, como já aludimos no primeiro capítulo: um arranjo vital se torna opressor e por isso insustentável: instaura-se uma crise generalizada; surge a contestação; elabora-se o processo de libertação; ocorre o embate das forças; impõe-se uma largada e uma completa desinstalação; elabora-se um novo arranjo vital mais livre e humanizado. *Por isso, êxodo num sentido teológico e estrutural não significa uma saída geográfica e um abandono de um território.* Mas um despojamento das categorias pelas quais encaramos uma situação e que nos permite permanentemente manter a história em pro-

---

9. Cf. BOJORGE, H. "Éxodo y liberación". *Víspera*, 19-20, 1970, p. 33-38. • ASSMANN, H. *Teología desde la praxis de la liberación*, p. 54-55.

10. Cf. HERRMANN, S. *Israels Aufenthalt in Ägypten*. Stuttgart, 1970 [Stuttgarter Bibelstudien, 40]. • LENSEN, A.F. *Der Auszug aus Ägypten im Zeugnis der Bibel* [s.n.t.]. • SAMUEL RUIZ, G. "Teología bíblica de la liberación". *Liberación*: Diálogos en el Celam. Bogotá, 1974, p. 337-391, cf. tb. p. 271-307.

cesso e não congelá-la em instituições opressoras. Como notou muito bem Hugo Assmann: "As instituições não costumam basear-se neste princípio estruturante do êxodo; costumam entender-se mais como 'epifânicas' e detentoras de promessas cumpridas"[11]. *O êxodo é um modo de existir pelo qual se relativizam todas as situações.* Não por negar-lhes valor, elas são mediações da libertação definitiva, mas porque não devem ser ideologicamente identificadas com a consecução plena da libertação. Para a Bíblia o êxodo é uma temática geradora de uma inexaurível "minoria subversiva" (Metz), de anelos que não ficaram frustrados no passado, mas também que não se realizaram definitivamente, e que por isso está sempre presente em cada experiência histórica decisiva onde se joga com o destino do povo. São Mateus, relatando a fuga de Cristo para o Egito e seu êxodo de lá, quer insinuar, claramente, que com Ele se inaugurou o êxodo final de todos os Egitos da história.

Esta temática de opressão-êxodo nos oferece uma categoria pela qual podemos reler nosso passado continental e nacional e redescobrir nos muitos heróis a presença do vigor libertador do êxodo, encoberto pelo sistema vigente que domestica os libertadores, mitificando-os, iconizando--os e arrancando-os assim da história conflitante na qual viveram e na qual se fizeram heróis.

f) Pecado como situação global decadente e conversão como dimensão política

Uma correta compreensão do pecado evidencia o fato de que o pecado não se reduz a atos moralmente maus,

---
11. *Teología desde la praxis de la liberación*, p. 54.

mas, antes, constitui uma situação global decadente, permeando todas as esferas da realidade humana. Medellín qualificou com acerto a realidade continental como uma "situação social de pecado". Se o pecado-situação perverte as pessoas, é contudo no seu aspecto social que assume formas estruturais que permanecem através de gerações sob a forma de instituições injustas, discriminações e mecanismos de opressão de elites plutocráticas ou militares sobre as massas. Relevar e denunciar este aspecto social do pecado configurado em situações desumanizantes é uma das tarefas da Teologia da Libertação.

A conversão não esgota sua realidade libertadora e de êxodo na vivência privada dos cristãos. Desde que Deus se fez homem, toda conversão a Deus e a Cristo implica uma conversão também ao homem. Violar o homem e sua situação vital é violar, se não destruir, a presença de Deus neles. "Nas atuais perspectivas de endurecimento dos regimes latino-americanos que fortemente pretendem a manutenção de uma falsa ordem estabelecida e que impedem a criação de uma nova sociedade mais humana e mais justa, a conversão ao homem deveria buscar novas formas institucionais que salvem a dignidade da pessoa"[12]. Reverter para uma práxis social a riqueza desta velha temática cristã constitui um dos desafios para as Igrejas que devem "desinstalar-se de uma cômoda situação diante dos governos e demonstrar sua conversão ao homem pelo qual Cristo ofereceu sua vida"[13].

---

12. PADIN, C. "La transformación humana del tercer mundo, exigencia de conversión". *Fe cristiana y cambio social en América Latina*, p. 265-281, aqui p. 280.

13. Ibid., p. 281.

g) A passagem da micro para a macrocaridade

A forma concreta que o êxodo e a conversão assumem na América Latina se enuncia por uma compreensão e experiência nova do amor ao próximo. O próximo, para o Evangelho, não é o vizinho, o compatriota, o irmão de fé. Próximo é todo homem desde que eu me aproxime dele com amor. O mais distante, como o inimigo ou o diferente de mim, torna-se próximo desde que eu o ame (cf. Lc 10,36). O mais distante e diferente na América Latina é o pobre. A existência das massas pobres acusa permanentemente nossa consciência e nossa responsabilidade porque *"o pobre não existe como fatalidade; sua existência não é politicamente neutra, nem eticamente inocente. O pobre é o subproduto do sistema no qual vivemos e do qual somos responsáveis"*[14]. Na verdade o pobre é um empobrecido, isto é, um esbulhado, roubado e defraudado do fruto do seu trabalho e de sua dignidade. Este empobrecimento cria um apelo para o amor cristão, não apenas para aliviar o fardo aviltante da pobreza pobre, mas para criar condições de superação desta situação.

Amar o empobrecido é mergulhar no conflito social que cria semelhante esfolamento. É fazer uma escolha política com consequências por vezes dramáticas em termos pessoais e grupais. Porque amar inteligentemente implica conhecer os mecanismos sociais e profundos que criam e perpetuam o empobrecimento[15]. Exige um êxodo e uma

---

14. GUTIÉRREZ, G. "Evangelio y praxis de liberación". *Fe cristiana, ut supra*, p. 234.

15. Não raro, o amor cristão leva o fiel a atirar-se na água para salvar os que estão se afogando. Mas, quando caiu na água, dá-se conta que se esqueceu de aprender a nadar. Esse certamente é um amor verdadeiro, mas não inte-

des-identificação ideológica com o *status* do poder. Impulsionará uma ação eficaz e libertadora, não raro contestada dentro e fora da comunidade de fé, e muitas vezes com restrito sentido simbólico. Amar dentro do conflito, amar limpidamente sem espírito de vingança o inimigo e sem buscar uma harmonia fictícia e proclamar inócuas e perfunctórias declarações universais sobre a dignidade humana constitui uma exigência dura e inquietante para todo cristão comprometido. Amar o inimigo não é uma atração. É preciso detectar quem são os inimigos, e quem são os mantenedores do empobrecimento. Os cristãos não fomos educados a amar assim politicamente com a consciência das implicações e de uma estratégia e tática, nem será fácil sermos os artífices da paz no coração do conflito e as testemunhas da reconciliação no seio das divisões sociais. Esse amor possui sua gratuidade própria, como a teve o amor de morte de Jesus Cristo, que apesar da visão da morte nunca deixou de se bater para conquistar os homens à sua causa. Esse amor concreto revela ao cristão uma ambiguidade profunda de seu engajamento libertador: os tiranos e os opressores afundam suas raízes também dentro de nós. Como confessava o grande salmista latino-americano Ernesto Cardenal: *"Essas raízes, encontro-as frequentemente também em mim mesmo, em meu agir quotidiano. Os ditadores vivem em nós. A bomba H é uma realidade em nossa alma"*. Com isso percebemos que o processo de libertação deve se instaurar em nós mesmos primeiro, com grande humildade e com-

---

ligente. Sobre isso vejam-se as reflexões críticas do agnóstico G. Szczesny na XV Assembleia Nacional Evangélica da Alemanha, de 27 de junho a 19 de julho de 1973, em *Herderkorrespondenz*, 27/8, 1973, p. 402-404: "Worauf ist Verlass?"

punção. A macrocaridade[16] não dispensa jamais a microcaridade para com o inimigo, o opressor e o mais distante que mora dentro de nós mesmos.

2 Libertação de um certo tipo de teologia

Estas reflexões, que poderiam ser alongadas e distendidas para outros campos da teologia, dimensionadas numa perspectiva libertadora, querem apenas insinuar aquilo que nos parece ser a verdade da libertação numa ótica teológica: a própria teologia contém uma dimensão libertadora. Ela ficou e está ainda largamente encoberta dentro do sistema eclesiástico e no modo escolar como vem sendo administrada. Faz-se mister desentranhar essa dimensão, tematizá-la e revertê-la numa práxis consequente e corajosa, inteligente e adequada ao desafio do momento histórico. Isso implica necessariamente a libertação de um certo tipo de teologia abstrata e constituída num sistema fechado de conceitos. Não se fará uma superação desta teologia mediante meras interpretações de interpretações, mas mediante uma nova experiência e uma práxis diferente da fé e da Igreja. Então, sim, poderá nascer uma teologia libertada de seu cativeiro intrassistêmico. Nascida da práxis, guardará sempre uma referência à práxis, iluminá-la-á, deixar-se-á questionar e enriquecer por ela, e destarte manter-se-á permanente e dialeticamente a unidade de teologia e vida cristã.

---

16. COMBLIN, J. "El tema de la liberación en Latinoamérica". *Liberación Popular*, n. 134, 1973, p. 46-63, esp. p. 51-52. • BOFF, L. "Subdesenvolvimento, libertação, evangelização e vida religiosa". *Vida religiosa e Igreja no processo de libertação*. Petrópolis: Vozes, 1975, p. 11-61.

Capítulo IV
Libertação como teologia

No capítulo anterior refletimos sobre a dimensão libertadora e praxística da fé e da teologia. Aí se desvendou não apenas o aspecto libertador ou opressor da fé e da teologia, mas também um horizonte capaz de nos fazer contemplar a dimensão de fé e de teologia de toda práxis libertadora. Em outras palavras: a *dimensão teológica e de fé não se descortina somente onde ela é tematizada, conscientizada e cria para si uma semântica própria.* A partir de certa profundidade de reflexão todas as coisas, no caso, *toda práxis libertadora, revelam uma dimensão teológica.* Fé e teologia não são, portanto, exclusivas da Igreja, da religião ou de uma linguagem dita teológica ou de fé. Mas constituem uma profundidade existente dentro da própria vida, mesmo quando ela não assoma à consciência nem se chama ou aceita ser chamada de fé e teologia. Com ser negada, ela não deixa menos de existir e de estar presente em todas as articulações da atividade humana. Em sua existência, ela independe de nossa afirmação ou negação. Ela pertence, simplesmente, à estrutura da própria realidade. Isso gostaríamos de iluminar em dois passos, dando continuidade ao tema já abordado da teologia como libertação.

1 A dimensão de fé e de teologia de toda práxis libertadora

A ideia-chave da teologia que compreende a história humana como *única história de libertação-salvação* e de opressão-perdição significa que não há portadores exclusivos de libertação e opressão. Mas que tudo e todos na história são sinais e instrumentos de salvação e perdição. *O específico da Igreja não é trazer a libertação para um mundo que vive sob todas as formas de alienação, pecado e opressão.* A salvação-libertação está sempre presente na história. É oferecida por Deus e Cristo a todos os homens desde o início da história. Deus jamais abandonou os homens, mas sempre se deu em aliança libertadora[1]. Esta ótica supera a *visão suntuosa e triunfalista* de Igreja como o polo articulador exclusivo da libertação. Em seu devido lugar, refletiremos sobre o aporte específico que a Igreja, como humanidade consciente de sua situação salvífica, traz ao processo histórico-salvífico global. À luz desta compreensão, cria-se a possibilidade de uma leitura religiosa de todas as manifestações históricas, mesmo aquelas que se concretizam sob o signo da mais radical profanidade. Tanto o *profano* quanto o *sacro* são articulações diferentes e duas linguagens diversas da mesma identidade de libertação-salvação. A sacralidade se caracteriza pela decifração explícita da libertação-salvação e pela nomeação do Mistério que tudo penetra e circunda. A profanização prescinde (o que não significa que negue) de sua tematização. Mas vive também sob o mesmo vigor estruturante do Mistério, na profanização retraído e escondido. Na sacralização, vivendo-se na luz, o homem se re-

---

1. Cf. o cânon 4 da missa: *Lumen Gentium*, n. 2.

porta logo ao sol, fonte da luz. Na profanização, vive-se na luz, mas se prescinde de nomear e perguntar pelo sol. Com isso não se nega o sol, origem da luz. Esta também emana do sol; este é tão generoso e absoluto que não deixa de estar presente pelo fato de não ser nomeado e conscientizado. O importante é notar que ambos, o sacro e o profano, são revelações do único e mesmo sol, o Mistério salvífico e libertador de Deus.

Vivemos hoje sob o império da secularização, onde Deus vive retraído e no olvido. Dentro desta epocalidade, os homens *lutam pela justiça, sacodem as servidões*, morrem pelos valores fundamentais da convivência humana. Talvez nunca usem em seus lábios o nome de Deus, nem dirijam seus pensamentos ao Deus-conosco que se chamou Jesus Cristo. Talvez até se pronunciem contra Deus, que é veiculado sempre dentro de uma imagem, e se professem contra Jesus Cristo, que emerge inevitavelmente dentro de uma determinada configuração, e, contudo, pode haver em suas vidas sacrificadas e em seus projetos históricos de mais justiça e fraternidade entre os homens verdadeira substância cristã. Deus e o Ressuscitado estão presentes dentro destas formas kenóticas de parusia histórica. Para aquele que crê na atuação universal do Deus Libertador e do Senhor Ressuscitado da morte para a vida, esses também são portadores da autêntica libertação e seu engajamento possui, nessa radical profundidade, uma verdadeira dimensão teológica e vem informado pela fé.

Esta compreensão dispensa de uma maior justificativa teológica. Na verdade, ela pertence à mais antiga tradição da Igreja, que sempre, desde o prólogo do Evangelho de São João e da teologia das epístolas aos Efésios, Colossenses e Hebreus até ao Concílio Vaticano II, *conferiu ao mistério de Cristo uma vigência cósmica e historicamente universal*[2].

Sob signos diferentes se creu na mesma fé. Sob nomes diversos se adorou o mesmo Deus. Sob teologias distintas se morreu pela mesma causa. Vigora, portanto, uma profunda identidade no processo de libertação, embora seja articulada ao nível semântico e ideológico por correntes que se opõem e até se guerreiam. Ver essa identidade na diferença histórica de concreções é obra da fé.

Se, numa época que não vai longe, a Igreja colocava todo o seu empenho em estar presente no mundo como fermento salvador, porque sem ela – assim se pensava – a salvação não fermentava a massa humana, hoje certamente deverá empenhar-se em ler e *desentranhar o cristianismo já presente nas múltiplas manifestações de nossa cultura*. Isso levará a Igreja a sair de sua mentalidade de gueto, de seu triunfalismo salvífico e de seu autoasseguramento de ser *a única dentetora da proposta libertadora de Deus*.

Seria contudo ingênuo se ela na história visse somente o processo de libertação. Impera, virulento, também o processo de opressão. *A secularização* degenera em secularismo[3], onde, se não se prescinde de Deus, se combate explicitamente qualquer apelo à Transcendência. A legítima autonomia das realidades terrestres, tema tão exaltado pela

---

2. Para um aprofundamento maior remetemos a nossa obra, onde o leitor encontrará muitos textos da patrística e de toda a tradição da Igreja: BOFF, L. *Die Kirche als Sakrament im Horizont der Welterfahrung*. Paderborn, 1972, p. 84-103.
• *O evangelho do Cristo cósmico*. Petrópolis: Vozes, 1970.

3. Cf. as críticas ao modelo da secularização em seu aspecto de ideologia justificadora do cristianismo nos países opulentos: *Fe y secularización en América Latina*, de J. Comblin, S. Galilea e outros. Quito: Departamento de Pastoral Celam, 1972 [Colección Ipla, 12].

Gaudium et Spes, se perverteu numa ideologia materialista e possuidora egoísta dos meios modernos da técnica e do saber como instrumento de dominação de povos mantidos em regime de dependência. Existe uma práxis que teologicamente é pecado-opressão; monta-se um sistema político--econômico que de modo algum é moralmente inocente e se cria um consenso social que é, aos olhos da fé, indecente porque é imposto pela violência ou gerado pela manipulação da opinião pública. Uma Igreja que compreende a dimensão de fé e de teologia, de opressão e libertação de toda práxis humana, dificilmente poderá justificar, face a isto tudo, seu silêncio ou sua complacência. Por causa da fé, jamais pode renunciar à sua vocação profética de anunciar e denunciar e de manter sempre vivo o discernimento entre opressão e libertação, embora ocorram permanentemente juntas.

Sua intromissão em campos que à primeira vista não seriam de sua alçada, como o político e econômico, é feita, não por interesse de poder ou de sobrevivência, mas por causa da consciência que possui do caráter salvífico-libertador ou injusto-opressor do mundo político e econômico. Contudo cabe recordar que, por causa de sua fé, nem sempre a Igreja sabe *a priori* qual seja o projeto mais humano e qual seja o caminho mais justo e com menor taxa inevitável de iniquidade que deve ser trilhado para ser verdadeiramente libertador. Ela também está entregue ao tatear, ao risco e às decisões já decididas por outros. Ademais, sociologicamente, a *doutrina oficial eclesiástica se presta mais a apoiar os mecanismos da ordem estabelecida do que a checá-los em nome de uma maior participação e humanização*. Esta consideração, antes de convidar ao ceticismo eclesial, deveria levar o homem de fé a afiar os ouvidos e a purificar os olhos para descobrir o verdadeiro cristianismo nos movimentos libertadores acionados por homens sinceramente engajados, embora não se inscrevam nem se professem no número dos cristãos. Na profundidade da vida, também eles vivem e se alimentam do mesmo vigor que se manifesta explicitamente na Igreja e se chama salvação-em-ato, Jesus Cristo e sua causa presentes e atuantes e historização do processo de total libertação.

As categorias teológicas de Reino de Deus e de escatologia nos criam também a abertura de ler o caráter teológico e de fé de qualquer práxis verdadeiramente libertadora. Reino de Deus e escatologia presente não se identificam com a Igreja, nem com nenhum projeto histórico. O Reino está presente em todos, mas em nenhum deles se exaure. A Igreja *é um dos portadores* e, por causa de Jesus Cristo, um *portador especialmente qualificado*, mas outros como o Estado, ideologias, movimentos libertadores, empreendimentos técnicos etc., o podem ser igualmente. Encarnar-se em projetos históricos está dentro deles, mas também para além deles. Trata-se de um processo global e dinâmico que tudo abarca e que pode estar presente também lá onde Deus é negado, mas onde se buscam e se realizam passos concretos de justiça, de superação de estruturas discriminadoras e de real solidariedade entre os homens. O futuro absoluto se mediatiza no presente, sob formas limitadas certamente, mas verdadeiras. *Para a fé, o decisivo não é como os movimentos libertadores se entendem a si mesmos, se ateus, revolucionários, reformistas etc. Mas decisivo é se neles realmente se verifica real libertação, às vezes com o sacrifício da própria vida.* Nisso é que se manifesta o aspecto teológico e de fé.

2 O que é cristão?

As colocações feitas acima certamente levantaram a pergunta: Mas afinal o que é cristão? Onde pode ser identificado? Não pretendemos, por ora, abordar a pergunta tematicamente. Apenas melhorar a própria pergunta. Como transpareceu pelo exposto acima, o caráter cristão do engajamento humano não coincide sempre com a Igreja, nem com aqueles que etiquetam sua atividade de *cristã*. Em tudo isso pode haver cristianismo, mas também fora disso, onde ele nem é mencionado ou até combatido. Em outras palavras: não é ao nível das concretizações e vertebrações históricas que podemos dizer: isso é cristão! *Ele se situa num nível mais profundo, onde se dá a superação de fechamentos absolutizantes, onde se vive real sede de justiça e de participação, onde se corporifica um engajamento como momento materializador da abertura para o futuro e do processo de libertação*, onde pela causa dos outros vigora a coragem de ser que leva ao sacrifício da própria segurança, da própria saúde e, quem sabe, da própria vida. Ora, onde isso ocorre, podemos identificar a presença do que é cristão. Nesse nível podemos, criticamente, mas verdadeiramente, constatar que o nome *cristão* na América Latina serviu, não poucas vezes, para legitimar situações de poder que injustiçavam grande parte da população e que, por isso, eram anticristãs. Representantes oficiais do cristianismo se prestaram, as mais das vezes inconscientemente, a sacramentalizar e fetichizar um poder ou um regime estabelecido. A utilização do nome *cristão* é aqui ilegítima; é usurpação. Outras vezes, movimentos ou pessoas que não se agregaram explicitamente ao nome *cristão*, na verdade, se moveram na esfera radical daquilo que é verdadeiramente cristão. A meditação de Mt 25 na parábola do Juízo Final esclarece o que estamos aqui insinuando. Nem sempre o verdadeiramente cristão emerge onde ele assim se denomina e se autoproclama.

3 Libertação como expressão e manifestação da revelação hoje

Até aqui desenvolvemos uma reflexão intrassistêmica à própria teologia. Categorias teológicas nos abriram a porta para ver a dimensão teológica fora daquilo que explícita e tematicamente se chama teologia. *O caráter teológico e de fé, não nos cansamos de repeti-lo, não se esgota na realidade que a si mesma se chama teológica e de fé.* Ele subsiste em todas as dimensões, quando vistas num nível de profundidade e não apenas no nível das expressões semânticas e das vertebrações fatuais. Agora tentaremos radicalizar a pergunta: Qual é o vigor que alimenta a consciência da libertação e aciona todo o processo penoso de libertação?

A libertação com todos os seus derivados é um resultado. É a tematização, é a tentativa de expressar ao nível da ação, da linguagem, da criação de novos marcos referenciais e de uma nova consciência algo que é maior do que o expresso e feito. No que é pensado, feito, sofrido e morrido o que se quer comunicar? O que se revela? Como dissemos, o tema *libertação é* um resultado. Como resultado já é derivado. Não é originário e protoprimário. Resulta do empenho de tematização, enquanto o vigor deste empenho se retrai, se oculta, não entra, como a *fonte* que origina o rio e não é o rio nem entra nele. Nesta altura, o pensamento se sente provocado por aquilo que se retrai a qualquer possibilidade de ser dito, decifrado, domesticado e manipulado. Esse algo é como o *olho* que tudo permite ver. Move-se para todas as direções, pode detectar todos os objetos, as mais diferentes cores e paisagens diversas, mas ele mesmo não pode se ver a si mesmo. Estamos, pois, diante de algo que nos transcende. É o limite de nossas possibilidades de falar, de agir, de lutar, de denunciar, de viver e de morrer. Todas estas possibilidades recebidas são manifestações e concretizações dele. Que é mesmo a consciência histórica da libertação? Ela simplesmente está aí. Ela apareceu. É como a rosa, de quem dizia o grande místico cristão do século XVII Angelus Silesius: "A rosa é sem porquê. Floresce por florescer. Não cuida se alguém a olha". Movemo-nos dentro da consciência da libertação como nos movemos dentro da atmosfera, sem nos perguntarmos se nela há ou não oxigênio para respirar. Respiramos sem questionarmos o respirar e a atmosfera. Inclusive só podemos perguntar porque já estamos respirando. O respirar é condição da pergunta pelo respirar. Portanto, o que devia ser explicado é sempre suposto. Vem sempre primeiro. Ele, o respirar, é a força do perguntar. De forma semelhante sucede com a libertação. Ela está à mercê de algo que não é libertação e é maior do que a libertação. A libertação é uma expressão desse *algo* prévio. *É sua revelação como libertação.*

Que é esse algo? Sobre ele não podemos falar. Ele sempre se retrai, porque é a força por força da qual podemos falar. Ele é o princípio instaurante e estruturante de toda fala, de qualquer ação e de cada movimento. Ele aparece nisso tudo, através disso tudo, com isso tudo, mas ele mesmo sempre se retrai, no silêncio do seu mistério. Ele não entra diretamente. Só indiretamente, através de tudo o que dele emana e pro-mana. É como o homem. Este pode criar um discurso, fazer um milhão de inventos, montar toda uma cultura, criar um computador que sabe mais do que qualquer inteligência tomada individualmente. Mas o homem, ele mesmo, nunca entra. Tudo é produto dele; leva a marca do homem; expressa o homem. Mas ele conserva sua transcendência face a tudo o que produz. Conserva seu eu, sua identidade.

A teologia é o esforço humano de tentar balbuciar e denominar esse algo que está antes, aquém e por detrás de todas as coisas. O nome que a teologia lhe dá não é o seu nome. Ela chama a esse algo de Mistério da Vida, de Deus, de Transcendente. Deus, pois, está sempre presente em tudo, no caso de nossas reflexões no processo de libertação, movimentado por quem quer que seja, cristão, marxista, socialista ou pagão. Tudo isso revela e vela a Deus. A consciência de libertação ela mesma, como fenômeno e como totalidade significante, é revelação deste Mistério de Deus ou Deus do Mistério. Dentro disso se elaboram imagens consentâneas de Deus, de graça, de Cristo etc. Eles serão chamados e amados como Deus Libertador, Jesus Cristo Contestador, graça como força para sacudir as servidões, conversão como conversão para a mudança na história etc. Todos esses adjetivos tentam qualificar e nomear o inominável. Mas é sob essa face que Ele se nos dá a conhecer e realiza sua parusia na história.

Função da Teologia da Libertação enquanto teologia não é só ser um fator de mudança histórica, mas poder sempre pensar, falar, deixar aparecer o Impensável e o Inefável que está na origem de qualquer processo de libertação. Nisso ela se apresenta totalmente impotente, porque, na verdade, não consegue seu intento. Contudo, basta-lhe o aceno para esse Algo; é seu dever manter sempre viva a convicção de que o Essencial e o verdadeiramente Decisivo nunca aparecem em si; apenas suas manifestações libertadoras. Essas nunca se bastam por si mesmas; não são o estrutural e o último; vivem à mercê e na gratuidade de Algo que não é elas mesmas. É um vazio profundo do qual emerge toda a plenitude histórica. Mas é esse vazio que faz andar, é esse inefável que faz falar, é esse não agir que permite toda ação. *Por isso dizia excelentemente uma grande testemunha do Espírito*: "Trinta raios rodeiam um eixo, mas é onde os raios não raiam que a roda roda. Vaza-se a argila e se faz o vaso, mas é o vazio que perfaz a vasilha. Uma casa é perfurada por portas e janelas, mas é ainda o vazio que nos possibilita a habitação. Apalavram-se falas e se falam palavras, mas é o silêncio que comunica a linguagem. O ser dá as possibilidades, mas é o não ser que dá o Sentido"[4].

A teologia intenta, pois, recordar aquilo que não é exclusivo dela, mas de todos. Ela é apenas uma semântica, uma tentativa de linguagem sobre Aquele para o qual não há nenhuma linguagem adequada, porque é Inefável e Mistério e por estar aquém de todo falar, pensar e agir.

Sentir esse limite derradeiro de toda atividade humana, aperceber-se remetido a Alguém maior, acolher esse Impossível do homem, isto é a atitude da fé. *Fé surge dentro do próprio processo de libertação, sempre que o homem comprometido e engajado se dá conta que a força e o vigor que movem e subjazem ao processo libertador escapam continuamente ao próprio homem.* Acolher jovialmente essa impotência e esse mistério, sentir-se

---

4. LAO-TSÉ. *Tao-te-king*. Brasília: Coordenada, [s.d.], p. 46.

enviado dele, poder dizer um *sim* e um *amém* a tudo isso (o sentido hebraico de fé como *hemin*) é viver a dimensão da fé[5]. Como transparece, fé não é uma dimensão restrita à religião. Ela aparece em todas as articulações da vida humana. No engajamento político, nas análises minuciosas da realidade, na literatura, no jogo, no trabalho etc. Elas vivem da mesma ânsia, porque todas elas se defrontam com o Impossível delas mesmas, com o que lhes escapa sempre e constitui o Mistério que circunda todas as coisas. A religião apenas tematiza essa dimensão profunda, procura criar-lhe uma linguagem e um vocabulário. Não para se monopolizar dela, mas para levar o homem a viver essa dimensão dentro do arranjo vital em que se encontra, que é sempre lugar bom e situação perfeita para viver a dimensão da fé e dar-se conta do Mistério. Poder fazer o que a Teologia da Libertação faz também é obra e força daquilo que se retrai no processo de libertação.

Podemos então dizer: da fonte misteriosa, do ocular invisível jorram todos os movimentos libertadores, as manifestações mais diferentes da consciência de libertação e também a reflexão teológica sobre a libertação. Todos eles estão no envio deste Mistério. Todos vêm banhados pela mesma luz que de lá resplende. Por isso, nesse nível radical, todos, na diferença de sua concretização, possuem uma dimensão teológica, porque são revelação e historização deste Mistério. É a partir desta visão que o teólogo e a Igreja falam sobre economia e política econômica. Porque todos eles são, na sua diferença própria, articulações do Mistério que por eles se dá e se retrai. *A libertação também é então teologia.*

---

5. Para um aprofundamento deste tema cf. BOFF, L. "A mensagem da Bíblia hoje na língua secular". *REB*, 32 (1972), p. 842-854, esp. p. 843-847.

Capítulo V
O que é propriamente processo de libertação?

Uma reflexão sobre a estrutura

Das reflexões feitas até aqui nasceu certamente a urgência de aprofundarmos a temática do processo de libertação. Submetemo-nos a uma análise árida para espancarmos falsas expectativas e dissiparmos ilusões oriundas de uma ingênua ou má compreensão do que seja a estrutura do processo de libertação. Percorremos vários passos. Tentaremos mostrar como dentro da reflexão sobre a liberdade aparece o processo de libertação. É no processo que se dá e se mostra a verdadeira liberdade humana. Ela nunca é simplesmente dada, mas sempre por conquistar[1].

---

1. Sobre a liberdade, cf. a principal bibliografia: MÜLLER, M. "Freiheit". *Erfahrung und Geschichte*. Friburgo/Munique, 1971, p. 297-375, 417-423. • RAHNER, K. *La gracia como libertad*. Barcelona, 1972, p. 35-159. • SIWERTH; RICHTER & METZ. "Liberdade". *Dicionário de Teologia* – Conceitos fundamentais da teologia atual. São Paulo: Loyola, 1970, p. 149-176. • AUER, J. *Die menschliche Willensfreiheit im Lehrsystem des Thomas von Aquin und Johannes Duns Skotus*. Munique, 1938. • GARAUDY, R. *La liberté*. Paris, 1955. • KUHN, H. "Freiheit. Gegebenheit and Errungenschaft". *Freiheit und Determination*. Würzburg, 1966. • KRINGS, H. "Freiheit". *Handbuch philosophischer Grundbegriffe*, 2. Munique, 1973, p. 493-510. • DUSSEL, E.D. "Para una fundamentación dialéctica de la liberación latinoamericana". *Stromata*, 28, 1972, p. 53-89, 90-105. • SCANNONE, J.C. "La liberación latinoamericana, ontologia del proceso autenticamente liberador". *Stromata*, p. 107-150, 150-160. • SCANNONE, J.C. "Teología y política – El actual desafío planteado al lenguaje teológico latinoamericano de la liberación". *Fe cristiana y cambio social en América*

Preferimos antes uma reflexão de corte filosófico do que socioanalítico porque parece-nos que atende melhor ao objetivo que nos propomos, embora tenha o inconveniente da abstração.

1 A liberdade como modo próprio de ser do homem-espírito

No seu sentido mais fundamental a liberdade não é nem a *faculdade* de poder escolher, nem uma *qualidade* que o sujeito possui e dispõe, nem significa um estado de independência ou des-ligamento. Liberdade não é algo no sujeito que possa ser definido. Ela só pode ser mostrada como fenômeno porque constitui o modo próprio de ser do homem-espírito. O modo de ser do homem-espírito não se apresenta como o das coisas que simplesmente estão aí; nem se desenvolve organicamente como no modo dos seres vivos. O modo de ser do homem-espírito emerge sempre como uma totalidade e uma identidade interior que subsiste nas mais diferentes relações em que o espírito possa se estabelecer. Contudo, essa totalidade de identidade é assim que jamais se apresenta acabada, mas sempre por fazer como tarefa. *O homem-espírito se caracteriza como abertura infinita*, como distensão para o futuro de indefinidas possibilidades, abertura e distensão sempre concretizadas numa situação de-limitada e de-finida. *O homem-espírito é pessoa.* Como pessoa é livre. O problema então se situa assim: Que faço de mim mesmo, com minha liberdade?, e não somen-

---

Latina. Salamanca, 1973, p. 247-264. • COMBLIN, J. "Liberdade e libertação, conceitos teológicos". *Concilium*, 96, 1974), p. 765-775. • COMBLIN, J. "Teologia de libertação". *Igreja e Missão*, 2, 1975.

te: Que coisa faço de minhas ações e de minhas tendências? A pessoa-liberdade é sempre mais do que a soma de seus atos livres; estes revelam a pessoa-liberdade, mas não são a pessoa mesma[2]. Ao dizermos pessoa[3], implicamos sempre os dois momentos seguintes:

1) Pessoa significa possuir sempre uma relação para consigo mesmo; estar em si mesmo como em sua casa; é a autoconsciência de um eu. Nada que lhe ocorra está acima da instância do eu; mas tudo é recolhido nele e tudo é suportado por ele. Ele é simplesmente transcendente a tudo o que ad-vem. O homem-espírito surge assim como uma *ultima solitudo*, vive uma derradeira solidão e um extremo desamparo. É impenetrável e por isso sacrossanto. O homem-espírito é um *sujeito* e jamais poderá ser totalmente objetivado. Ao relacionar-se consigo mesmo, faz-se uma ideia de si, objetiva-se a si mesmo, mas jamais se identifica totalmente com qualquer objetivação. A isso se chama transcendência típica do espírito, que está sempre para além de seus atos e para além de si mesmo.

2) O modo de ser do homem-espírito não é adequadamente apreendido se considerarmos apenas o seu *poder-estar-em-si-mesmo-para si-mesmo*. Isso constitui uma interioridade a partir da qual ele pode se relacionar para todas as direções. Dizer que o modo próprio de ser do homem-espírito é a transcendência significa também afirmar sua capacidade de estar em comunhão e na intimidade com todas as coisas.

---

2. Cf. FUCHS, J. "Libertà fondamentale e morale". In: VV.AA. *Libertà-liberazione nella vita morale*. Brescia, 1968, p. 43-64, aqui p. 49.

3. Cf. LIBÂNIO, J.B. "Modernos conceitos de pessoa e personalidade de Jesus". *REB*, 31, 1971, p. 47-64. • SARACH, R. & SCHÜTZ, C. "O homem como pessoa". *Mysterium Salutis*, II/3. Petrópolis: Vozes, 1971, p. 73-89.

Poder estar nas diferenças mais diversas sem perder nelas sua identidade. É isso que os antigos pensavam quando afirmavam que *o homem-espírito pode ser, de alguma forma, todas as coisas*. Sua abertura é total e inclui *também o Absoluto*. Só o Absoluto, donde veio e para o qual tende, pode ser o correspondente adequado ao impulso interior da liberdade-abertura-comunhão. Em cada concreção de comunhão o homem-espírito comunga com o Absoluto presente na concreção. E o faz de forma não tematizada e não consciente, mas real, porque, em cada coisa que o homem-espírito quer, quer não apenas isso ou aquilo, mas quer conjunta, embora inconscientemente, o Absoluto.

Nesta perspectiva da liberdade fundamental pelo fato de ser pessoa, *o homem-espírito é sempre livre, mesmo que nasça escravo ou permaneça em cadeias* por toda a sua vida. Não pode abdicar de sua liberdade, mesmo que o queira, porque não pode abdicar de ser pessoa e com isso de ser livre.

Essa liberdade fundamental e radical se realiza no mundo e na história, na natureza e na cultura. Aqui começa propriamente o drama da liberdade e a urgência do processo de libertação.

a) Liberdade como in-dependência – Ser livre de: reforma

O homem é um espírito encarnado e um ser-no-mundo. Vive sempre situado dentro de sua própria corporalidade, de sua carga hereditária, de sua família, de seu ambiente social, da escala de valores de seu mundo etc. A situação é seu limite; dela depende. Liberdade dentro da sua circunstância significa inicialmente *in-dependência*, ausência de dependência disto ou daquilo. Não é uma independência total, porque um ser totalmente des-ligado do mundo e de tudo não seria mais o homem-ser-no-mundo. Ele é sempre ligado a uma situação. Por isso a liberdade como in-dependência quer dizer uma liberdade relativa. Só com relação a isto ou àquilo (a uma pessoa, a uma lei, a um negócio) é in-dependente e livre. De resto depende de suas necessidades básicas de seu estar-no-mundo. Um ser de total in-dependência seria um ser de completa autodeterminação. Sob esse ser as religiões se representaram o Absoluto e chamaram-no de Deus.

b) Liberdade como auto-nomia – Ser livre para: revolução

Alguém é in-dependente e livre na medida em que se in-dependentiza e se liberta disto ou daquilo. Ora, só pode isso aquele que se *autodetermina* e que, de alguma maneira, se possui a si mesmo, assume seu próprio destino e se liberta de determinações que vêm de outrem. Liberdade é então autodeterminação: possuir-se a si mesmo e não ser possuído por outrem. O específico deste tipo de liberdade aparece ao analisarmos a própria palavra-chave: autodeterminação.

Primeiramente o homem vive numa *determinação*. É sua situação como consideramos acima. A situação preexiste ao homem. Ele entra num mundo já decidido, feito e sempre por fazer, com um caminho já percorrido e ainda por andar. Isso forma a determinação ou também, num sentido positivo, a fatalidade da pessoa.

Em segundo lugar, *emerge o vigor originário* do homem-espírito que se autodetermina face à determinação em que se encontra. É o que exprime o tema *auto: força própria* e por isso livre pela qual o homem coloca uma determinação nova (sobredeterminação) ou assume, rejeita, critica a determinação na qual já está. *Liberdade é poder autorrealizar a si mesmo dentro de sua determinação existencial, social e política.* É poder comprometer-se. E só o pode quem é livre disto ou daquilo e livre para isto ou para aquilo. Estando sempre dentro de uma determinação, sobrepõe-se a ela, sobredeterminando-a, assumindo-a ou rejeitando-a.

Neste sentido, a "necessidade não é o limite externo em que a liberdade como autodeterminação tropeça e fracassa horrorizada, senão que é o momento em que se encontra pela primeira vez consigo mesma como liberdade que pode falhar única e exclusivamente por si mesma. Liberdade não é, em definitivo, a possibilidade de protesto. É a possibilidade de converter o estranho em algo próprio, a possibilidade de aceitar e, como não está orientada às coisas, mas às pessoas, é a possibilidade de amar. Somente protesta quando se compreende a si mesma. Derruba barreiras quando pretendem impedi-la de ser uma capacidade de aceitação e de amor que entabula relações com o estranho e as admite"[4].

O homem portanto é *livre para* assumir a própria determinação e nela se autorrealizar. Isso exige aquilo que os antigos chamavam de *amor fati*, amor à fatalidade, isto é, amor à determinação e à situação concreta na qual está inserido.

---

4. RAHNER, K. "Confirmación de la libertad cristiana". *La gracia como libertad.* Op. cit., p. 84-97, aqui p. 84-85.

Neste sentido, o cativo é um livre a partir do momento em que assumiu livremente o ser cativo. Ele só é cativo porque não assume livremente sua determinação, que é caracterizada pela ausência de in-dependência. Embora não sendo livre de, pode ser livre para.

c) Simultaneamente livre e cativo

A condição humana é assim que a liberdade não é nem totalmente in-dependência nem totalmente autodeterminação. O homem não é simplesmente *livre das injunções* de seu mundo (*libertas a coactione*), nem livre para autorrealizar-se plenamente (*dominium super se ipsum*). É senhor *livre* enquanto se liberta das con-junturas que o prendem, mas é cativo enquanto está sempre preso a uma situação e mergulhado no mundo com o qual con-vive, depende de suas leis e a elas está sujeito. A situação humana forma a unidade dialética entre a Distância relativa das coisas, relativamente livre delas, e entre o Poder relativo sobre si mesmo e sobre as coisas. Distância e Poder, liberdade de e liberdade para, cativeiro e senhorio: eis a estrutura radical da liberdade humana.

d) Processo de libertação

Do esforço diuturno de se ver livre das amarras da situação para poder ser cada vez mais livre para si e para as coisas se molda o processo de libertação. É uma tarefa a ser continuamente cumprida. Por isso é processo. *Libertação não significa ainda liberdade*. É ação (libert-*ação*) que visa criar espaço para a liberdade poder ser livre. É um *não* que digo a uma situação por causa de um *sim* dito a uma outra situação, por suposto mais humana e fraterna. Na dialética entre o *sim* e o *não* se configuram alguns momentos estruturais presentes em todo processo de libertação.

aa) Conflito: a dependência de outrem é de tal ordem que o processo de in-dependização e de autodeterminação se torna muito dificultoso, senão impossível. O homem vive a situação como opressão e conflito. Sempre lhe resta ainda a liberdade de assumir a situação irreformável ou, sob a forma do protesto e do martírio, deixar-se triturar por ela. A ex-istência humana é sempre conflitante, porque permanentemente deve conquistar sua liberdade no esforço de libertar-se de umas dependências e de assumir outras. Mas podem surgir situações onde o conflito assume o caráter de um paroxismo. O processo de libertação se torna urgente. Aparece então um outro elemento estrutural: a crise.

bb) Crise: A crise pertence à normalidade da vida, que é sempre conflitante. Mas esse desequilíbrio que se instala na situação é chance de vida nova. A crise age como um crisol que acrisola o homem a fim de que se faça cada vez mais apto para a decisão e para assumir uma posição. Para sair da crise, o homem necessita elaborar um novo projeto para o qual se decide.

cc) Novo projeto: O novo projeto emerge dentro de um processo de libertação, onde já se rompeu ideologicamente com as dependências. Ele representa uma nova determinação, em si também limitada, mas que alarga o campo da liberdade e diminui a rede das dependências. O projeto significa sempre a mediação da plena liberdade, dentro de uma situação dada e concreta. Se não for assim, ele será também opressor. Embora muito concreto, deverá manter-se em aberto para o processo de libertação, que é sempre maior do que qualquer projeto histórico.

dd) De-cisão: A decisão é o ato libertador que produz a cisão com as dependências inaugurando o processo de libertação e criando uma nova determinação. Pela decisão o projeto histórico começa a assumir configuração concreta. Ao se processar ela se encarna em atos concretos dentro de um quadro de possibilidades reais que viabilizam o projeto. A decisão por um projeto está enraizada numa decisão mais fundamental e radical para aquilo que queremos ser propriamente, para o pro-jeto de nossa identidade essencial. Em função desta decisão fundamental os projetos e as decisões implicadas no projeto aparecem como concretizações da decisão fundamental. Por isso assumem o caráter de valores e de motivações que provocam nosso dinamismo e nos sustentam no conflito.

A decisão fundamental para a nossa identidade essencial se dá sempre dentro da totalidade que se chama mundo. No mundo há conflitos, lutas, mutações. Afirmar as mutações do mundo significa que nossa decisão fundamental deve estar sempre atenta a estas mutações que significam valor e sentido. Decisão para a própria autorrealização implica *decisão para a nova ordem do mundo e de suas mutações*. O homem nunca pode autorrealizar-se sem o mundo, mas sempre nele, porque o mundo não é outra coisa do que o próprio homem distendido e encarnado na matéria.

Processo de libertação é processo de permanente decisão[5]. *O homem está condenado a se decidir*. Não é livre para decidir ou não decidir. O eximir-se já é uma decisão e uma posição. Por isso deve sempre abandonar a distância e a independência das coisas e se autodeterminar[6]. Ao se autodeterminar entra numa nova dependência criada pela autodeterminação. Enceta novamente o processo de se libertar desta nova dependência. Vive permanentemente na dialética de cativo-livre-cativo etc.

---

5. Ao se processar a decisão o homem escolhe e coloca atos dentro de um quadro de possibilidades reais. Nenhum de seus atos é necessário, no sentido de que resulta de causas preestabelecidas claramente e é explícito unicamente como consequência destas causas. O homem está num estado de in-determinação face aos vários atos que pode colocar. A liberdade determina a orientação dos atos, não sendo, porém, coagida nesta sua determinação. Caso contrário se autodestruiria como liberdade. Muitos creem serem as ações humanas totalmente predeterminadas, obedecendo a uma estrutura de fundo incoercível. Sem querermos entrar na difícil discussão sobre a determinação e a liberdade (cf. MÜLLER, M. "Determination". *Erfahrung und Geschichte*. Op. cit., p. 317-322; • KUHN, H. *Freiheit und Determination*. Op. cit.; • RAHNER, K. "Destino y libertad". *La gracia como libertad*. Op. cit., p. 98-100), respondemos simplesmente: o homem sempre vem condicionado e mergulhado numa situação que o mantém de alguma forma escravo. Mas ele não é o puro produto de causas prévias ou de motivações inconscientes, mas dentro disto tudo e de todas as determinações sempre é um começo indeterminável. Há nele uma espontaneidade (*auto*determinação) que não se deixa esclarecer plenamente com o recurso aos condicionamentos e cargas precedentes ao ato livre. O ato livre sempre pressupõe tudo isso, isto é, as determinações. Contudo, embora mergulhado no mundo das determinações, o homem possui uma excelência e transcendência ao mundo. Não se afoga nele; somente mergulha nele. Destarte, não se diluindo no mundo, a liberdade não pode ser considerada como um fato intramundano. Acontece no mundo, mas não se deixa explicar pelos mecanismos do mundo. Nós diríamos que é pré-mundana e por isso significa senhorio sobre o mundo. Porque é pré-mundana não pode ser captada pelas ciências. O que estas surpreendem é sempre já resultado da liberdade e não a própria liberdade. Por isso é que ao ocular científico a liberdade aparece sempre como uma forma de determinação. No entanto ela é experienciável e evidente na práxis humana, como espontaneidade.

6. Cf. MÜLLER, M. "Tradition-Institution-Revolution – Zur Problematik der Bildhaftigkeit in einem christlichen Verständnishorizont". *Erfarung und Geschichte*. Op. cit., p. 420-423.

e) Para onde caminha o processo de libertação?

Na ótica desenvolvida até o presente, o homem emerge sempre *cativo e livre, com uma vocação para ser liberto. Quando o será totalmente?* A vida humana é um drama de escapada das tramas que prendem e de entrada em situações mais livres, mas que, por sua vez, também amarram. E assim será enquanto o homem for um ser-no-mundo. Poderá libertar-se disso totalmente? Poderá ser livre para se autodeterminar de forma definitiva?

Há uma reflexão na filosofia e na teologia que vê na morte o momento privilegiado, onde ao homem é dado o poder, com um ato de amor radical e de entrega irrestrita ou de fechamento sobre si mesmo, de se autorrealizar plenamente ou se frustrar absolutamente[7]. *Com a morte, caem todas as barreiras do estar-no-mundo.* Caem todos os bloqueios que impediam a liberdade de se externar plenamente. *Com a morte se ultima o processo de libertação ou de total opressão.* Ao longo da vida o homem ia, lentamente, se libertando, até que na morte acaba de se libertar. Então poderá viver na liberdade dos filhos de Deus (Rm 8,21). Essa liberdade, porém, não significa in-dependência do mundo. O homem como criatura será sempre dependente e como espírito-encarnado-no-mundo manterá sempre relação com ele. *Mas a dependência do mundo é totalmente assumida como liberdade para o mundo. O mundo não será nenhum obstáculo à sua própria autorrealização. Pelo contrário: entrará na própria autorrealização do homem, que então se sentirá verdadeira e livremente como ser-no-mundo.*

---

7. Esta postura vem desenvolvida mais simplesmente em BOFF, L. *A ressurreição de Cristo* – A nossa ressurreição na morte. 2. ed. Petrópolis: Vozes, 1973, p. 94-98. • *Vida para além da morte*. Petrópolis: Vozes, 1973.

2 O drama da liberdade e da libertação na concreção da história

A estrutura da liberdade é o processo dialético que se move entre *ser livre de* e *ser livre para*. O ser livre de supõe a *situação de cativo*; o ser livre para supõe a situação de *senhor sobre si mesmo* e sobre a situação. Contudo, esta estrutura criacional é realizada concretamente dentro de uma situação decadente do homem. Não existe apenas um cativeiro inocente, pelo fato de o homem ser espírito-no-mundo, como o desenvolvemos acima. Existe uma escravidão moralmente má. *O campo da liberdade está poluído de egoísmo, estruturado em mecanismos de manipulação, pelos quais se impõem de antemão decisões para um certo tipo de objetos e não de outros. Pululam forças anônimas* que trabalham a opinião pública de tal sorte que esta se aliena: julga autodeterminar-se livremente quando, na verdade, é manobrada para objetivos e interesses estabelecidos por outros. Vigora, pois, um *estrangulamento do campo da liberdade*, introduzido pela ganância de uns contra os outros, de uma ideologia contra outra, enfim, por aquilo que na teologia se chama de pecado como situação permanente de decadência em que se encontra a humanidade. *O cativeiro criacionalmente inocente* se transformou em *opressão e repressão* no esforço de manter a dependência e de sufocar qualquer processo de libertação e in-dependização. O homem então não é simplesmente dependente por força da criação. É mantido dependente por força da vontade opressora de outrem: é a escravidão que significa o cativeiro imposto.

O protesto e a revolução podem significar o exercício legítimo da liberdade fundamental do homem como forma de introduzir a necessária ruptura para deslanchar um processo libertador e para sacudir uma opressão desumana. Não cabe aqui discutirmos as condições legitimadoras do protesto, da rebelião e da revolução. Em todos os casos, podemos dizer: o *cristão não é somente chamado a suportar heroicamente injustiças e a enxertar-se numa sociedade cujos ideais são profundamente inumanos e anticristãos*. Ele é convocado, às vezes, também a transformar o mundo mediante uma contestação checadora do sistema, para que haja não apenas a liberdade fundamental da pessoa, mas também seja preservado o campo de liberdade objetivo, onde as pessoas possam se autorrealizar na liberdade[8]. *Há situações em que a consciência cristã se vê obrigada à denúncia global do sistema opressor e não vê outra saída senão pela revolução com a derrubada do regime ou pela morte suportada com galhardia e dignidade*. A vida não é o maior bem. Podem ocorrer situações onde ela deva, em consciência, ser sacrificada na defesa de valores inalienáveis da dignidade humana; *mais vale a glória de uma morte violenta do que o "gozo" de uma liberdade maldita*.

Mesmo assim subsiste a liberdade fundamental do homem: o mártir da causa da liberdade é a testemunha fiel daquela liberdade sacrossanta que ninguém pode violar e manipular. Este se autodetermina a morrer livremente e acolhe a morte como sacramento contestador de todas as violências. *Sua memória é subversiva e má consciência para os opressores*. Pode alguém também morrer e ser martirizado na luta contra um estado de coisas que afeta o campo de liberdade, comum a um grande grupo de homens, violentado e estrangulado. Em ambos os casos, se a morte for aceita como peça de todo

---

8. ASSMANN, H. *Teología desde la práxis de la liberación*. Salamanca, 1973.

processo radical de libertação, esta mística de aceitação libertará verdadeiramente até no próprio fracasso da libertação. Porque a pessoa se liberta de si mesma, de seus projetos e do empenho de sua própria luta. Então é totalmente livre para Aquele de quem vem a liberdade.

Não queremos, contudo, olvidar o fato de que o material em que se objetiva a liberdade (o mundo) nunca é um material inocente. *Vem maculado em sua raiz pelo mau uso da liberdade que os homens fizeram ao longo de toda a sua história*, desde os primórdios (pecado original). Essa compreensão não fica sem consequências. Ela nos convence de que todo processo de libertação vem sempre imiscuído de um fator opressor e de que, em sua totalidade, esta situação é em si insuperável e por isso permanentemente anormal. A ordem será, fundamentalmente, ordem dentro da desordem. Isto seja anotado face a todos os utopistas, humanistas e liberais que sonham ainda com uma plena liberdade e libertação do homem, como fato possível dentro da história e face aos que presumem, num processo intramundano, gerar o homem novo, totalmente livre e libertado.

Uma profunda ambiguidade, por causa da geral decadência da vida humana, pervade todo o processo de libertação. Isso não constitui a decretação de morte da esperança humana e cristã, mas uma constatação em favor do realismo e um permanente desafio a todos os otimismos futuristas. A dogmática católica crê que a situação de pecado não tolheu, mas feriu profundamente a liberdade humana (DS 330; 371; 1.521). Por isso, por si só, o homem jamais chega àquela libertação que corresponde à total liberdade no Reino (DS 227, 239; 242; 1.551-1.583). *A liberdade humana precisa ser libertada.* O cristianismo crê que em Jesus Cristo se manifestou e nos foi outorgada a liberdade dos filhos de Deus (Rm 8,21). *A liberdade para a qual Cristo nos libertou* (Gl 5,1.13) *é uma liberdade que nos faz livres do pecado* (Rm 6,18-23; Jo 8,31-36), pecado gerador da morte (Rm 6,21s.; 8,21). Pecado não é somente um ato mau que perpetramos, mas é uma situação de autodeterminação do homem cerrado sobre si mesmo, contra Deus e contra o mundo. Morte não é apenas a mortalidade inerente à vida humana, mas a incapacidade de aceitarmos a mortalidade, e por isso expressa o apego egoísta à vida mortal. Como é sofrida pelo homem decadente, reveste-se de medo e angústia e manifesta a culpa que provém do pecado. *A verdade de Cristo nos fará livres* (Jo 8,32) *enquanto seu caminho e suas palavras iluminam a verdadeira situação do homem decaído e reerguido*. O não humano foi assumido no *sim* proferido por Jesus Cristo. Assim nossa liberdade é sustentada e confirmada pela liberdade de Jesus Cristo. À sua luz, o processo de libertação adquiriu sua verdadeira dimensão e o aceno de seu desfecho feliz. Esta libertação não é um evento ridente só de Jesus de Nazaré. É uma libertação conquistada para toda a humanidade. Exatamente porque é escatológica, se mediatiza em concreções históricas e é antecipada dentro do próprio processo libertador. *Possui uma presença que alimenta a esperança e faz crescer a sede pela total libertação que será então o gozo tranquilo da liberdade no Reino.*

3 A estrutura da liberdade e da libertação no processo social

A estrutura descrita acima se concretiza também no processo social. A sociedade como artefato humano reproduz, na diferença específica do social, a estrutura vigente na liberdade pessoal. A sociedade vive também ela uma situação que é sua história e a sua determinação. Dentro desta situação pode gozar de in-dependência. Está numa liberdade dada pela própria situação. *In-depende disto ou daquilo dentro da determinação, mas não é totalmente autônoma, porque permanece sempre dentro e dependente da situação.* Por isso que falamos de in-dependência como liberdade relativa, dentro da dependência. A sociedade se desenvolve *exercendo as liberdades outorgadas e permitidas pela situação.* Quando a situação esgota suas possibilidades de liberdade, a sociedade entra num processo libertador ou opressor[9]. Instaura-se um conflito nos grupos sociais desejosos de maiores liberdades, impossíveis de serem outorgadas pela situação estabelecida. Esta tem que passar por um *processo de transmutação.* O conflito se estabelece entre a situação que procura permanecer e os ideais de liberdade maior que tentam criar uma nova situação na qual possam ser concretizados. Do conflito se passa para uma crise generalizada, onde o estabelecido começa a perder legitimidade e evidência aceitas. Pertence à crise a perda de horizonte orientador, a exacerbação das posições, o recurso à repressão e à violência como formas de autoconservação ou de conquista de posições.

Dentro da crise, vai emergindo um projeto libertador de des-pegamento da situação. Urge libertar-se da situação em sua globalidade e *fundar uma nova autonomia e estabelecer uma nova rede de convivência com suas inevitáveis dependências. Trata-se, pois, não mais de preservar a liberdade dada, mas de conquistar uma nova liberdade.* Para isso a decisão de um

---

9. Para esse processo, cf. nosso primeiro artigo: "A hermenêutica da consciência histórica da libertação". *Grande Sinal*, 28, 1973, p. 40-43.

grupo de poder ou mesmo de toda a sociedade é o fator determinante para a constituição, preservação e desenvolvimento da nova situação.

Esse processo doloroso, ambíguo e catártico forma o processo de libertação de uma situação social para outra que confira mais chances de autorrealização à própria sociedade. Pode dar-se também o triunfo das forças repressivas que conseguem sufocar os anseios de libertação, fazer valer a situação com suas dependências e in-dependências e, assim, retardar mais ainda o processo de libertação.

Pode ocorrer também que uma sociedade não possua autonomia. Ela depende de um centro exterior e se situa na periferia. Ela goza apenas daquela in-dependência que o regime de dependência global lhe concede. Verdadeiro processo de libertação começa quando a sociedade tenta romper com as redes entrecruzadas de dependência externa, presente também dentro da própria sociedade pelos seus associados que internam o regime de dependência. *Isso supõe a capacidade de uma sociedade poder se autossustentar e assegurar uma autonomia* sem cair na dependência de outra zona de poder centralizador.

No Terceiro Mundo, um pouco por todas as partes, se está articulando um processo irreversível de libertação. Será um caminho oneroso e sacrificado porque os regimes estabelecidos podem com violência e repressão ainda manter-se e fazer calar as vozes contestatórias. Sem embargo, o futuro não lhes pertence. Por isso, quanto mais pressentem seu fim, mais repressivos se tornam.

A sociedade em regime de dependência externa sofre a opressão, vai acumulando o sofrimento e as frustrações que constituem material permanente para uma memória contestadora e subversiva capaz de manter sempre viva a chama da liberdade a ser conquistada num processo doloroso de libertação. Essa situação de dependência e de opressão permite à consciência de libertação se externar em outros canais de expressão que não os políticos e econômicos, sempre vigiados e reprimidos, como na música de contestação, no teatro de crítica social, na arte rebelde, na reflexão que conservando sua dignidade se obriga, na sua impotência, a acolher o fato da opressão e pensar sobre seu significado transcendente para o drama da existência humana. A história dos sem-história, dos humilhados e ofendidos e dos sujeitos à servidão dos centros da prepotência do poderio, deverá possuir um sentido secreto que se revela somente àqueles que tiverem a coragem de se autodeterminar a aceitar a vida assim tolhida e debulhada. A libertação se abre numa outra dimensão, quem sabe mais radical, depurada pela dor social e alimentada por uma esperança que transcende as expectativas humanas e se abre ao Futuro Absoluto da História[10].

4 Processo de libertação e história da salvação

Assim como a libertação está numa correlação oposta à opressão, da mesma forma a salvação em relação à perdição. Só experimenta salvação quem viveu a situação de perdição.

Teologicamente a salvação é um conceito *escatológico*, isto é, só no termo da história humana, pessoal e cósmica triun-

---

10. Cf. METZ, J.B. "Erlösung und Emanzipation". *Erlösung und Emanzipation*, publicado por L. Scheffczyk. Herder, 1973, p. 120-140, esp. p. 131-134 [Quaestiones Disputatae, 61].

fa totalmente a salvação[11]. *Salvação implica a totalidade do mundo em Deus*; totalidade não significa uma grandeza fechada em si mesma, mas uma relação da realidade que se funda em Deus como o sentido pleno e a radical plenitude de ser. *Em sua existência no mundo, o homem experimenta somente formas corrompidas de vida, entregue à morte e a toda sorte de limitações*, de mentiras, de opressão e divisão. A felicidade vem e passa. A comunhão acontece e se corrompe. A libertação logra seu intento e degenera em nova forma de opressão. Em Deus o homem vê a possibilidade de uma vida em plenitude, em unidade, em totalidade e em liberdade. Sempre *houve na memória e na saudade humana a presença de um saber existencial sobre Deus como a fonte da salvação*, da felicidade, do sentido da vida e da história. *Salvação é libertação da situação de perdição. Mas não só. É também plenitude de vida*. Nesse sentido salvação corresponde à total libertação, que não se reduz apenas a uma libertação *de*, mas principalmente significa plena libertação *para*. Ambas, neste nível de compreensão escatológica, podem ser identificadas facilmente, porque a libertação completa, como acenamos anteriormente, aponta para uma realização escatológica.

No tempo, tanto a salvação como a libertação se dão num processo. Daí falar-se comumente em *história da salvação* e em *processo de libertação*. A salvação escatológica se medeia em *concretizações históricas*. Deus se comunica salvifi-

---

11. Cf. todo o volume 1/1 de *Mysterium Salutis*, dedicado à salvação e à história da salvação. Petrópolis: Vozes, 1971. • FÖRSTER, W. "Salvo, salvação". *ThWNT*, VII, p. 1.003s. • *Das Heil der Welt* – Dokumente der Weltmissionskonferenz Bangkok 1973. Berlim: P. A. Potter, 1973, esp. p. 45-110. • CONGAR, Y. "Christianisme et libération de l'homme". *Masses Ouvrières*, dez./1969, p. 3-13. • GUTIÉRREZ, G. "Liberación y salvación". *Teología de la Liberación*. Lima, 1971, p. 183-229. • DUQUOC, C. "O que é salvação?" *A Igreja no futuro*. Petrópolis: Vozes, 1973, p. 98-101.

camente *multifarie multisque modis* (Hb 1,1): a criação é o primeiro momento inaugural da salvação, que se comunica depois através de várias instituições religiosas, através da sabedoria, através do anúncio profético e derradeiramente de modo definitivo e cabalmente vitorioso em Jesus Cristo. De forma semelhante ocorre com a libertação. Ela é sempre um processo histórico no qual a total libertação é antecipada e preparada. Dada a unidade da história da salvação, podemos então afirmar que processo de verdadeira libertação é sinônimo de história da salvação. *Autêntico crescimento do mundo é também crescimento do Reino de Deus, embora nem todo crescimento seja identificável com o Reino, porque, na ambiguidade da história, onde joio e trigo medram simultaneamente na mesma seara*, pode haver um crescimento espúrio que contradiz o aumento do Reino (*Gaudium et Spes*, n. 39/319). Mas desde que o processo de libertação logre mais participação, fraternidade e justiça, ele presencializa, nas condições do tempo presente, a salvação.

À luz de alguns temas do Antigo Testamento e de São Paulo queremos, sucintamente, mostrar como já na teologia bíblica se experimentou a salvação em termos de libertação.

a) Salvação como libertação em Israel

Israel testemunha a experiência de salvação nas mais variadas formas, seja na guerra como escapada dos inimigos, seja no culto como perdão de pecados e reconciliação com Deus, seja nas reflexões sapienciais como caminho de vida, seja nas projeções futurísticas dos profetas como promessa e esperança. Seria longo analisarmos as situações privilegiadas de experiência de salvação, onde ela se comunicava muito concretamente, como realidade histórica. Contudo, há contextos onde a salvação é vivida e interpretada, cristalinamente, como libertação de uma situação escravizadora. O Decálogo, texto central do Antigo Testamento, inicia com uma temática de libertação: "Eu sou Javé, teu Deus, que te *libertou* do Egito, da casa da escravidão" (Ex 20,2). De forma semelhante anuncia o Dêutero-Isaías, profeta-literato de grandes recursos, aos israelitas no exílio babilônico: tende esperança; Babilônia irá cair; sereis todos libertados de vossos trabalhos escravos e podereis, livres, regressar à pátria feliz (Is 40–44).

Segundo o conhecido especialista da teologia do Antigo Testamento Norbert Lohfink[12] podemos destacar quatro estilos nos escritos veterotestamentários pelos quais a *salvação vem descrita como libertação.*

• O primeiro tipo acentua sempre o grande aperto do povo num momento de opressão, seus clamores e a intervenção libertadora de Deus. Amiúde voltam no Livro dos Juízes fórmulas como: "Os israelitas clamaram ao Senhor, que lhes suscitou um libertador que os salvou: Otoniel..." (Jz 3,9). Também o relato do êxodo do Egito é narrado neste estilo: "Eu vi a aflição do meu povo no Egito e ouvi os seus clamores por causa de seus opressores... Desci para o libertar da mão dos egípcios e para fazê-lo subir do Egito para uma terra fértil e esperançosa, uma terra onde corre leite e mel..." (Ex 3,7-8). Aqui transparece claramente a

---

12. "Heil als Befreiung in Israel". *Erlösung und Emanzipation*. Op. cit., p. 30-50. • UFFENHEIMER, B. "Heil im Exodus". *Das Heil der Welt*. Op. cit., p. 45-49. • AMIRTHAM, S. "Das Heil nach Deutesojesaja". *Das Heil der Welt*, p. 59-64.

salvação como libertação da opressão (libertação de) e também libertação para o gozo da terra pacificada.

• Outro tipo foi elaborado pelo Deuteronomista. Entende a libertação como um processo que tem *sua história, seu ponto culminante* e seu feliz desfecho. Esse processo vem muito bem formulado no célebre "Credo histórico", um dos textos mais antigos de todo o Antigo Testamento: "(*Pré-história*) Meu Pai era um arameu errante. Ele desceu ao Egito com um punhado de gente para ali viver como forasteiro, mas tornou-se um povo grande, forte e numeroso. (*Opressão*) Os egípcios afligiram-nos e oprimiram-nos, impondo-nos uma pesada servidão. (*Clamor*) Clamamos então ao Senhor, o Deus de nossos pais, e Ele ouviu o nosso clamor e viu a nossa miséria e nossa angústia. (*Intervenção libertadora*) O Senhor libertou-nos do Egito com sua mão poderosa e o vigor de seu braço, operando prodígios e portentosos milagres. Conduziu-nos a este lugar e deu-nos esta terra em que corre leite e mel" (Dt 26,5-9).

O lugar a que se refere o texto não é outro senão Jerusalém com o templo e os sacrifícios. A libertação se inaugura no Egito, se estende até Davi e Salomão, atinge a cidade de Jerusalém e o templo e envolve também o ofertante que, neste momento, *por ocasião da festa de ação de graças pelas primícias dos frutos da terra, recita este Credo*. Por isso o texto termina: "Por isso ofereço agora as primícias dos frutos do solo que me destes, ó Senhor" (v. 10). A libertação do Egito foi, pois, um processo que se conclui agora com a ordem do Templo e o bem-estar da terra, onde corre leite e mel. No sacrifício tudo isso se torna presente. A libertação é muito concreta: morar na terra, comer de seus frutos, ter o seu templo e não ser mais oprimido pelos inimigos.

- Uma das mais arrojadas teologias da salvação-libertação foi elaborada pelo grande teólogo da corte davídico-salomônica, o javista (começa com Gn 2,4b e termina *com o primeiro capítulo do livro dos Juízes*)[13]. O problema da salvação é colocado em termos universais, como salvação para todos os povos. Constata que os homens vão se afundando cada vez mais em pecados e, em consequência disto, em maldições divinas. Nesta escuridão universal, Deus acende uma luzinha: Abraão: "Farei de ti uma grande nação; eu te abençoarei e exaltarei o teu nome. Bênção serás tu. Abençoarei aqueles que te abençoarem e amaldiçoarei aqueles que te amaldiçoarem. Todas as famílias da terra serão abençoadas em ti" (Gn 12,2-3).

As narrações dos patriarcas mostram concretamente como Abraão e seus descendentes foram motivo de bênção: Abraão é bênção para os justos de Sodoma; faz contratos ao invés de brigar junto da fonte de água como Isaac com Abimelec; sacia os povos famintos como José no Egito. Os descendentes de Abraão nem se dão conta de serem bênção para todos; Deus, porém, sabe escrever direito por linhas tortas; a bênção está acima da férrea lógica de pecado-castigo. Apesar do pecado, como se mostra claramente na história de José, Deus opera a salvação, porque é um Deus que sabe perdoar. Ele é suficientemente forte para atrair ao seu desígnio salvífico toda a região penumbrosa das paixões humanas. *Assim, a salvação é um processo universal dentro da história dos homens, processo comandado soberanamente*

---

13. Cf. RUPPERT, L. "Der Jahwist – Künder der Heilsgeschichte". *Wort und Botschaft*. Würzburg: J. Schreiner, 1967, p. 88-107. • SCHREINER, J. "Segen für die Völker in der Verheissung an die Väter". *Biblische Zeitschrift*, 6, 1962, p. 1-31. • SCHARBERT, J. "História e economia da salvação do Antigo Testamento". *Mysterium Salutis*, II/4. Petrópolis: Vozes, 1973, p. 115-171.

por Deus. Só Ele é o libertador, embora sempre use as mediações humanas. Mas mostra-se cada vez mais livre face a estas mediações, porque Ele é generoso e não se deixa limitar por ninguém.

• Uma outra forma de salvação-libertação é desenvolvida no exílio pelos profetas e depois pelos apocalípticos no tempo da dominação ptolomaica e romana. Ela se orienta para a total libertação escatológica, implicando uma reestruturação completa do mundo, do coração do homem e do convívio humano (cf. Is 55,3-5; Ez 34; Jr 31,31-34). *Os judeus faziam a deprimente experiência da opressão sem a esperança de um amanhecer porque o horizonte das possibilidades fora tragado pelo poderio dos grandes impérios de Alexandre e de Roma.* O homem podia sobreviver somente com a radical esperança que alcança para além das libertações e opressões históricas. Sonhava com a cabal libertação por Deus, no termo da história. Só assim podia sobreviver e encontrar sentido no viver oprimente.

Se lançarmos um olhar retrospectivo, constataremos que *a experiência da libertação se concentrava em opressões muito concretas como fome, problemas políticos, escapada de um país opressor e conquista de uma terra em liberdade*. A libertação foi ganhando dimensões mais universais. Ela significa um processo dialético que se opera em todos os povos, onde Deus conduz seu desígnio, independentemente dos reveses humanos. Por fim resgata seu caráter definitivo como termo de um longo processo e um descanso em Deus, numa nova imediatez com o Mistério e numa completa libertação de todas as alienações.

b) Libertação para a liberdade dos filhos de Deus em São Paulo

O Novo Testamento vê a total libertação não só como esperança de um futuro escatológico, mas como celebração de um evento histórico em Jesus de Nazaré morto e ressuscitado. Jesus Cristo é criado e pregado como o *derradeiro Libertador da condição humana*. Esta temática presente em todos os Evangelhos foi particularmente explicitada por São Paulo[14]. Para ele *toda a realidade* vive sob o regime da escravidão, da lei, do pecado e da morte (cf. Rm 1,18-3,20; 7,17-25; Gl 4,21-31). O próprio cosmos geme sob a escravidão da corrupção e da precariedade (Rm 8,21). Como alguém em profunda opressão exclama: "Infeliz de mim! Quem me libertará desta situação de morte?" (Rm 7,24). E logo responde no alívio de uma grande escapada: "Graças a Deus, por Nosso Senhor Jesus Cristo!" (v. 25). Por Ele somos libertados da situação decadente e duplamente mortal (Rm 6,18-22); por Ele somos libertados das estruturas que nos confirmavam no pecado e nos induziam a ele (Rm 7,3; 8,2); por Ele somos libertados da própria morte que era por nós vivida como castigo e angústia e não como forma de estarmos na liberdade de Deus e como passagem para a plenitude da Vida (cf. Rm 5,10.17.21; 6,22; 8,2.13; 2Cor 5,8 etc.). *"Para ficarmos livres é que Cristo nos libertou. Sede, pois, firmes e não vos deixeis impor de novo o jugo da escravidão"*

---

14. SCHNACKENBURG, R. "Befreiung nach Paulus im heutigen Fragehorizont". *Erlösung und Emanzipation.* Op. cit., p. 51-68. • SCHLIER, H. "La loi parfaite de la liberté". *Le temps de l'Église.* Casterman, 1961, p. 201-211. • LYONNET, S. *Liberté chrétienne et loi de l'esprit selon S. Paul.* Roma, 1954. • CERFAUX, L. "Condition chrétienne et liberté selon S. Paul". *Recueil L. Cerfaux III.* Gembloux, 1962, p. 287-296. • SCHÜRMANN. "Die Freiheitsbotschaft des Paulus – Mitte des Evangeliums". *Catholica*, 25, 1971, p. 22-62.

(Gl 5,1), proclama apoditicamente Paulo. Essa liberdade de que o homem agora por Cristo goza não é libertinagem e liberdade para escravizar os outros, mas para servir. Servir é deixar ser o outro. É deixar livre a liberdade do outro (Gl 5,13). Por aqui vemos como em Paulo a liberdade aparece como *liberdade de* (da escravidão, do pecado, da vaidade e da morte) e como *liberdade para* (para o amor, para o serviço, para o bem), outorgada por Jesus Cristo. Onde está o Seu Espírito, aí está a liberdade (2Cor 3,17). O cristão, cheio do Espírito de Cristo, é um livre filho de Deus (Gl 4,6). *Esta liberdade não é um* status, *mas uma força pela qual o homem consegue suportar as escravizações das estruturas criadas por ele* (cf. Gl 4,8-9; 2Cor 3,6); ela deve ser compreendida como um processo de permanente conquista, na força do Espírito que é liberdade (Gl 5,18); *só nos libertando é que somos realmente livres.* Embora possuamos agora as primícias do Espírito de liberdade, contudo, gememos em nosso interior porque a gloriosa liberdade dos filhos de Deus ainda não irrompeu definitivamente (Rm 8,21-23). Vivemos ainda em servidões, esperando "a redenção de nosso corpo", que se dará completamente só quando o Senhor vier (cf. Rm 8,23).

Com sua mensagem de libertação para a liberdade (Gl 5,1) Paulo expressou o cerne do Evangelho. Com isso permite ao cristão alimentar uma alergia fundamental contra todos os legalismos, contra todas as servidões e estruturas opressoras e contra as fixações em ideologias totalitárias. Contudo, não devemos cair na ilusão desfeita por São Paulo nos primeiros três capítulos da Epístola aos Romanos (1,18–3,20): de que o homem pode por si mesmo se libertar. Ele vive de tal maneira alienado de sua Origem e decaído de sua verdadeira estatura humana que não consegue escapar do juízo de Deus. Jesus Cristo rompeu o círculo férreo da escravidão e libertou o homem para o exercício de sua liberdade e para o amor que tudo pode. Libertou-nos do cerne contaminador de toda a vida, o pecado que nos prendia às malhas de nosso próprio egoísmo e de nosso fechamento a Deus (Rm 6,22). Sem a libertação do foco alienador e opressor de todas as manifestações da vida, vã e inócua seria a liberdade.

O homem de hoje pode novamente cair numa grande ilusão, porque concebe a libertação principalmente em termos de libertação de opressões socioeconômicas, de conjunturas políticas deprimentes, de dependências de sistemas ideológicos globais, de comportamentos convencionados pela sociedade, de compromissos face a uma tradição histórica etc., e menos em termos de libertação da esquizofrenia radical que afeta a raiz da personalidade humana e a partir daí toda a tecedura humana. Uma libertação que não fira essa escravização do coração será forçosamente frustradora e matriz de ilusões. *O homem no processo de libertação precisa se conscientizar de sua opressão fundamental como ser humano decadente, da qual as servidões socioeconômicas são variantes e ampliações.* Na medida em que o processo de libertação reassumir sempre de novo este ponto nevrálgico, nesta mesma medida pode libertar o homem para uma verdadeira liberdade que se sustenta e se fortalece e que antecipa efetivamente a definitiva liberdade no Reino de Deus.

No entanto, não podemos esconder a limitação interna que se nota na articulação da libertação em São Paulo e em geral em todo o Novo Testamento. Há uma concentração muito forte sobre o essencial da libertação que reside no aspecto pessoal.

No horizonte dos escritos do Novo Testamento raramente entra o *aspecto social da libertação*. Isso pode ser observado no problema da escravatura[15]. Paulo procura relativizar a situação exterior de escravidão à luz da liberdade pessoal outorgada por Cristo: "Eras escravo quando foste chamado? Não te importes com isso! E mesmo podendo livrar-te, aproveita-te da tua servidão. Pois aquele que, sendo escravo, foi chamado pelo Senhor, é liberto do Senhor; e, igualmente, aquele que, livre, foi chamado, é servo de Cristo. *Fostes comprados e pagos, não vos façais servos dos homens*" (1Cor 7,21-22). Na situação geral de opressão da época, qualquer mudança social concernente aos escravos seria logo sufocada. Certamente, o que restava a Paulo não era outra coisa senão aprofundar a liberdade como modo próprio de ser do homem, como refletimos acima, que o torna capaz de assumir uma determinação inevitável. *Nesse ponto, a posição de Paulo representa um alto testemunho da verdadeira liberdade pessoal e cristã. Numa situação assim mais vale uma reconciliação libertadora* consigo mesmo e com sua situação sem uma correspondente mudança social do que uma mudança social que destrói a reconciliação e leva ao terrorismo, com o consequente aumento da opressão.

Contudo, a liberdade para a qual fomos libertados por Cristo implica um apelo que não concerne apenas à pessoa, mas também ao mundo da pessoa, social e político. As limitações da Igreja Primitiva podem e devem ser superadas, pois ela não captou plenamente a mensagem libertadora do Evangelho. *A situação de hoje nos conclama a colocarmos o*

---

15. Cf. SCHWEIZER, E. "Zum Sklavenproblem im Neuen Testament". *Evangelische Theologie*, 32, 1972, p. 502-506. • SCHNACKENBURG, R. "Befreiung nach Paulus". Op. cit., p. 66-68.

acento principal no aspecto social, econômico e político da libertação, porque é nestas articulações que o homem faz a experiência maior de opressão e de pecado social e é ali o lugar onde pode viver mais radicalmente o que seja a libertação de Cristo também concretizada nestes setores da vida humana.

Concluindo podemos dizer: embora a salvação possa vir expressa na Bíblia e na teologia sob as mais diferentes formas e dentro de múltiplos modelos (redenção, justificação etc.), a realidade pensada, no entanto, equivale àquela que é expressa com a libertação[16]. *Os caminhos da salvação são os caminhos da libertação do homem.* Ambos possuem a perdição ou a opressão como correlatos opostos. Ambos se concretizam e se presencializam em processos históricos, antecipando, na ambiguidade dialética de opressão-libertação, pecado-graça, perdição-salvação, a definitiva salvação e libertação em Deus.

Se a nossa epocalidade se caracteriza pela sensibilidade profunda a toda opressão e por um anseio irrefreável de libertação, então nada mais oportuno do que anunciarmos e vivermos o Evangelho como caminho de libertação para a liberdade e nos representarmos Cristo como o definitivo Libertador da condição oprimida do homem e da sociedade.

---

16. GRESHAKE, G. "Der Wandel der Erlösungsvorstellungen in der Theologiegeschichte". *Erlösung und Emanzipation*. Op. cit, p. 69-101. • KESSLER, H. *Erlösung und Befreiung*. Düsseldorf, 1972, p. 11-17, 43-61.

Capítulo VI
Teologia do Cativeiro: a anti-história dos humilhados e ofendidos

A libertação só se entende a partir da opressão. Ao analisarmos o processo de libertação, verificamos que a situação histórica do homem está envolvida num círculo dialético insuperável: é simultaneamente e sempre oprimente e libertadora. O homem está continuamente por conquistar sua liberdade. Este diuturno esforço constitui o processo de libertação que é somente libertador na medida em que se mantém como processo permanente.

1 História e anti-história

Quando um movimento se compreende como a realização de esperanças de liberdade e se satisfaz no gozo de suas conquistas sem olhar para o que ainda falta por conquistar, ele se torna opressor. Cada passo pode criar novas liberdades, mas gera também nova forma de limitação e opressão.

Como já observamos, isso constitui um fator estruturante de todas as formas de libertação. Em outras palavras: esta estrutura opressão-libertação entra em todos os modelos libertadores. Não há modelo que seja só libertador. Caso isso ocorresse, irromperia a plena realização escatológica dentro da história e teria como efeito a supressão do processo histórico de libertação. Tal liberdade, como plenitude do processo de libertação, objeto da esperança humana, constitui o utópico no homem. Vai se realizar a utopia? Ou não será mero mecanismo de fuga face ao combate doloroso do processo libertador? Responder a semelhantes interrogações exige uma reflexão que transcenda os quadros intrassistêmicos do próprio processo de libertação. A Teologia da Libertação pretende responder a esses derradeiros questionamentos.

Em outras palavras, queremos insistir no fato de que a estrutura da opressão-libertação, como totalidade, não pode ser superada. Daí é que toda concepção realista da libertação, se não quiser *alimentar fantasias improdutivas e romantismos fanáticos*, deverá tomar tal constante a sério e inseri-la dentro de seu modelo. Entretanto, seria também ideológico e falso querer concluir que, por causa da constância da opressão, não se deva lutar pela superação de opressões concretas. Isto significaria fuga e negação do processo libertador. Com a afirmação da constância da estrutura opressão-libertação queremos recalcar o fato de que os modelos efetivadores de novas liberdades também devem se manter em processo e reconhecer e ultrapassar as opressões que se instalam dentro deles mesmos. Só assim o homem é *realmente livre porque é livre de seus próprios projetos e livre para o futuro histórico que nunca se exaure nos projetos do presente*.

a) Toda redenção assenta sobre uma aliança de sangue e de morte

Que implicações se deduzem da afirmação da constância opressão-libertação? A libertação não se faz sem ruptura, que gera crises e conflitos. Estes não ocorrem sem sofrimento, sem dor, sem mortes e sem derrubada de um mundo opressor para deixar emergir um outro mais livre. Libertação, como historicamente se comprova, nasce do sangue. Toda redenção, também a de Cristo, assenta sobre uma aliança de sangue e de morte.

Como a libertação bem lograda liberta o homem de seu passado violento? Como se relaciona a libertação com a memória dos mortos, matados, liquidados, relegados e aprisionados do mundo que caiu? É fácil ver o que se conseguiu no presente e o que se há de alcançar no futuro. Mas que reconciliação se estabelece com o passado vivo e com as ruínas que sobraram da liquidação? Aqui aparece todo o espectro dramático do sofrimento humano, intimamente vinculado à ideia da libertação[1].

Será possível libertação sem redenção da culpa passada e da história da violência empregada? Eis um problema a ser refletido pela Teologia da Libertação. Num sentido mais transcendente: *Que significado possui toda a agressividade humana, a luta pela existência, a conflitividade da vida com sua mortalidade face à libertação que, em seu anseio fundamental, quer ser uma total libertação, também do passado mau do homem?* Uma libertação que não aspira à totalidade não pode apresentar-se como verdadeira libertação. Se a mediação histórica, limitada e mortal não for antecipação e preparação para a

---

1. Este aspecto é especialmente desenvolvido por J.B. Metz na última fase de sua Teologia política: "O futuro que brota da recordação do sofrimento". *Concilium*, 6, 1972, p. 709-724. • "Erlösung und Emanzipation". VV.AA. *Erlösung und Emanzipation*. Friburgo, i.B: L. Scheffczyk, 1973, p. 120-140 [Quaestiones Disputatae, 61]. • LEHMANN, K. "Emanzipation und Leid – Wandlungen der neuen 'politischen Theologie'". *Internationale katholische Zeitschrift*, 1, 1974, p. 42-55.

definitiva libertação, então a fala que traduz e anuncia a libertação é inócua e uma forma refinada de ludibriar os homens é frustrar suas esperanças.

Haverá uma forma pela qual a libertação se reconcilia com o passado opressor do que se libertou, mas que lhe custou uma considerável taxa de iniquidade? Como se solidarizará com os mortos e matados seja da parte dos defensores do *status quo*, seja da parte dos reivindicadores de maior participação nas decisões, na justiça e na dignidade humana?[2] Devemos simplesmente constatar o fato e, resignados, confessar: A natureza nos fez assim e a história exige isso mesmo? Ou isso constitui uma pro-vocação para uma visão mais alta do que seja a verdadeira situação humana e que conteúdo deve possuir a autêntica libertação?

b) A anti-história dos humilhados e ofendidos injustamente

A consideração acima feita, de ordem estrutural e formal, agrava-se quando observamos as *distorções históricas do processo de libertação*. Nem sempre se dá libertação. O processo se interrompe. Há uma enorme incapacidade humana de manter-se no processo permanente. Não só na sociedade e nas religiões, mas também no cristianismo. Como observa V. Pareto, "todos os revolucionários proclamam sucessivamente que as revoluções passadas não lograram

---

2. Estas perguntas foram objeto das reflexões da Frankfurter Schule em torno de ADORNO, T.W. *Kritische Theorie*. Frankfurt, 1968; *Negative Dialektik*. Frankfurt, 1966; *Minima Moralia*. Frankfurt, 1951; *Erziehung zur Mündigkeit*. Frankfurt, 1972. • HABERMAS, J. *Technik und Wissenschaft als "Ideologie"*. Frankfurt, 1968. • BENJAMIN, W. *Ursprung des deutschen Trauerspiels*. Frankfurt, 1963; *Zur Kritik der Gewalt und andere Aufsätze*. Frankfurt, 1965.

senão dopar o povo; somente aquela que eles têm em vista é que será a verdadeira revolução"³.

A verdadeira revolução não é aquela que, ao triunfar, se impõe como a conquista das liberdades definitivas e destrona todos os valores do velho regime; *mas somente é verdadeira se não se considerar a si mesma como a verdadeira*, mas como mediação e preparação para a verdadeira libertação que ainda está por vir.

As revoluções vitoriosas se tornam, geralmente, conservadoras e opressoras. Usa-se violência para reprimir; liquidam-se fatores questionantes da estrutura estabelecida; autodefende-se criando uma ideologia que apresenta o *status quo* como a ordem, a justiça, o bem-estar do povo etc. Na verdade, impera verdadeiro regime de opressão e os homens são forçados a viver num estado de cativeiro. "Qualquer déspota pode obrigar seus escravos a cantar hinos à liberdade"⁴. E pode iludi-los de tal maneira a fazê-los crer como verdades as mentiras que cantam. *Pertence aos regimes totalitários recalcar o passado de sangue e esconder as mortes e as liquidações, porque a morte violenta carrega dentro de si o grito que Deus proferiu: Onde está o teu irmão?* Este grito gera má consciência e rói como um verme a consciência dos poderosos. É impertinente. Faz-se ouvir sempre. A história conhecida é a história dos que triunfaram, dos que chegaram ao poder. Não é a história dos vencidos, dos humilhados e ofendidos. Estes são esquecidos. O

---

3. Apud COLIN, A. *Les grandes oeuvres politiques de Machiavel à nos jours*. Paris, 1970, p. 249.

4. Na primeira página de um livro publicado pela Unesco sobre os direitos humanos: *El derecho de ser hombre*. – Antologia. Salamanca/Paris/Bogotá, 1973.

mal é irreparável: jamais se poderá fazer justiça aos que tombaram e morreram violentamente na defesa do *humanum*. Que sentido tem sua morte violenta? A diagnose de um filósofo muito atento, T.W. Adorno, é pertinente: *"A identificação com o sofrimento alheio é, sem exceção, em todos, pequena"*[5]. O sofrimento, na maioria dos projetos libertadores, é recalcado para não ser visto. É que ele questiona os modelos comuns de libertação. Não cabe nos esquemas da libertação como a entende e defende o espírito liberal do homem moderno.

c) História como história do sofrimento e da culpa

O homem moderno se vangloria de suas conquistas e da liberdade política, técnica, econômica, psicológica e religiosa que conquistou. Projetou uma representação do progresso humano em *termos homogêneos e lineares,* como se ele fosse sempre crescente irreprimível. Olha galamente para o futuro como se nada soubesse do custo social e das mortes que esse progresso exigiu. Sofrimento e culpa estão vinculados ao progresso do mundo moderno.

Este projeto é típico das classes dominantes e elitistas. Julgam-se as únicas produtoras do progresso que alcança as massas por transbordamento. Em seu lado oposto está o projeto dos grupos dominados. O progresso se faz com o trabalho de todos e postula a participação de todos. As relações sociais elitistas constituem o maior entrave ao desenvolvimento e à consecução de uma sociedade mais justa.

---

5. *Kritische Theorie*. Op. cit, p. 226.

A história, vista a partir dos grupos dominados dos sem-história e das ruínas deixadas pelos esclarecidos e progressistas, emerge como história do sofrimento sangrento e da culpa recalcada.

Segundo pesquisadores suíços sobre a problemática da paz no mundo, calcula-se que, nas guerras de que temos notícia, foram mortos cerca de *três bilhões e seiscentos e quarenta milhões de pessoas*[6]. Que devemos, face a isso, entender sob as palavras paz e libertação?

Dos *sete bilhões de pessoas* que povoam atualmente (2014) a Terra, mais de *um bilhão* sofre de extrema pobreza. Destes todos *setecentos milhões* são analfabetos[7]. *Cinquenta milhões* de latino-americanos subsistem ao nível de inanição, devido à dieta que se compõe quase em sua totalidade de farináceos[8].

O potencial técnico-científico do mundo atual é suficiente para garantir a todos os homens uma vida sem fome, sem doenças e sem outras necessidades primárias. Por que isso não acontece? Esse potencial é utilizado em grande parte para assegurar o *atual estado de degradação humana*, com a construção de armas poderosíssimas para a autodefesa e a destruição dos caminhos que levem a uma sociedade realmente mais fraterna. Os institutos de pesquisa pela paz, por volta de cem distribuídos por vinte países, sentem-se cada vez mais perplexos face à absurdidade da

---

6. Apud DENKER, R. "Steuerung der Aggression". *Aggression und Revolution, Zumutungen des Friedens*. Stuttgart, 1968, p. 11.

7. Informe da Comissão dos Direitos Humanos das Nações Unidas publicado em *O São Paulo*, 16-22/02/1974, p. 3.

8. Resultado de um seminário da Irofiet (Instituto Regional Latino-Americano da Federação Internacional de Empregados e Técnicos), realizado em Buenos Aires em fins de fevereiro de 1954. Apud *O São Paulo*, op. cit., p. 3.

razão humana, instrumentalizada na manutenção irracional das forças dominantes que só se mantêm pela violência e pela repressão[9]. *A razão é chamada à indigna função de legitimar ideologicamente uma sociedade inumana e de criar no homem falsas necessidades para serem satisfeitas com grande lucro de alguns*, recalcando as verdadeiras necessidades de liberdade e de participação. Neste sentido nossa sociedade atual é vastamente repressiva. A rigidez do mundo do trabalho, da propaganda, dos meios de comunicação social agride o homem todo até no seu íntimo mais profundo, introjetando aí necessidades "desnecessárias". A sociedade é totalitária não tanto política e terroristicamente (isso também ocorre, mas não pode ser, geralmente, dito), mas principalmente econômica, social e psicologicamente. Para poder sobreviver em sua estrutura inumana, ela precisa de homens espiritualmente anêmicos e fracos no exercício da razão crítica. Eles se transformam rapidamente em objetos manipuláveis.

Depois da proclamação da morte de Deus, proclama-se a morte do homem. Na verdade, esta é consequência daquela, como o próprio Nietzsche o entreviu[10]. A fantasia criadora de contestação e de alternativas corre risco de ser afogada no anonimato de um estruturalismo tecnológico que comanda o processo social, prescindindo da liberdade

---

9. Boa bibliografia sobre as pesquisas sobre a guerra e a paz oferece KRIPPENDORFF, E. *Friedensforschung*. Colônia/Berlim, 1968 [Neue Wissenschaftliche Bibliothek, 29]. • SCHAFFENORTH, G. & HUBER, W. *Bibliographie zur Friedensforschung*. Munique, 1970. • SENGHAAS, D. *Zur Pathologie des Rüstungswettlaufs*. Friburgo, 1970. • SCHLETTE, H.R. "Religionen, Religionswissenschaft und Friedensforschung". *Einführung in das Studium der Religionen*. Friburgo, 1971, p. 174-190.

10. Cf. DUMAS, A. "Deus como protesto contra 'a morte do homem'". *Concilium*, 6, 1972, p. 769-782.

e do próprio homem. Em nome da eficiência das decisões técnicas, nega-se a discussão do sentido humano e político delas. *Reprime-se a inteligência política e a razão dialética* que questionam as opções estruturantes do mundo técnico-econômico com as incômodas perguntas: Afinal, por que ser cada vez mais ricos? Por que precisamos de um desenvolvimento exacerbado? Que buscamos afinal? Exalta-se a razão instrumental que funciona dentro do sistema, o defende e aperfeiçoa, prestando-se a articular a opressão anônima em nome da funcionalidade da ordem intrassistêmica. *Não é sem motivos que todos os regimes totalitários começam logo a silenciar a razão crítica e o exercício das liberdades de expressão em favor da razão instrumental e tecnológica.*

Esse tipo de compreensão do desenvolvimento não tematiza nem historiza o sofrimento humano: Ele é esquecido, porque a história só é contada pelas elites, pelos arrivistas e pelos que triunfaram. Para eles o sofrimento é hediondo e inútil e peso morto no carro da história. Esquecem-se, porém, que existe uma recordação do sofrimento, como diz J.B. Metz, da qual brota o futuro, recordação que pode despertar perigosas visões. A sociedade estabelecida parece temer o conteúdo subversivo da memória. "Não é por acaso que a destruição da lembrança é uma das medidas típicas da dominação totalitária. A escravização das pessoas começa pelo fato de se lhes retirarem suas recordações. Toda colonização fez disto um princípio seu. E toda revolta contra a opressão se alimenta desta força subversiva da recordação do sofrimento. Sofrimento, neste sentido, não é de forma alguma uma 'virtude' puramente passiva e pobre de ação. Ele é, porém, ou poderá ser a fonte de atividade socialmente libertadora. E neste sentido, a lembrança dos sofrimentos acumulados opõe-se, sempre e de novo, aos modernos cínicos do poder político"[11].

d) A história do Brasil foi escrita pela mão branca

A verdade desta última afirmação pode ser ilustrada, rapidamente, com o recurso à nossa história pátria. Esta foi escrita apenas pela *mão branca*; nela não falaram os negros, os índios e os mulatos (com exceção, entre estes últimos, de Capistrano de Abreu, que foi um mulato). Uma historiografia oficial das elites dominantes criou o mito do brasileiro como *homo cordialis* e da tradição política pacífica do país com o fito de abafar os clamores dos oprimidos e alimentar a fome de poder das minorias dominadoras. O eminente historiador José Honório Rodrigues, em seu estudo "A política de conciliação: história cruenta e incruenta"[12], desmascara semelhante interpretação ideológica de nosso passado. *A história brasileira está cheia de sangue*; seus alicerces, como observa Capistrano de Abreu, assentaram sobre sangue[13]. Diz J.H. Rodrigues: "Foi, portanto, na base do terrorismo, feito aqui, na Índia e na África, que se impôs a paz cristã, que se sujeitou todo o gentio à lei dos colonos. Tirar o medo aos cristãos, senhorear o gentio pela guerra, amedrontá-lo com grandes ameaças, domá-lo e metê-lo no jugo e sujeição, tomar suas terras e roças e reparti-las pe-

---

11. METZ, J.B. "O futuro que brota da recordação do sofrimento". Op. cit., p. 714.

12. *Conciliação e reforma no Brasil* – Um desafio histórico-cultural. Rio de Janeiro: Civilização Brasileira, 1965, p. 23-111.

13. CAPISTRANO DE ABREU. *O descobrimento do Brasil e seu desenvolvimento no século XVI*. Rio de Janeiro: G. Leuzinger, 1883, p. 59-61. • RODRIGUES, J.H. *Conciliação e reforma*. Op. cit., p. 28.

los colonos. Aí está um quadro sumário dos contatos luso-
-indígenas do primeiro século, que ensopou nossa terra de
sangue indígena, apesar dos esforços da catequese jesuítica,
sempre mais lembrada e louvada porque é a história triunfante e oficial"[14].

Na história pátria notamos o seguinte paradoxo: *"a minoria dominante* – conservadora ou liberal – foi sempre alienada, antiprogressista, antinacional e não contemporânea [...]"[15]. "[...] a liderança nunca se reconciliou com o povo. Nunca viu nele uma criatura de Deus, nunca o reconheceu, pois gostaria que ele fosse o que não é. Nunca viu suas virtudes nem admirou seus serviços ao país, chamou-o de tudo – Jeca-Tatu –, negou seus direitos, arrasou sua vida e logo que o viu crescer e ele lhe negou, pouco a pouco, sua aprovação, conspirou para colocá-lo de novo na periferia, no lugar que continua achando que lhe pertence"[16]. *Por outro lado, as maiores construções são fruto popular*: a unidade linguística e política, a expansão e integridade territoriais, a homogeneidade cultural, a tolerância racial e religiosa. No povo, não nas elites poderosas, prevaleceu o espírito de conciliação que atenuava os antagonismos raciais e sociais. Se a massa indígena e negra, mestiça e cabocla era nas relações humanas essencialmente conciliadora, era, entretanto, inconciliável nas relações políticas. Mostraram um rude inconformismo que gerou grande derramamento de sangue, a ponto de Capistrano de Abreu escrever que no fim do período colonial "o povo foi capado e recapado e

---

14. Ibid., p. 24.
15. RODRIGUES, J.H. "Introdução". *Conciliação e reforma no Brasil*, p. 15.
16. Ibid., p. 14.

ressangrado"[17]. Não é aqui o lugar de referirmos todas as campanhas cruentas contra os índios e os quilombos e as revoltas populares de colonos contra excessos fiscais, favores e privilégios da parte da pequena minoria dominante que vinha da metrópole e logo se ia quando a fortuna lhe fazia a mercê que desejava[18].

A Independência não foi simplesmente dádiva portuguesa: "Houve aqui, como em toda a América, grande derramamento de sangue"[19]. A Regência e as reformas implicaram, como prova com muitos dados J.H. Rodrigues, uma nova história cruentíssima[20]. A liderança republicana gerou, por sua vez, também uma nova história cruenta. A Revolução Federalista (1892-1895) custou mais de dez mil vidas em trinta meses; a Campanha de Canudos foi um crime, disse Euclides da Cunha, na sua obra imortal, *Os sertões*: não sobrou um só prisioneiro[21].

"Os trabalhadores brasileiros – escravos, operários e sertanejos – foram eternos proscritos do processo histórico. Libertados os primeiros em 1888, os operários esperaram até 1930 para terem seus direitos sociais inicialmente reconhecidos"[22]. A história comovente do líder operário Manoel do Ó, *Cem anos de suor e sangue,* é uma prova da luta operária por seus direitos mais fundamentais[23].

---

17. Apud RODRIGUES, J.H., p. 30.

18. Ibid., p. 27-30.

19. Ibid., p. 35.

20. Ibid., p. 42-50.

21. Ibid., p. 72-73.

22. Ibid., p. 123.

23. A.C.O. do Recife. *Cem anos de suor e sangue* – Homens e jornadas da luta operária do Nordeste. Petrópolis: Vozes, 1971.

"As revoltas populares foram destruídas a ferro e fogo e seus líderes enforcados ou arcabuzados. Jerônimo Barbalho Bezerra, no Rio, em 1661; Manuel Bequimão e Jorge Sampaio, no Maranhão, em 1685; Filipe dos Santos, em Minas, em 1720; os quatro chefes da rebelião dos Alfaiates, na Bahia, em 1798; Tiradentes, no Rio, em 1792; os Treze, de 1817, em Pernambuco, inclusive os padres Roma e Miguelinho; os Quinze em Pernambuco, no Ceará e no Rio, em 1824, entre os quais Frei Caneca, os padres Mororó e Tenório, sem contar os que morreram em luta, se exilaram, renunciaram, se mataram ou se comprometeram pelo mecanismo da conformação"[24].

"De 1930 em diante só há golpes de Estado, pois o temor de envolver o povo, cheio de reivindicações sociais, ensina as facções divergentes a procurar o assalto rápido e, se possível, sem derramamento de sangue. *'Façamos a revolução, antes que o povo a faça'*, frase de Antônio Carlos, no começo do movimento de 1930, significa isto, o assalto do poder sem o povo, para que não sejam as facções oposicionistas da minoria dominante obrigadas a maiores concessões sociais"[25].

A história recente do Brasil está na continuidade com seu passado e está ainda por ser contada com todos os seus mortos e matados.

A colonização ibérica no resto do continente latino-americano não foi menos violenta e repressiva. A historiografia oficial magnifica a conquista e os conquistadores; não ouve

---

24. RODRIGUES, J.H., p. 127.

25. Ibid., p. 126.

a história e os gemidos da anticonquista[26], daqueles que sofreram a violência e a depredação de tal forma inumana que em cinquenta anos de colonização ibérica se produziu uma hecatombe demográfica que reduziu a menos da quinta parte a população autóctone[27]. O grande defensor dos índios, o bispo Bartolomeu de las Casas, escreve em 1552, na sua *Brevísima relación de la destrucción de las Indias*, os dois modos de comportamento dos conquistadores com respeito ao índio: "Um por injustas, cruéis, sanguinolentas e tirânicas guerras. O outro, depois de terem morto a todos que poderiam anelar, suspirar ou pensar em liberdade ou em sair dos tormentos que padecem, como os senhores naturais e os homens varões (porque comumente não deixam, nas guerras, em vida, senão meninos e mulheres), é oprimi-los com a mais dura, horrível e áspera servidão sob a qual jamais homens ou animais puderam ser postos"[28]. Não admira que um historiador moderno latino-americano escreva em tom profético ao relatar a história da fé cristã e a mudança social no continente: "O espanhol, o europeu, se escandaliza porque os astecas imolavam certo número de índios ao deus Sol. Feitiçaria, magia, superstição, sacrilégio!, gritavam os recém-chegados. E... no entanto, os índios que morriam nas encomendas... os que entravam

---

26. LEÓN-PORTILLA, M. *El reverso de la conquista* – Relaciones aztecas, mayas e incas. México, 1970.

27. Apud COBIÁN, R.A. "Factores económicos y fuerzas políticas en el proceso de liberación". *Fe cristiana y cambio social en América Latina* – Encuentro de El Escorial, 1972. Salamanca, 1973, p. 35.

28. Edição de Buenos Aires, 1966, 36. Cf. HANKE, L. & FERNÁNDEZ, G. *Bartolomé de las Casas*: bibliografía para el estudio de su vida. Santiago do Chile, 1954 [As obras seletas de Bartolomeu foram publicadas por J. Pérez de Tudela. Madri, I-V, 1957-1958]. • Cf. HOORNAERT, E. "Las Casas ou Sepúlveda?" *REB*, 30, 1970, p. 850-870.

pela boca das minas como se fora a boca de Moloch, os que nunca saíam da Casa de la Moneda de Potosí para não revelar os segredos, esses milhões de índios imolados ao 'deus ouro' (que depois serão francos, libras, dólares ou rublos) do homem moderno europeu (a idolatria do dinheiro!), morrerão sem escândalo para ninguém. Os cristãos e seus teólogos europeus, reunidos triunfalmente em Trento ou em torno da Reforma, não viam nenhum pecado no fato *natural*, econômico e político da imolação de uma raça ao projeto do 'estar-na-riqueza'"[29].

Esta imolação continua ainda hoje em todo o continente, vivendo num regime de dependência econômica, social e religiosa. *Como falar de libertação numa situação de cativade?* Não seria mais realista fazer, ao invés de uma Teologia da Libertação, uma Teologia do Cativeiro e no cativeiro, e ver como se pode sobreviver humana e cristãmente dentro de um mundo que se tornou um submundo? *Devemos viver a situação de Raquel "que chora os filhos e recusa ser consolada, porque já não existem"?* (Mt 2,18) ou podemos criar clareiras libertadoras dentro da *selva selvagem*, áspera e forte da repressão e da cativdade? Há ainda um sentido para o sofrimento dos debulhados e dos últimos da terra? O homem tem como e com que reparar as injustiças praticadas contra o inocente devorado pela ganância? *Quem pode pagar o preço?*[30] É suficiente o perdão? Mas o perdão não sana nem faz cicatrizar as feridas. *Ele não restabelece a harmonia com o ódio que deixou rastros de sangue.* "Dizem os cristãos que a mãe

---

29. DUSSEL, E.D. "Historia de la fe cristiana y cambio social en América Latina". *Fe cristiana*. Op. cit., p. 70-71.

30. Cf. as excelentes reflexões de ROMER, J. *Esperar contra toda esperança*. Rio de Janeiro: CRB, 1973 [Coleção Vida Religiosa 11].

abraçará o carrasco que lhe atirou os filhos aos cães, e os três (mãe, carrasco e filho) exclamarão com lágrimas: 'És justo, Senhor!' Não quero que a mãe perdoe o carrasco – diz Dostoievski –, não tem esse direito. Que lhe perdoe seu sofrimento de mãe, mas não o que sofreu seu filho estraçalhado pelos cães. Ainda mesmo que seu filho perdoasse, não teria ela o direito"[31].

Com estas frases, está colocado todo o drama para uma Teologia do Cativeiro. *Não em termos do sofrimento de uma criança. Mas em termos de toda uma situação de marginalidade, de fome, de inanição em que vivem milhões de irmãos nossos no continente latino-americano.* Existe uma outra possibilidade de viver, apesar de tudo, o Sentido radical além da revolta e da revolução?

2 Tentativa de detecção do sentido do sem-sentido

Os problemas abordados acima não interessam apenas à teologia. Todo homem se debate com o mistério do mal, do sofrimento, da culpa e da história da opressão. As elites do *poder opressor elaboram continuamente mecanismos de desculpa que as isentam das corresponsabilidades no excesso de sofrimento no mundo.* Não queremos analisá-los aqui, o que foi feito brilhantemente por outros[32]. Queremos referir as tentativas científicas e depois os ensaios de reflexão teológica concernentes ao problema e ao mistério da cativalidade.

---

31. *Os Irmãos Karamazov.* São Paulo, 1971, p. 183 [Os Imortais da Literatura Universal, I].

32. Cf. METZ, J.B. *Erlösung und Emanzipation*, p. 127-131. • MARQUARD, O. "Wie irrational kann Geschichtsphilosophie sein?" *Phil. Jahrbuch*, 79, 1972, p. 241-253.

a) Freud: a agressividade como expressão do instinto de morte

A virulência da Grande Guerra levou Freud a tentar discernir o sentido da agressividade humana. O tema é retomado sucessivamente por Freud[33] e aqui e acolá dá a entender que é tão enigmático que se aproxima às explanações metapsicológicas de G.T. Fechner, Schopenhauer e Nietzsche[34]. Freud representa o *conflito da vida humana* como uma luta alternada entre o instinto de morte e o instinto de vida, entre Eros e a Morte. Ambos visam alcançar o máximo de libertação das tensões, seja descarregando a tensão como agressividade seja na autorrealização vital do Eros. Em pessoas nas quais o instinto de morte é acentuado, surgem os fenômenos de sadismo e masoquismo e até a autodestruição pelo suicídio.

Einstein, em setembro de 1932, refletindo a experiência da Primeira Grande Guerra, onde as manifestações de ódio assumiram caráter de massa, colocou a pergunta, em carta, a Freud: *"Como é possível que a massa se deixe inflamar até o delírio e o autossacrifício"*[35] por incitadores demagogos? *"Existe a possibilidade de dirigir de tal maneira o desenvolvimento psíquico dos homens que os torne capazes de resistir às psicoses do ódio e da destruição?"*[36] Em sua resposta Freud historia o desenvolvimento da agressividade e do poder que se organiza para fazer frente a outros mais poderosos. Isso sempre levou

---

33. Eis os escritos onde Freud aborda tematicamente o assunto: "Zeitgemässes über Krieg und Tod"; "Jenseits des Lustprinzips"; "Warum Krieg?" *Gesammelte Werke*. Londres, 1952s.

34. Vol. XIV, p. 86.

35. Citado no vol. XVI das obras de Freud, 12.

36. Ibid.

a guerras e à satisfação do instinto de morte. *É impossível aos homens controlar totalmente o instinto de morte.* Inclusive ele é necessário na manutenção do próprio instinto de vida: *"Um ser vivo conserva sua própria vida, enquanto pode destruir uma estranha"*[37]. *Daí julgar Freud uma ilusão o ideal marxista de uma sociedade sem luta de classes.* O que importa fazer é esclarecer racionalmente os homens, destruir as falsas autoridades e criar um convívio humano, sem qualquer elite, no qual cada um subjugue seus instintos à "ditadura da razão"[38]. Há que ativar todas as forças da libido objetivando o amor, a convivência pacífica e uma cultura que facilite o encontro dos homens com seus semelhantes. Vivemos um perigo extremo porque as ciências podem erradicar os homens até o último. Que nos espera? Freud não está convencido do sucesso logrado pelo esforço humano: "Esfaimados pensamos no moinho que tão lentamente mói que poderíamos morrer de fome antes de receber a farinha"[39].

Segundo esta explicação científica, o homem está condenado aos desmandos de seus próprios instintos de destruição, agressividade e morte.

b) Konrad Lorenz: as opressões e guerras como deformação histórica do instinto bom de agressividade

Konrad Lorenz, famoso pesquisador do comportamento animal e humano, se distancia de Freud, afirmando que o instinto de agressividade *não é a contraposição ao instinto de*

---

37. Ibid., p. 22.
38. Ibid., p. 24.
39. Ibid.

vida. É um instinto como qualquer outro e pertence à própria estrutura de conservação da vida[40]. Que tenha se desenvolvido como perigo para a vida e destruidor do homem e da sociedade, *isso se deve a fatores ambientais e culturais*. Isso começou com a hominização pela utilização da razão. Esta produziu a arma. A arma permitiu ao homem reagir mais rapidamente que o instinto e por isso poder dominar sobre outros. As defesas contra o instinto de agressividade se tornaram cada vez mais reduzidas. Hoje ele impera de tal maneira que nenhuma sociedade possui instrumentos de controle. O homem está entregue às catástrofes de sua própria agressividade, que o torna insaciável. O que resta a fazer é reorientar a agressividade para *substitutivos, como esportes, disputas políticas, autocontrole e um domínio crítico do próprio entusiasmo que leva à cegueira e a intermináveis manifestações de violência*.

Lorenz faz uma profissão de fé, quase numa linguagem mitológica, sobre o *poder da razão* sobre o instinto de destruição. Chegará um dia em que os homens poderão realizar de forma admirável os grandes anseios de paz e fraternidade de um verdadeiro humanismo[41].

Os politólogos pouco comungam com o otimismo de Lorenz: *"Enquanto tudo permanecer essencialmente assim como está, desesperemos de um mundo pacífico, pois este não chegará, por maiores que sejam os esforços e mais pertinentes os métodos empregados"*[42].

---

40. Cf. *Das sogenannte Böse* – Zur Naturgeschichte der Aggression. Viena, 1964. • "Zur Naturgeschichte der Aggression – Neue Sammlung". *Göttinger Blatter für Kultur und Erziehung*, 4, 1965, p. 296-308.

41. *Das sogenannte Böse*, p. 413.

42. FUCKS, W. *Formeln zur Macht*. Stuttgart, 1967, p. 180.

Pode-se estabelecer um ideal: "A guerra somente desaparecerá da sociedade humana quando se conceder à humanidade, por um outro modo, tudo aquilo que, durante séculos, só conseguia mediante a guerra"[43]. Entretanto, como realizar isso? Podemos sequer esperar um consenso na renúncia da violência, na defesa da vida, de valores morais e da própria consciência? O absoluto pacifismo é tão ilusório quanto a absoluta agressividade do *homo homini lupus*. A vida é um embate irrefragável entre bem e mal, instinto de vida e de morte, de entrega e de posse.

Basta o recurso aos mecanismos de desculpa apelando para os cientistas Freud e Lorenz para compreendermos a catividade a que está acorrentado o homem? Certamente estes dois sábios detectaram raízes profundas do problema. Deram uma *ex-plicação* científica a partir das causas imanentes ao próprio fenômeno da agressividade, que se desdobra em opressão, instinto de dominação etc. Constataram e provaram. Entretanto, não é suficiente ver e descrever os fatos cientificamente e elaborar um esquema explicativo por *causas controláveis pela razão crítica*. Cabe ainda uma derradeira pergunta: *Que sentido humano possuem estes fatos? Qual é o seu significado dentro de uma compreensão do ser e da história?* Aqui começa uma reflexão que ultrapassa a ciência, transcende as explicações e postula a detecção de um sentido radical. A filosofia e a teologia constituem aquelas atividades humanas que se propõem a reflexão sobre o Sentido radical dos fenômenos. Que nos poderão dizer elas?

---

43. Ibid., p. 179.

Capítulo VII
Ainda a Teologia do Cativeiro: a estrutura da Modernidade

A Teologia da Libertação nos fez refletir sobre a catividade, nascedouro da ânsia de libertação. Esta é gestada e cresce no seio da opressão. Ao nascer ela rompe com um esquema de opressão; inaugura uma nova situação mais libertadora; contudo, por ser uma situação, mostra-se sempre limitada e por isso com mecanismos também de opressão. A libertação nunca consegue ser uma conquista definitiva: é um processo permanente de escapada de todos os Egitos da história. Sempre se encontra no êxodo.

Esta estrutura formal, objeto já de reflexões anteriores, agrava-se enormemente quando constatamos que a dominação e a catividade instauradas em quase todas as partes de nosso continente latino-americano e nas estruturas de nossa civilização moderna, dita progressista e emancipadora, emperram e fazem abortar um verdadeiro processo de libertação. Perguntávamos angustiados no capítulo anterior: *Por que o homem se revela incapaz de se manter num processo libertador e decai em formas inumanas, irracionais e atávicas de opressão e de violência?*

Freud e Lorenz tentaram uma justificativa científica. Na verdade, o instinto de morte em Freud e a agressividade, paixão boa, mas que se distorceu historicamente como violência destrutiva, em Lorenz, não constituem explicações suficientes. Diríamos até que são mecanismos de desculpa. Tanto o instinto de destruição *como a paixão pela violência são figurativos. Não são causas. São consequências e expressões de uma causa mais fundamental.*

O homem certamente não é um abortivo da criação e por isso *essencialmente malconstruído pela natureza.* É um ser que foi capaz, e para isso tinha o poder, de se autodeterminar a si mesmo para a destruição e de perverter sua natureza para uma dominação violenta. Daí ser a reflexão provocada a ir além do projeto científico e tentar detectar uma causa mais radical que ilumine (talvez sem poder explicar) o drama do cativeiro histórico do homem. É a preocupação deste capítulo.

1 A catividade no pensamento radical: o conhecer como poder

O pensamento radical se propõe a árdua tarefa de constantemente dar-se conta de que em tudo o *que dizemos, definimos e explicamos está um não dito, não definido e não explicado.* O que dizemos é, com efeito, figurativo e remete para uma realidade mais fundamental do que aquela que podemos dizer e por isso dominar. No caso presente: *o predomínio da violência e a persistência da opressão corporificam um sentido de ser e de viver que o homem deu a si mesmo.* Esse sentido de ser só poderia gerar aquilo que gerou: *opressão e catividade.* Enquanto perdurar esse sentido de ser e de viver querido pelo homem haverá sempre violência e dominação. Mais ainda:

haverá uma exasperação ainda maior destas manifestações até se esgotarem todas as possibilidades. Daí ser a violência de hoje, por mais dramática que se antolhar, *de forma nenhuma surpreendente. Ela é lógica.* Decorre sistematicamente do sentido que o homem deu ao ser e à vida humana.

Para superá-la de nada valem os curativos na ferida, os remendos novos na veste velha e os intermináveis apelos morais em favor de maior humanidade. Há que se proceder *a uma verdadeira revolução estrutural do próprio sentido dado à vida.*

Qual é o sentido de ser e de viver que está presente nas *opções estruturantes e geradoras* de nosso mundo violento e opressor? O sentido latente que sustenta nosso mundo atual é entender o ser e a vida como conhecer, e o conhecer como poder. Isso não possui nada de estranho. Parece muito natural. Realmente o seria, se o homem não fizesse do conhecer e do poder a última instância de tudo e o critério de verdade e a base do relacionamento entre os homens. A razão que conhece não ficou apenas razão: foi transformada em racionalismo. A vontade que pode não permaneceu apenas vontade: degenerou em vontade de poder como dominação dos outros. Aqui reside o drama estrutural que permeia toda a tecedura do homem moderno que surgiu quando o pensar mítico entrou em seu ocaso e emergiu a razão com seu poder de *dis*-cursividade e de *dis*-cernimento.

a) O racionalismo: a gestação do dinossauro

É próprio da razão tornar tudo translúcido e racional, dar razões a todas as coisas e resolver todos os problemas. A razão não se detém diante de nenhum enigma. Quer esquadrinhar tudo. Não o conseguindo, sofre. O sofrimento gera outras forças de conhecimento. Razão é essencialmente poder. Por isso a razão não tolera um poder que possa escapar de seu domínio. Ela é luz; não suporta trevas que se subtraem ao seu influxo. Mas eis que surge um problema face ao qual se decide a sorte da razão: existe o arracional e o mistério. Isso não é um dogma. É uma experiência da própria razão. *Não há motivos – de razão – que expliquem a razão e seu aparecimento. Ela pode justificar tudo, menos a si mesma. As razões começam com a razão.* A razão mesma é inexplicável. *Ela explica, mas não se explica.* Ela simplesmente é[1]. Sente-se como um limite para si mesma. Repousa sobre algo que escapa ao seu poder e que não é razão. *É arracional. É mistério. A razão decorre do arracional e do mistério. Mas o mistério e o arracional não resultam de nenhuma razão. Eles simplesmente são.*

Dizer razão é dizer exigência de laços lógicos, de coerência, de necessidade. Mas a razão ela mesma está fora disso porque nenhuma necessidade ou nenhum laço lógico com alguma causa exigiria a existência da razão[2]. Ela existe na pura gratuidade de ser e na jovialidade de simplesmente estar-aí.

O conhecer, pois, repousa sobre um não conhecer; seu poder assenta sobre um não poder; sua luz emerge de trevas; sua racionalidade descansa sobre uma arracionalidade ou sobre um mistério. A razão está, apesar de todo o seu poder, numa impotência fundamental: não pode domesticar sua origem. O conhecer está dentro de um não conhecer. A razão é um olho que tudo vê, mas não pode ver a si mesma.

---

1. Para esta problemática cf. o livro fundamental de KAMP, J. *Souffrance de Dieu, vie du monde.* Casterman, 1971, esp. p. 47-92.

2. Ibid., p. 55-56.

Como se comportou historicamente o homem face a esse problema da razão? Desde o surgimento da razão como consciência de razão, por volta de 800-500 a.C.[3], o homem instrumentalizou a razão para conhecer cada vez mais. Nisso ele obedeceu à dinâmica da própria razão que quer correr e dis-correr cada vez mais aceleradamente. Acumulou dados, conhece cada vez mais sobre cada vez menos, sistematizou seus conhecimentos em ciências sempre mais diversificadas, transformou-os em técnicas de dominação do mundo. A razão produziu obras faraônicas e pode orgulhar-se de seu poder. Tudo é feito objeto de conhecimento: o mundo, a pessoa e também Deus. O mundo moderno forma a era do império da razão. A própria teologia se entende como o exercício da razão, no interior da fé, para conhecer melhor, para amar mais profundamente os mistérios de Deus.

Eis o drama acontecido com o destino da razão: ela se entusiasmou de tal maneira com sua luz, encantou-se de tal modo com seu poder e embasbacou-se tão profundamente com suas obras que se julgou verdadeiramente onipotente: a razão tudo pode conhecer e dominar; é questão de tempo, de pesquisa e de perseverança. Olvidou as trevas donde emana; recalcou o mistério sobre o qual assenta; e esqueceu a gratuidade de sua própria existência arracional. *Racional seria reconhecer que seu conhecer está à mercê de um mistério; que, portanto, ela é sempre derivada e numa situação de profunda humildade.* Seu conhecer ter-se-ia transformado em saber e seu conhecimento em sabedoria: *seria o sabor de todas as coisas vistas a partir de seu último fundamento.* A razão que esquece que é derivada e dependente *se torna irracional, porque*

---

3. Cf. JASPERS, K. *Von Ursprung und Ziel der Geschichte.* Frankfurt/Hamburgo, 1955, p. 34-35.

afirma aquilo que não é; ensoberbece-se; oprime-se a si mesma e aos outros. Começa a correr cada vez mais; com nada se sacia; atropela-se sobre seu próprio correr no esforço de espancar todas as trevas e resolver todos os mistérios. Em teologia significa que entende o mistério não como a fonte da razão, mas como o obstáculo à razão. *O Mistério não é mais o ilimitado da razão, mas o seu limite.* Mistério é definido como aquilo que *não pode ser conhecido pela razão, ao invés de entendê-lo como aquilo que pode ser cada vez mais conhecido pela razão*. Quanto mais se conhece, ao invés de diminuir o mistério, mais aumenta o conhecimento de sua misteriosidade. É o mistério e não a razão o ponto de referência, porque é o mistério a fonte donde brota a razão e a racionalidade. Na sua substantivação, esquecida de sua origem misteriosa ou arracional, a razão se fez onipotente. Não admite nenhuma instância superior a ela. Por isso ela se exacerba cada vez mais, tentando dar solução a tudo e querendo espancar todas as trevas. Tudo o que não é racional é descartado. O outro, o diferente, o mistério é recalcado, se necessário for, com violência. Cria-se um dinossauro, imenso e forte, tão gigantesco biologicamente que se tornou frágil para resistir às transformações da vida. Os dinossauros acabaram desaparecendo[4].

O mundo moderno da racionalidade é como o dinossauro: transformou-se em absurdo e irracional, exatamente no afã de crer-se e fazer-se racional. Não deu lugar ao mistério donde emerge a razão. Por isso perdeu o respeito e a sacralidade de todas as coisas, feitas objetos de conhecimento e domesticação. A razão não se entendeu como figurativa

---

4. Cf. ALVES, R. *Il Figlio del Domani* – Immaginazione, creatività e rinascita della cultura. Brescia: Queriniana, 1974, p. 11.

e reveladora do mistério, mas como realidade subsistente em si mesma, como se tivera em si mesma a razão de sua existência.

b) O poder: a lógica do dinossauro

Expressão típica da razão é o conhecimento erigido em sistema lógico e a instituição do poder como tradução prática do sistema *lógico instrumentalizado* na modificação do mundo e da sociedade. *Não queremos ser mal-entendidos e levantar uma suspeita geral contra a racionalidade e o poder.* Eles são legítimos. Tornam-se, contudo, irracionais no momento em que se absolutizam e se esquecem que estão *ao serviço do mistério da vida*. Não a razão, mas o *racionalismo* e a racionalização, não o poder, mas a *dominação* e a violência são aqui denunciados como a estrutura subjacente à nossa sociedade, tornando-a opressora dos outros e cativa de si mesma. E isso se deu pelo sentido que o homem conferiu à vida como afã de conhecimento e de acúmulo de poder, esquecendo-se do mistério que suporta a ambos. O cultivo do espaço do mistério certamente o guardaria da radicalização da razão e da exageração do poder: levá-lo-ia a uma atitude de gratuidade e não de arrogância, de humildade ao invés de automagnificação. *A razão e o poder — isso é importante constatar — são em si inseguros porque não possuem a razão em si mesmos; seu fundamento é o arracional, o mistério e o não poder.* Substantivando-se e independentizando-se, *buscam a sua própria segurança*. Não tanto a verdade lhes interessa, mas a certeza. Em consequência disto, os sistemas e as instituições se autodefendem dentro da lógica que lhes é própria, que é a lógica do poder. *A razão é utilizada para justificar o poder por um processo de racionalização dele*; a ela cabe legitimar seu uso, para ele se perpetuar como poder: racionais são os meios que garantem e fortificam a perpetuidade do sistema do poder vigente. O decisivo consiste no funcionamento do sistema montado. Se *o ideal de um grupo é colocado na segurança nacional*, lógico é destruir tudo o que se oponha a ela, mesmo que implique a máxima repressão. *Para uma concepção militarista do mundo*, lógicas e racionais são as armas bélicas mais exterminadoras, mesmo pondo em perigo o planeta, contanto que assegurem a supremacia militar de uma parte do mundo sobre a outra. Para um sentido capitalista de vida centrado no acúmulo de poder em termos de riqueza e de posse cumulativa dos meios de produção, lógico e racional é o que favorece e fornece melhores instrumentos para isso; irracional e ilógico é o que obstaculiza semelhante projeto humano.

Dizia-o bem Rubem Alves: "Na organização não encontramos a *lógica da vida* que cria um espaço e um tempo próprios, mas antes *a lógica do poder* que transforma a vida numa mera função. Desde que a lógica do poder reconhece apenas um só valor – a defesa e o incremento do poder – e ignora completamente as exigências da vida, será inevitável que o mundo da organização conspire contra a vida. Não poderá haver nenhuma coexistência pacífica entre o ideal democrático e o mundo da organização como se realiza na nossa sociedade moderna"[5].

A própria ciência, que em seu ideal intenciona ser geradora de novas possibilidades, de fato é sustentada pelo poder e instrumentalizada na manutenção deste poder. Ela

---

5. Ibid., p. 26.

possui a mesma respiração do poder, respirará até quando o poder também respirar, pois é dele uma função.

Como se mantém o poder? Pelo poder mesmo em termos de violência, cadeias, torturas, sanções econômicas, pressões políticas. Somente sistemas extremamente irracionais utilizam ainda a violência como forma de autossustentação do poder. Sistemas mais racionalizados lançam mão de meios mais *refinados*: detêm o controle da fantasia científica. Cada dia lançam novos produtos no mercado; fazem-se "progressos" notáveis e se acelera enormemente a história com os meios de comunicação, tribalizando toda a terra. Cria-se a racionalização ou a ideologia que contrapõe a sociedade pré-moderna à moderna: *outrora o permanente era a constância, hoje o permanente é a mutação.* As novidades se multiplicam dia a dia a ponto de exaurirem a fantasia criadora. Triste ilusão! Não se verificou nenhuma mutação estrutural; a estrutura do poder permaneceu intacta e até se fortificou, porque a forma como ele se fortalece consiste em acelerar o ritmo de consumo e de aquisição de tal forma que *"por um toque de mágica o que ontem era agradável hoje se torna insuportável"*[6].

O sistema se armou de astúcias mais refinadas ainda para perpetuar-se com meios quase invisíveis. O acúmulo de riquezas e de poder pode gerar contradições humanamente deletérias na sociedade. *A racionalização inventou o caminho de controlar o prazer e criar o monopólio do entretenimento.* Assim os mesmos meios que detêm o poder são os que organizam o prazer por todos os canais de comunica-

---

6. Para toda esta parte, cf. a análise sugestiva de ALVES, R. Op. cit., p. 12-67, aqui p. 38.

ção de massa. Intenta-se atrofiar ou pelo menos monopolizar todas as formas de prazer para que se transformem numa função do sistema. Todas as formas de fantasia criativa, artística, intelectual, religiosa e mística que podem ser profundamente gratificantes são mantidas em suspeição porque checam o círculo cerrado do poder e assim são difamadas como subversivas.

Tanto o sistema capitalista das sociedades ocidentais como a planificação econômica e tecnocrática dos países socialistas, estruturalmente, movem-se dentro do mesmo horizonte do poder como dominação e da razão como racionalização legitimadora do poder estabelecido. O poder racionalizado se tornou quase invisível e tomou conta de quase todas as consciências. Foram afogadas em seu espírito crítico e em seu exercício de liberdade para a vida. O monopólio do poder se tornou invisível, mas agudamente perceptível pela dominação do centro sobre as periferias. *O centro e a periferia* não são apenas grandezas geográficas, pois elas são também internalizadas dentro de uma mesma sociedade. As grandes empresas multinacionais estão onipresentes por todas as partes; elas fazem o jogo do poder econômico aliado ao militar e detêm o monopólio das grandes decisões que afetam o destino de milhões.

A *lógica do dinossauro é o poder que quer mais poder. Para onde caminhará esse sentido de ser e de viver?* Ele está se acelerando a tal ponto que está prestes a atingir o limite de suas possibilidades. Germina por todas as partes uma crítica do sistema como sistema, pela má qualidade de vida humana que gera, pela violência que encerra ao recalcar dimensões vitais do homem e ao homogeneizar as manifestações da vida para mais facilmente dominá-las. *Ressurge o valor da imaginação que sonha sonhos heterodoxos para o sistema, mas que podem ser fermen-*

to de um mundo novo; emerge a dimensão esperança do homem que não se deixa reduzir à factibilidade do futuro, mas significa a permanente e insaciável abertura humana para o advento do absolutamente novo e ainda-não-experimentado. É apenas um germe de libertação dentro de uma situação vastamente opressiva. Quando ela se historizará?

O homem está começando a compreender que o império da razão e do poder foi um imenso mecanismo de fuga da fundamental insegurança da razão. Ao invés de aceitar sua arracionalidade e seu mistério, reconhecer sua radical dependência, não se rebelar contra ela, mas acolhê-la como festa da revelação do Mistério sem nome, que lhe confere a única segurança digna deste nome, pôs-se a fugir, e na fuga a buscar seguranças que lhe desmascaravam cada vez mais sua essencial insegurança. Chegou o tempo de parar, caso não quiser se autodestruir totalmente. Isso já o prenunciava a velha sabedoria da China quando se propunha exatamente esse problema. Conta *Chuang-tsu:* "Havia um homem que ficava perturbado ao contemplar sua sombra e tão mal-humorado com as suas próprias pegadas que achou melhor livrar-se de ambas. O método encontrado por ele foi o da fuga, tanto de uma como de outra. Levantou-se e pôs-se a correr. Mas, sempre que colocava o pé no chão, aparecia outro pé, enquanto a sua sombra o acompanhava, sem a menor dificuldade. Atribuiu o seu erro ao fato de que não estava correndo como devia. Então, pôs-se a correr cada vez mais, sem parar, até que caiu morto por terra. *O erro dele foi o de não ter percebido que, se apenas pisasse num lugar sombrio, a sua sombra desaparecia e, se se sentasse ficando imóvel, não apareciam mais as suas pegadas*"[7].

---

7. MERTON, T. *A via de Chuang-tzu*. Petrópolis: Vozes, 1969, p. 197-198.

A fuga não foi libertação. Foi motivo de morte. O sentido de ser e de viver dado em termos de dominação da razão e de violência do poder levou o homem a uma aterradora situação de cativdade. Não só acorrenta outros no cativeiro, acorrenta-se a si mesmo, impedindo que a razão assuma outras funções que não aquelas instrumentalizadas do poder: a razão que é sabedoria e inteligência do mistério da vida e por isso capaz de veneração e santidade de todas as coisas.

Foi pura fatalidade o caminhar do homem para esta direção? Ele decidiu ou foi decidido? É o executor apenas de um aceno vindo do próprio Mistério? A reflexão tem a ver não tanto com o que poderia ter acontecido, mas com o que realmente aconteceu. Numa visão ontológica fundamental podemos dizer: *o Mistério não deixou de se revelar.* Mas se dava na forma da ausência, do recolhimento, do esquecimento e da morte. Mas o homem não será também responsável pela ausência sofrida, pelo esquecimento imposto e pela morte causada? Semelhante pergunta escapa a uma reflexão ontológica fundamental. Ela desemboca numa exigência de ordem teológica. Como se entende e que sentido secreto se revela na cativdade de que somos vítimas?

2 A cativdade na teologia: a incapacidade de aceitar o mal leva a fazer o mal

Numa visão teológica fundamental devemos afirmar que o mal, primeiramente, *não decorre de atos depravados que o homem possa cometer e com isso criar uma história do pecado no mundo.* Há um mal que não depende do homem e preexiste a ele, mal que *não pode ser cometido por um ato distorcido* porque é um estado ontológico, ligado ao próprio mistério da criação. A essência da criação é a decadência. Isso o intuiu bem a Escolástica *ao falar do mal metafísico* que constitui a possibilidade do mal moral e do pecado. Expliquemos o que vem a ser mal metafísico. Pelo fato de ser criado, o mundo é limitado, contingente, dependente, separado e diferente de Deus. Não é Deus: logo é decadente e imperfeito, por maior que seja sua perfeição criada; nunca é a perfeição de Deus; face a Ele é sempre imperfeito. *Este é o mal metafísico, mal necessário que não é nenhuma transgressão moral de mandamentos, nem alguma culpa, mas simplesmente a finitude consciente do mundo.*

a) O mundo é dor

Essa limitação é vivida como sofrimento pela vida consciente. Como asseverava Hegel: *"toda consciência da vida é consciência do mal da vida"*[8]. A consciência é finita; mas sente-se finita, limitada, encurralada porque é habitada pelo infinito. Sem a percepção do infinito nela, não dar-se-ia conta de ser finita, nem sofreria a angústia de ser finita e estar dimensionada para o infinito.

O mal, pois, está presente no mundo, é o próprio mundo criado, antes mesmo que houvesse o pecado. Este só é possível porque existe o mal e a imperfeição; um ser absolutamente perfeito nunca cai. O mal consiste em estar separado de Deus, *em não ser Deus, em ser criatura, em viver, portanto, a ausência de Deus.*

---

8. Cf. *Phänomenologie des Geistes*. Hamburgo: J. Hoffmeister, 1952, p. 158.

Esta compreensão, que não possui nada de novo, pois já se encontra bem-elaborada na tradição cristã desde Agostinho até Tomás de Aquino, Duns Escoto e os modernos, leva como consequência o fato de que toda manifestação de Deus no mundo é forçosamente limitada e assume um caráter decadente quando a comparamos com a essência mesma de Deus. *Toda revelação é também uma negação; toda presença de Deus no mundo inclui igualmente uma ausência.* Isso porque a presença, por mais plena que seja, sempre se realiza no limitado do mundo e, por conseguinte, nunca é a plenitude do Deus presente. Deus é também ausente no mundo: *"O divino surge sempre no mundo e contra o mundo"*[9].

"Não nos devemos admirar que exista o mal no mundo. Devemos nos admirar pelo fato de que existe um mundo. É errôneo imputar a Deus as deficiências deste mundo: elas são antes o fato da ausência de Deus (da separação) do que de sua presença ativa. O que confunde é que Deus permita ou faça que a gente se separe dele para se refugiar num mundo onde Ele é ausente"[10].

A vivência do mal, da limitação e da dependência se traduz em termos *de sofrimento, de dor e de insatisfação humana. O homem é sofrimento e o mundo é dor.* Ele sente: no coração da felicidade vigora descontentamento porque esta não consegue esconder sua fugacidade e banir a ameaça de ruptura e de morte. Toda felicidade humana saboreia o amargor de seu limite: no fundo, aspira a uma felicidade sem esse amargo, suspira por uma felicidade que o mundo não pode dar.

---

9. Cf. NABERT, J. *Le désir de Dieu*, p. 366, apud KAMP, J. Op. cit., p. 50.

10. KAMP, J., p. 75.

O sofrimento é a forma como o homem sente a fugacidade do mundo, das pessoas, do amor e se abre para o Absoluto. O sofrimento possui, a partir desta compreensão, uma densidade humana extraordinária. Ele obriga o homem a desinstalar-se, a dar-se conta da caducidade deste mundo com seus projetos de felicidade e força-o a abrir-se para uma dimensão que transcende a criação e dela esperar o seu verdadeiro sentido e colocar lá sua profunda esperança. *O sofrimento antecipa a morte.* Pela morte abandonamos não apenas este mundo, mas a nós mesmos e nossa corporalidade; a morte constitui um êxodo definitivo da vida humana terrestre; somos esvaziados totalmente para podermos nos abandonar Àquele que tudo pode encher. *Se vivêssemos indefinidamente* estaríamos para sempre separados de Deus, longe dele dentro da criação; junto com Ele pelo nosso amor, mas nunca nele. *A morte possibilita estarmos totalmente em Deus e deixar realizar aquilo que São Paulo dizia:* Deus será tudo em todas as coisas (1Cor 15,28).

Nesta perspectiva a morte é um bem; ela pertence à vida mortal do homem e constitui a chance da máxima humanização do homem em Deus. De forma semelhante ocorre com o sofrimento: ele não antecipa a ação destruidora da morte; *"ele intensifica a libertação de nós mesmos e da nossa liberdade para a Liberdade, que é Deus"*[11]. Todo sofrimento pode possuir esta estrutura, também aquele anônimo, sem qualquer heroísmo, silencioso e banal de nossa limitada existência.

O mal e o sofrimento são, portanto, o modo como estamos sempre em Deus e dele nos recordamos quando ainda

---

11. ROMER, K.J. *Esperar contra toda esperança.* Rio de Janeiro: CRB, 1973, p. 17 [Coleção Vida Religiosa, 11].

estamos longe, vivendo no exílio da criação. O sofrimento e o mal constituem a sementeira da esperança, libertam a imaginação e fazem sonhar sonhos de libertação, de felicidade e de absoluta realização. Significam a catividade criacional do homem, mas também sua libertação; *é um cativeiro dimensionado para a terra prometida*; por isso cheio de sentido e amável ao homem. *O homem matinal*, ainda não acorrentado pelo pecado, também podia sofrer e morrer. Mas podia sofrer com sentido e morrer com esperança, porque no exílio já via e gozava a pátria.

b) Pecado: a não aceitação do mal e da mortalidade

Esse mal inocente, na verdade, não nos causa problemas maiores quando bem-interpretado. *Entretanto, existe um mal que é perversão da criação, não decorrente do fato ontológico da criação, mas da liberdade abusada do homem.* Chama-se pecado. Com o pecado ocorreu aquilo que se passou com a razão, como o descrevemos acima. A razão é inexplicável para si mesma e se encontra sempre ligada, portanto, ao arracional e ao mistério de seu aparecimento. Ela se depravou em racionalismo tentando desconhecer e recalcar o suporte que a sustenta. Algo de semelhante sucedeu com o homem. *Pecado é a não aceitação do mal e da dor do mundo; é a recusa de acolher a sua própria finitude e mortalidade*; é querer, como o diz excelentemente a Escritura (Gn 3,5), ser como Deus. Como é Deus? Deus é exatamente o impossível do homem: infinito, imortal, fundamento sem fundamento. Acolhendo a mortalidade o homem ficaria imortal; querendo a imortalidade, tornou-se mortal. Foi o que aconteceu historicamente. *Pecado consiste na recusa fundamental de aceitar a própria situação finita, dependente, conscientemente limitada e por isso sofrida e dolorida.*

Pecado é a tentativa absurda, porque impossível de se efetivar, de querer ser aquilo que o homem jamais poderá ser: autofundamento de si mesmo, absolutamente in-dependente e totalmente criador de si mesmo. *Daí ser todo pecado aberração do sentido da criação, separação violenta de Deus e retorno egoísta sobre si mesmo. Enquanto esse projeto humano possui sua história e interpenetra toda a tecedura humana, ele forma o pecado do mundo e o pecado original* como anti-história do absurdo, da glória e do poder irracional e opressor do dinossauro. É uma cativdade sem dignidade humana, um sofrimento sem sentido e uma dor inútil.

Esse mal provocado e intencionalmente feito leva a fazer o mal; *porque é fundamentalmente egoísmo,* sua obra perfeita é a *sistematização do egoísmo do Nós nos moldes da dominação de um grupo sobre outro, de nações opulentas sobre nações apêndices empobrecidas e debulhadas. A cativdade que descrevemos no capítulo anterior e que suscitou a pergunta pela origem e pelo sentido de sua maldade encontra na história do pecado sua derradeira resposta. Ela é culpa, de tal maneira alastrada e fundada nas raízes da liberdade humana, que detém a esta cativa, tolhendo-lhe o passo libertador. Ela se agravou ao longo do processo da hominização de tal sorte que desfuturizou e continua a desfuturizar a história como crescimento para a verdadeira liberdade e para a autêntica realização humana. Todos pecamos e estamos privados da glória de Deus* (Rm 3,23), *e por isso da vida verdadeira.*

É o pecado que impede à razão ser apenas razão e ao poder, somente poder. Pouco importa o signo, cristão ou pagão; o poder, *historicamente, foi exercido como opressão e coerção. Pretendeu-se defender a liberdade suprimindo a liberdade;*

pensou-se, para o bem dos homens, impor a fé e os valores cristãos, mas essa imposição negou a fé e os valores cristãos. *Por aí se entende a recusa terminante de Jesus Cristo de utilizar o poder para persuadir da verdade de sua missão e para levar os homens à conversão. Preferiu morrer a fazer uso do poder como violência.* Esta é essencialmente diabólica e por isso negadora radical de Deus, que é amor e não violência.

A sociedade de hoje, nos ideais que se propõe de ter mais, de aparecer melhor, de acumular cada vez mais poder, é extremamente poderosa, mas paupérrima de significado humano[12]. Como dizia o grande profeta russo dos tempos modernos: "*Os valores mais altos do mundo são pospostos aos valores de menor conta.* Os maiores valores são crucificados enquanto os secundários triunfam. O político e o militar, o banqueiro e o jurista são mais poderosos que o poeta, o filósofo, o profeta e o santo. O Filho de Deus foi crucificado, Sócrates envenenado. Os profetas lapidados. Os iniciadores e os criadores de um novo pensamento e de um novo modo de vida sempre foram perseguidos, oprimidos e frequentemente liquidados"[13]. Sempre foi assim na história. *Que sentido possui tudo isso?*

3 Denúncia e anúncio profético ao *homo emancipator*

À luz das reflexões que articulamos acima, a toda pessoa lúcida *se impõe um discernimento acerca da situação de ca-*

---

12. Cf. ALVES, R. *Religión*: opio o instrumento de liberación? Montevidéu: Tierra Nueva, 1968, p. 163-174. • DE LA RIEGA, A.T. "América fuera del centro: del privilegio y de la culpa". *Hacia una filosofía de la liberación latinoamericana*. Buenos Aires: Bonum, 1973, p. 210-216.

13. BERDIAEFF, N. *Slavery and freedom*, 1944, p. 67.

tividade na qual vivemos: ela não é inocente, mas coletivamente culposa. Não pode ser legitimada, mas é objeto da denúncia profética da sã razão, da fé e da esperança que ainda germinam no coração sensato. O *homo emancipator*, satisfeito com as suas conquistas, não está disposto a assumir a responsabilidade social pela situação de catividade da maioria dos homens. Fabula racionalizações e aciona os mecanismos de desculpa utilizando Freud e Lorenz para justificar o injustificável. *A forma sutil de esquecer a situação de pecado consiste em elaborar as ideologias do progresso indefinido e da capacidade humana de resolver, com o tempo, todos os graves problemas que se antolharem à sociedade.* A denúncia deverá mostrar quão ilusórias são todas as utopias sociais ou existenciais da vitória do bem sobre o mal, da imanência do princípio libertador como realidades factíveis pelo homem. Esta fé gera toda sorte de fanatismos e de messianismos terrenos: "Temos a solução! Usemos do poder e, se necessário for, da violência para impô-la! É o imperativo férreo da história!" A consciência de que a catividade é fruto de um desvio do homem despoja-o de sua arrogância, vence o racionalismo autossuficiente, desmascara a face repressiva e violenta do poder. Há que se entrar num processo de conversão.

Apesar de tudo não há lugar para um cinismo histórico. Importa manter sempre viva a memória do sofrimento e a consciência da catividade. Elas questionam permanentemente a "racionalidade e a plausibilidade" dos sistemas montados. *É por causa dos desesperados que há esperança. Que é a esperança?* "É o pressentimento de que a imaginação é mais real e a realidade menos real do que parece. É a sensação de que a última palavra não cabe à brutalidade dos fatos que oprimem e reprimem. É a suspeita de que a realidade seja muito mais complexa do que nos quer fazer crer o realismo, que as fronteiras do possível não sejam determinadas pelos limites do presente e que, de um modo miraculoso e inesperado, a vida esteja preparando o evento criativo que abrirá a via à liberdade e à ressurreição"[14].

Para quem entende, a corrida desesperada do homem em busca da racionalidade e do poder, na sua insegurança buscando ser cada vez mais seguro, *é profundamente figurativa*; figurativa de quê? *Ela encarna a sede insaciável e a procura desenfreada pela Felicidade e por um Sentido que seja realmente plenificador.* O poder é mais do que poder; a vida é bem mais do que simples vida, isto é: poder não é só dominação e uma proteção contra o medo, *a vida não é apenas luta contra a morte*. Tanto o poder quanto a vida são revelações de uma Realidade escondida, à qual chegamos quando deixamos de *considerar a vida como função e o poder como instrumento de dominação sobre outros*. Isso não exige uma renúncia da técnica e uma fuga de nosso mundo civilizado econômico e político. Exige um novo tipo de mediação e de instrumentalização desse poder que não mais se julga onipotente porque se sabe a serviço de uma Realidade maior que ele, do Mistério de Deus e do mistério do homem. O poder e a vida são como a sombra e as pegadas das quais queria fugir o homem inconformado: são sombra da Vida e pegadas do Sentido Radical. Para viver essa dimensão faz-se mister não confundir a sombra com a própria Vida e as pegadas com o Sentido Derradeiro. A sombra e as pegadas precisam reconhecer-se como tais.

---

14. ALVES, R. *Il Figlio del Domani*, p. 196.

A corrida exasperada do nosso mundo mostrou que jamais consegue fugir de sua própria fonte originante; enquanto foge não encontra o que busca: a Felicidade. Por mais distantes que corram as águas, nunca poderão olvidar a Fonte donde emanaram. Nessa recordação está a semente de felicidade. O sofrimento e a dor pela distância são maneiras como a verdadeira Felicidade é lembrada e ansiada.

No homem vigora ainda uma última energia que pode transformar até a opressão e a cativídade em caminho de libertação; essa secreta liberdade interior não pode nunca ser manipulada nem arrancada como se pode arrancar tudo o que o homem tem; ela é tão soberana que pode fazer da espoliação e da tortura suportadas ainda meios de purificação, de crescimento e de apelo ao perdão. *A própria história do desvio humano de que escrevíamos acima pode ser caminho de grande humildade, de necessidade de perdão e de urgência de reparação e conversão.* O espírito humano é capaz de romper as cadeias, mesmo permanecendo em cadeias; é capaz de transformá-las em cadeias de amor ou de martírio. O absurdo da escuridão e da ausência de sentido pode provocar uma confiança total; onde tudo é tirado ou negado resta ainda a derradeira esperança e um último amparo: Deus, a quem o homem pode se entregar, e saber que, apesar de tudo, é sempre aceito. A história do Antigo e do Novo Testamento é, em sua maior parte, *história de dependência, de opressão, de exílio, de perseguições, de dor humana: tudo isso não foi razão de desesperança, mas de uma maior esperança.*

Haverá alguma chance de se romper o círculo férreo da opressão e da cativídade-êxodo? Não, certamente, mantendo a mesma estrutura que interpreta o poder como dominação e a razão como poder da razão, isto é, como racionalismo. Enquanto não se romper com este sentido dado à vida do homem em seu relacionamento com o mundo e com os outros e não se instaurar um outro diferente, todas as revoluções e libertações não passarão de pretensas libertações e inócuas revoluções. Serão variações de um mesmo motete. Toda transformação estrutural deve, pois, passar por um caminho de conversão.

É neste ponto da conversão, ao nível estrutural, que incide a contribuição principal do cristianismo. Ele afirma fundamentalmente que o homem novo emergirá, sob a condição e na exata medida em que tanto o coração quanto as estruturas sociais entrarem num processo de conversão para um outro projeto histórico, qualitativamente diferente daquele que caracteriza a Modernidade. Não mais estar somente *sobre* as coisas e *sobre* os outros, mas estar principalmente *com* elas e *com* os outros numa profunda dimensão amorosa e fraterna[15]. O poder continuará a ser poder *sobre* o mundo, mas comandado por uma perspectiva em que vê o mundo não apenas como material de desfrute, mas como a própria casa humana. Não só a natureza pertence ao homem; o homem também pertence à natureza; ofendendo-a, ofende a si mesmo. O poder nas relações entre os homens não será dominação de uns sobre outros, mas serviço à comunhão. Isso constitui um novo sentido dado ao ser e à vida e inaugura uma autêntica libertação. Nos próximos dois capítulos veremos a história desta novidade no caminho do Servo Sofredor e Libertador Jesus Cristo.

---

15. Cf. o meu ensaio onde tento mostrar esse novo projeto vivido e antecipado no modo de ser de São Francisco: "A não modernidade de São Francisco". *Vozes*, 69, 1975, p. 335-348.

Capítulo VIII
Como compreender a libertação de Jesus Cristo?
Ensaio crítico de des-construção

A análise da situação de cativeiro nos levou a concluir que a cativeiro não é apenas sócio-político-econômica. Esta é a corporificação de um desvio mais profundo do homem que atinge o sentido fundamental de ser e de viver compreendido como poder-conquista-dominação, gerando opressão, repressão e regime global de cativeiro. A história contada é aquela dos que triunfaram pela força, dos arrivistas às instâncias do poder decisório sobre outros. Das esperanças frustradas, dos humilhados e matados ninguém fala. O progresso do homem emancipado moderno, especialmente do Primeiro Mundo, colocado como ideal para os outros, assenta sobre forças geradoras de cativeiro para si e para os outros, estrutura a marginalização de continentes e explica o fenômeno do subdesenvolvimento.

Como se libertar desta situação que não vem de ontem nem de anteontem, mas que está profundamente impregnada na tecedura óssea de nossa cultura desde que a conhecemos? O cristão com São Paulo responde na esperança: "Graças a Deus, por Jesus Cristo Nosso Senhor" (Rm 7,25).

Como tornar crível e aceitável tão alvissareira resposta? As imagens e as representações que a piedade, a liturgia e a teologia utilizam para expressar a libertação de Jesus Cristo realçam ou antes encobrem, para nós hoje, o aspecto verdadeiramente libertador da vida, morte e ressurreição de Cristo? Dizemos: Cristo nos redimiu pelo seu preciosíssimo sangue; expiou satisfatoriamente com sua morte pelos nossos pecados e ofereceu sua própria vida como sacrifício pela redenção de todos. O que significa realmente tudo isso? Entendemos o que estamos dizendo? Podemos, de verdade, pensar que Deus estava irado e que foi apaziguado com a morte de Cristo? Pode alguém substituir o outro, morrer no lugar dele, continuando o homem pecador? Quem deve se modificar: Deus de irado em bondoso ou o homem de pecador em justo? Professamos: Cristo libertou-nos do pecado! E nós continuamos a pecar. Livrou-nos da morte! E continuamos a morrer. Reconciliou-nos com Deus. E seguimos nos inimizando com Ele. Que sentido concreto e verdadeiro possui a libertação da morte, do pecado e da inimizade? O vocabulário empregado para exprimir a libertação de Jesus Cristo traduz situações sociais, trai interesses ideológicos e articula tendências de uma época[1]. Uma mentalidade marcadamente jurídica irá falar em termos jurídicos e comerciais de resgate, redenção dos direitos de domínio que satanás possuía sobre o pecador, de satisfação, mérito, substituição penal etc. Uma mentalidade cúltica irá se exprimir em termos de sacrifício. Outra, preocupada com a

---

1. Nessa preocupação hermenêutica cf. o livro de MALDONADO, L. *La violencia de lo sagrado* – Crueldad "versus" oblatividad o el ritual del sacrificio. Salamanca, 1974. • BUNEY, P. "La théologie et l'évolution sociale – Rédemption, damnation et justice". *Lumière et Vie*, 20, 1971, p. 60-78.

relevância social e cultural da alienação humana, pregará a libertação de Jesus Cristo. Em que sentido entendemos que a morte de Cristo pertencia ao plano salvífico do Pai? Pertencia a esse plano a recusa dos judeus, a traição de Judas e a condenação por parte dos romanos? Eles não são marionetes a serviço de um plano *a priori* e de um drama supra-histórico. Foram agentes concretos e responsáveis por suas decisões. A morte de Cristo – isso veremos em pormenor – foi humana, isto é, consequência de uma vida e de uma condenação provocada por atitudes históricas tomadas por Jesus de Nazaré.

Não basta repetir fetichisticamente as fórmulas antigas e sagradas. Precisamos procurar compreendê-las e tentar captar a realidade que elas tentam traduzir. Esta realidade salvífica pode e deve ser expressa de muitas formas; sempre tem sido assim no passado e também no presente[2]. Se falamos hoje em libertação traímos com esta expressão – li-

---

2. Sobre a história do dogma da redenção por Jesus Cristo há estudos exaustivos: RIVIÈRE, J. *Le dogme de la rédemption* – Étude théologique. Paris: Gabalda, 1931 [1. ed., 1914]. • RIVIÈRE, J. "Rédemption". *DThC*, XII/2, 1937, col. 1.912-1.957. Paris: Letouzey. • RICHARD, L. *Le mystère de la redemption*. Toulouse, 1959. • DUQUOC, C. *Christologie* – Essai dogmatique. Vol. II: "Le Messie". Paris: Cerf, 1972, p. 171-226. • WILLEMS, B. & WEIR, R. *Soteriologie von der Reformation bis zur Gegenwart*. Friburgo: Herder, 1972 [Handbuch der Dogmengeschichte, III/2]. • GRILLMEIER, A. "A doutrina pós-bíblica sobre os efeitos da ação salvífica de Deus em Cristo". *Mysterium Salutis*, III/7. Petrópolis: Vozes, 1974, p. 50-68. • KESSLER, H. *Die theologische Bedeutung des Todes Jesu* – Eine traditionsgeschichtliche Untersuchung. Düsseldorf: Patmos, 1970. • KESSLER, H. *Erlösung als Befreiung*. Düsseldorf: Patmos, 1972. Consideramos estas duas pesquisas como as mais significativas dos últimos anos. Nós somos muito devedores a elas. • GIRONES, G. *Jesucristo* – Tratado de soteriología cristológica. Valência, 1973 [Anales del Seminario Metropolitano de Valencia]. • DUMAS, B.A. "Significado de la pasión y muerte de Cristo con respecto al pecado y al sufrimiento del mundo". *Los dos rostros alienados de la Iglesia una*. Buenos Aires: Latinoamérica Libros, 1971, p. 41-80. • SCHÄR, H. *Erlösungsvorstellungen und ihre psychologischen Aspekte*. Zurique, 1950. • CHORDAT, J.L. *Jésus devant sa mort*. Paris, 1970.

bertação – toda uma tendência e uma encarnação da nossa fé, como quando Santo Anselmo se exprimia em termos de satisfação vicária. Ele traduzia, provavelmente sem o saber conscientemente, uma sensibilidade própria de seu mundo feudal: a ofensa feita ao suserano máximo não pode ser reparada por um vassalo inferior. Nós corporificamos uma sensibilidade aguda pela dimensão social e estrutural da catividade e da alienação humana. Em que sentido e como Cristo é libertador *também* desta antirrealidade?

Dupla será a tarefa de nossas reflexões: num primeiro momento faremos um trabalho de des-construção. Trata-se de submeter à análise crítica três representações comuns da ação salvífica de Cristo: a do sacrifício, a da redenção e a da satisfação. Falamos em des-construção e não em destruição. Os três modelos referidos são construções teológicas com o fito de apreender, dentro de um determinado tempo e espaço cultural, o significado salvífico de Jesus Cristo. Des-construir significa ver a casa através de sua planta de construção, refazer o processo de construção, mostrando a temporalidade e eventualmente a caducidade do material representativo e relevando o valor permanente de seu significado e de sua intenção. É escusado explicar o sentido positivo que atribuímos à palavra crítica: é a capacidade de discernimento do valor, do alcance e da limitação de uma determinada afirmação.

Num segundo momento ensaiaremos um trabalho de construção teológica dentro do estilo de nosso tempo: como podemos falar de forma significativa – e por isso pastoral – sobre o significado salvífico universal que a nossa fé confere à vida de Jesus de Nazaré morto e ressuscitado?

1 O que é propriamente redentor em Jesus Cristo: o começo (encarnação) ou o fim (cruz)?

Na tradição teológica e nos textos litúrgicos ainda vigentes nota-se uma limitação sensível no modo como se concebe concretamente a redenção[3]. Esta é concentrada em dois pontos matemáticos: ou no começo da vida de Cristo, na encarnação, ou no seu fim, na paixão e morte na cruz. O próprio Credo assumiu esta forma abstrata de colocação: da encarnação passa logo para a morte e para a ressurreição. Coloca entre parênteses a vida terrestre de Jesus Cristo e o valor salvífico de suas palavras, atitudes, ações e reações.

A teologia influenciada pela mentalidade grega vê na encarnação de Deus o ponto decisivo da redenção. Consoante a metafísica grega, Deus é sinônimo de Vida, Perfeição e Imortalidade. A criação, não sendo Deus, é necessariamente decadente, imperfeita e mortal. Isso é assim mercê da estrutura ontológica do ente criado. É fatalidade e não pecado. Redenção significa elevação do mundo à esfera do Divino. Destarte o homem juntamente com o cosmos é divinizado e libertado do peso de sua própria limitação interna. "Deus se fez homem para que o homem se fizesse Deus", dirá lapidarmente Santo Atanásio (*De incarnatione Verbi*, 54). Pela encarnação irrompe no mundo a redenção porque em Jesus Cristo Deus imortal e infinito se encontra com a criatura mortal e finita. Basta a constituição deste ponto matemático da encarnação para que toda

---

3. Cf. GRESHAKE, G. "Der Wandel der Erlösungsvorstellungen in der Theologiegeschichte". In: VV.AA. *Erlösung und Emanzipation*. Friburgo: Herder, 1973, p. 69-101. • KESSLER, H. *Erlösung als Befreiung*, p. 43-60.

a criação seja atingida e redimida. Não interessa tanto o homem concreto Jesus de Nazaré, seu caminho pessoal, o conflito que provocou com a situação religiosa e política de seu tempo, mas a humanidade universal que Ele representa. Deus é o agente da redenção. É Ele que se autocomunica à criação, elevando-a e divinizando-a.

Verifica-se uma abstração do fator histórico em Jesus de Nazaré. A encarnação é entendida estaticamente, como o primeiro momento da concepção virginal de Jesus, Deus-Homem. Aí está tudo. Não se articula o aspecto dinâmico e histórico do crescimento, da fala, das várias fases da vida de Cristo, de suas decisões e tentações, de seus encontros, que, na medida em que iam aparecendo, iam simultaneamente sendo assumidos por Deus e daí processando a ação salvífica.

A redenção hoje, no horizonte desta compreensão, acontece na abstração da historicidade concreta do homem. Não se trata de traduzir a redenção numa mudança de práxis humana mais fraterna, justa e equitativa, mas na participação subjetiva no acontecimento objetivamente acontecido no passado e atualizado pela Igreja, prolongamento da encarnação do Verbo, pelos sacramentos e pelo culto que, por sua vez, efetuam a divinização do homem.

Um tipo de teologia marcado pela mentalidade romana ético-jurídica coloca na paixão e na morte de Cristo o ponto decisivo para a redenção. Para o pensar romano o mundo é imperfeito não tanto pelo fato ontológico da criação, mas pela presença do pecado e da liberdade abusada do homem. Este ofendeu a Deus e a reta ordem da natureza. Deve reparar o mal causado. Daí ser necessário o mérito, o sacrifício, a conversão e a reconciliação. Somente então a ordem antiga será restabelecida e vigorará a tranquilidade da ordem. Deus vem ao encontro do homem: envia seu próprio Filho para que de forma substitutiva repare com sua morte a ofensa infinita perpetrada pelo homem. Cristo veio para morrer e reparar. A encarnação e a vida de Jesus só possuem valor enquanto preparam e antecipam a morte. O protagonista não é tanto Deus, mas o homem Jesus que com sua ação repara o mal causado. Não se trata de introduzir algo de novo, como a divinização, mas de restaurar a primitiva ordem justa e santa.

2 Problemática e aporias das imagens soteriológicas

Ambos os modelos correm o risco de cindir esquizofrenicamente a encarnação e a morte, colocando ou num ou no outro ponto o valor redentivo de Cristo. Na verdade se esvazia a vida concreta de Jesus de Nazaré e a redenção assume um caráter extremamente abstrato. Será que a vida toda de Jesus não foi igualmente libertadora? Não mostrou Ele, efetivamente, o que seja redenção na vida que levou, no modo como se comportou face às várias situações e como encarou a morte? Tudo isso está ausente nos dois modelos encarnatório e estaurológico (*staurós* = cruz).

Início e fim são considerados como grandezas independentes e subsistentes em si mesmas. Não se faz uma relação entre elas que é a caminhada histórica de Jesus de Nazaré. A morte de cruz não é uma necessidade metafísica; foi consequência de um conflito e o termo de uma condenação judicial, portanto, de uma decisão e do exercício da liberdade humana.

Ademais, a redenção, nas duas concepções, é situada no passado. Ela não se relaciona com as mediações do presente. Não sabe perguntar: Como se equaciona libertação do pecado social, redenção de injustiças estruturais, luta contra a fome e a miséria humana com a redenção de Jesus Cristo? Esses dois modelos não permitem nenhuma resposta coerente. E, contudo, as perguntas são de candente validade teológica.

O que seja realmente redenção e libertação por Jesus Cristo devemos buscar não em modelos abstratos e formais que retalham a unidade de vida de Jesus Cristo, mas na consideração do caminho concreto palmilhado por Jesus de Nazaré: em sua vida, em sua atuação, em suas exigências, no conflito que provocou, em sua morte e ressurreição. Redenção é fundamentalmente uma práxis e um processo histórico que se veri-fica (se faz verdadeiro) no embate de uma situação. Jesus começou a redimir já com a práxis nova que postulou e introduziu dentro do mundo que encontrou. A encarnação implica também a entrada de Deus dentro de um mundo marcado religiosa e culturalmente e a transfiguração deste mundo. Ele não assumiu pacificamente – sacralizando-o – tudo o que encontrou. Assumiu criticamente, purificando, exigindo conversão, mutação, reorientação e libertação.

Não queremos olvidar as implicações ontológicas do caminho redentor de Cristo, que podem ser assim formuladas: Por que exatamente Jesus de Nazaré e não um outro qualquer conseguiu libertar os homens? Por que unicamente Ele tinha o vigor de viver uma vida de tal forma perfeita e transparente, divina e humana, que significou redenção e a vida verdadeira sempre buscada pelos homens? Ele logrou tudo isso, não porque fosse um gênio de humanidade e de religiosidade ou resultasse unicamente do mérito de seu empenho, mas porque Deus mesmo estava encarnado nele e se fazia presente como libertação e reconciliação no mundo. Entretanto, esta afirmação ontológica só é verdadeira se ela surgir como explicação derradeira da história concreta vivida, suportada, sofrida e vencida por Jesus de Nazaré assim como os Evangelhos no-la pintam. Nesta vida que inclui tudo, também a morte e a ressurreição, é que se mostrou a salvação e a redenção: não abstratamente em pontos matemáticos ou em formulações, mas em gestos e atos na unidade consequente de uma vida totalmente autodoada aos outros e a Deus. Esta consideração será ulteriormente melhor tematizada.

O estreitamento na inteligência da fé acerca da ação libertadora de Cristo não se verifica apenas quanto ao ponto de partida (encarnação ou cruz), mas também na articulação das imagens usadas para exprimir e comunicar o valor universal e definitivo de sua ação salvadora. Pensamos aqui principalmente em três destas imagens, das mais correntes, na piedade e na teologia: a do sacrifício expiatório, a da redenção-resgate e a da satisfação substitutiva.

Os três modelos se apoiam sobre um pilar comum: o pecado visto em três direções diferentes. O pecado, enquanto atinge a Deus, é ofensa que exige condigna reparação e satisfação; o pecado, enquanto atinge o homem, reclama punição pela transgressão e demanda um sacrifício expiatório; o pecado, enquanto afeta as relações entre o homem e Deus, significa ruptura e escravização do homem entregue à esfera de satanás e requer redenção e um preço de resgate.

Nos três modos de compreender a salvação de Jesus Cristo o homem se mostra incapaz de reparar por seu pecado. Destarte ele não satisfaz a justiça divina ultrajada. Permanece na injustiça. Libertação consiste exatamente em fazer que Jesus Cristo substitua o homem e realize aquilo que o homem deveria fazer e não o conseguia por si mesmo de forma satisfatória. A misericórdia divina, consoante essa teologia, se mostra pelo fato de o Pai ter enviado o seu Filho para que, em lugar do homem, satisfaça plenamente a justiça de Deus ofendida, receba a punição pelo pecado que é a morte e pague o resgate devido a satanás, libertando assim a todos. Tudo isso é realizado pela morte expiatória, satisfatória e redentora. Quem quis a morte de Cristo? Essa teologia responderá: O Pai, como forma de expiar o pecado e restabelecer a justiça violada.

Como transparece, aqui predomina um pensar jurídico e formal sobre o pecado, a justiça e o relacionamento entre Deus e o homem. Os termos expiação, reparação, satisfação, resgate, mérito antes encobrem do que comunicam a alvissareira novidade da libertação de Jesus Cristo. O elemento histórico da vida de Jesus é violentamente suprimido. A morte não é vista como consequência da vida de Jesus, mas como um fato preestabelecido, independentemente das decisões dos homens, da recusa dos judeus, da traição de Judas e da condenação de Pôncio Pilatos. Pode Deus-Pai encontrar alegria e satisfação na violenta e sanguinolenta morte de cruz?

Precisamos des-construir essas imagens para salvarmos, na inteligência da fé, o caráter verdadeiramente libertador da vida, morte e ressurreição de Jesus Cristo. Nota-se em toda essa soteriologia uma ausência completa da ressurreição. Para ela Cristo nem precisaria ter ressuscitado. Bastaria ter sofrido, derramado seu sangue e morrido na cruz para ter realizado sua obra redentora. Não podemos ocultar as limitações onerosas deste modo de interpretar o significado salvífico de Jesus Cristo.

Ademais, esses três modelos levantam algumas questões que devem ser adequadamente respondidas para não parecerem resquícios mitológicos e arcaicos que comprometeriam o conteúdo histórico-fatual da libertação de Jesus Cristo: Que significa o caráter substitutivo da morte de Cristo? Pode alguém substituir um outro ser livre, sem ser delegado por este? Como então deve ser pensada a mediação de Jesus Cristo para os homens que viveram antes dele, depois dele ou nunca ouviram falar no Evangelho e na redenção? O sofrimento, a pena e a morte suportada pelo inocente isenta da culpa e do castigo o criminoso, causador do sofrimento, da pena e da morte? Qual é o horizonte a partir do qual se torna compreensível o caráter representativo universal da obra de Jesus Cristo? Qual é a experiência que nos permite compreender, aceitar e crer na mediação salvadora e libertadora de Cristo para todos os homens? Tais perguntas devem ser clarificadas.

Entretanto, antes de elaborarmos um outro modelo de representação da libertação de e por Jesus Cristo, queremos submeter a uma análise crítica e desconstrutiva as três imagens referidas acima.

3 O modelo do sacrifício expiatório: morto pelo pecado do seu povo

À deriva da Epístola aos Hebreus, a tradição interpretou a morte de Cristo como sacrifício expiatório de nossas iniquidades. "Se bem que não tivesse cometido injustiça alguma e em sua boca jamais houvesse mentira" (Is 53,9), Jesus "foi castigado por nossos crimes" (Is 53,5) e "morto pelo pecado de seu povo" (Is 53,8), "oferecendo sua vida em sacrifício expiatório" (Is 53,10). O modelo é tirado da experiência ritual e cúltica dos sacrifícios nos templos. Pelos sacrifícios, os homens, além de venerarem a Deus, julgavam aplacar sua ira provocada pela maldade humana. Então Ele se tornava novamente bom e amável. Nenhum sacrifício humano conseguia por si mesmo aplacar definitivamente a ira divina. A encarnação criou a possibilidade de um sacrifício perfeito e imaculado que pudesse ganhar a total complacência de Deus. Jesus aceitou livremente ser sacrificado para representar todos os homens diante de Deus e assim conquistar o total perdão divino. A ira divina como que se extravasou na morte violenta de Jesus na cruz e se aplacou. Jesus a suportou como expiação e castigo pelo pecado do mundo.

a) Limites da representação

Até o tempo em que havia uma base sociológica para os sacrifícios cruentos e expiatórios, como na cultura romana e judaica, esse modelo era perfeitamente compreensível. Com o desaparecimento da experiência real, ele começou a ser problemático e a exigir um processo de des-construção e de reinterpretação. Jesus mesmo, ligando-se à tradição profética, coloca a insistência não em sacrifícios e holocaustos (cf. Mc 7,7; 12,33; Hb 10,5-8), mas na misericórdia e bondade, justiça e humildade. Deus não quer coisas dos homens. Ele quer os homens simplesmente: seu coração e seu amor.

O aspecto vindicativo e cruento do sacrifício não se coaduna com a imagem de Deus-Pai que Jesus Cristo nos revelou. Ele não é um Deus irado, mas Aquele que ama os ingratos e maus (Lc 6,35). É amor e perdão. Não espera os sacrifícios para oferecer sua graça, mas se antecipa ao homem e sobrepuja com sua benevolência tudo o que se possa fazer ou almejar. Abrir-se para Ele e entregar-se filialmente: nisso consiste o verdadeiro sacrifício. Cada qual é sacrifício na medida em que se autodoa e acolhe a mortalidade da vida, se sacrifica, se desgasta, empenha sua existência, seu tempo e suas energias para gerar uma vida mais libertada para o outro e para Deus. Cada qual é sacrifício na medida em que hospeda a morte dentro da vida. A morte não é o último átomo da vida, é a própria estrutura da vida que é mortal e que, por isso, na medida em que vive, vai morrendo lentamente até acabar de morrer e de viver. Hospedar a morte dentro da vida é poder acolher a caducidade da existência não como uma fatalidade biológica, mas como chance da liberdade de doar a vida que me vai sendo arrancada. Devo evitar que a vida me seja tirada pelo processo biológico ou que seja apenas prejudicada ou encurtada devido aos meus excessos. Posso, na liberdade que aceita o limite intransponível, entregá-la e consagrá-la a Deus e aos outros. O último instante da vida mortal apenas termina e formaliza a estrutura que marcou toda a história pessoal: transporto-me para a riqueza do Outro como expressão de amor confiante. Essa atitude constitui o verdadeiro sacrifício cristão, como diz São Paulo: "Rogo-vos, irmãos, pela misericórdia de Deus, que ofereçais vossos corpos (expressão hebraica para dizer vida) como hóstia viva, santa e agradável a Deus; este seja o vosso culto espiritual" (segundo a realidade nova do Espírito trazida por Cristo) (Rm 12,1).

b) O valor permanente da representação

A ideia de sacrifício é muito profunda na existência humana. Sacrifício, como dizemos ainda na linguagem popular, é a doação de si que custa e é dificultosa. "Geralmente o mal, o sofrimento, o pecado, a inércia, o costume, muitos dos elementos que nos rodeiam (econômicos, sociais, culturais, políticos) tendem a reprimir o borbulhão de vida, cujas potencialidades infinitas percebemos. Mediante o sacrifício atualizamos o passo da vida em nós e no mundo. Mantemos sua tensão. E esse sacrifício é expressão de amor"[4]. O trágico do sacrifício foi ter sido identificado com os gestos e os objetos sacrificiais. Estes não eram mais expressivos da conversão profunda do homem para com Deus. Esta é que constitui o verdadeiro sacrifício como entrega irrestrita a Deus, que se exterioriza em gestos ou objetos oferecidos. Bem dizia Santo Agostinho: o sacrifício visível é sacramento, quer dizer, o sinal visível do sacrifício invisível (*De civitate Dei,* I, x, § 5). Sem a atitude interior sacrificial torna-se vazio o sacrifício exterior.

A vida humana possui, ontologicamente, uma estrutura sacrificial. Em outras palavras: ela é assim estruturada

---

4. DUMAS, B.A. "Significado de la pasión y muerte de Cristo", p. 59.

que só é verdadeiramente humana aquela vida que se abre para a comunhão, que se autodoa, morre para-si-mesma e se realiza no outro. Só nesta doação e sacrifício pode salvar-se. São João o diz excelentemente: "O que se guarda perece; o que se entrega conservar-se-á para a vida eterna" (Jo 12,24-25). Deus exige sempre tal sacrifício. Não porque sua justiça o exija e Ele deva ser aplacado, mas porque o homem o postula enquanto só pode viver e subsistir humanamente se se entregar ao Outro e se despojar de si mesmo para poder ser repleto da graça divina. Neste sentido Cristo foi por excelência sacrifício, pois Ele foi até o extremo um ser-para-os-outros. Não apenas sua morte foi sacrifício, mas toda a sua vida, porquanto toda ela foi entrega. Se considerarmos apenas o aspecto cruento e sangrento da morte, à moda dos sacrifícios antigos, então perdemos a especificidade do sacrifício de Cristo. Ele teria sido sacrifício mesmo que não tivesse sido imolado, nem tivesse sido derramado seu sangue. Não é nisso que consiste o sacrifício. Mas na doação total da vida e da morte. Essa doação pode assumir, historicamente, o aspecto de morte violenta e de derramamento de sangue. Mas não é o sangue *em si*, nem a morte violenta *em si*, que constituem o sacrifício. Eles são figurativos do sacrifício interior como projeto de vida em total disponibilidade a Deus e em entrega irrestrita ao desígnio do Mistério.

Se a vida humana se articula sacrificialmente, então podemos dizer que ela se manifestou de forma definitiva e escatológica em Jesus Cristo. Por isso Ele é o sacrifício perfeito e a salvação presente. Salvação é a completa hominização. Completa hominização é poder extrapolar totalmente de si e abandonar-se radicalmente a Deus a ponto de ser um com Ele. O sacrifício representa por excelência essa dimensão e assim realiza a completa hominização e a salvação plena do homem. Jesus Cristo realizou isso e convida os homens, com os quais é ontologicamente solidário, a fazerem o mesmo. Na medida desta realização é que somos salvos.

Como transluz, esse modelo do sacrifício conserva uma riqueza permanente e ainda hoje válida, desde que purificado de seus resquícios míticos e pagãos.

4 O modelo da redenção e do resgate: esmagado por nossas iniquidades

Outra representação da salvação por Jesus Cristo está ligada à escravatura antiga. Pagava-se um determinado preço para alforriar um escravo: era o resgate. Assim ele era redimido (provém de *emere*, *redimere*, que em latim significa comprar e libertar mediante um preço). A morte de Cristo foi o preço que Deus exigiu e que foi pago para resgatar os homens prisioneiros de satanás. De tal maneira estávamos sob a tutela do demoníaco, do alienatório e do cativeiro que por nós mesmos não nos podíamos libertar.

Para a Bíblia que reflete uma cultura nômada a redenção consiste também na libertação da fome, da falta de água e de pastos. Significa o êxodo de uma situação de carência para uma de abundância. Houve também a experiência do verdadeiro cativeiro no Egito. Redenção é arrancada libertadora de uma situação de escravos para outra de livres. A redenção está ligada a categorias especiais, locais – passagem de um lugar ao outro.

Ao fazer-se sedentário Israel transpõe o esquema para o plano temporal. Deus redimirá enquanto Ele conduzirá o povo de um tempo provisório para um definitivo, no horizonte do futuro e do escatológico. Redenção é um peregrinar através da história num permanente processo de superação e de libertação dos mecanismos de opressão que sempre acompanham a vida. Cristo é apresentado como aquele que já chegou ao termo e por isso se libertou de todo o peso do passado alienador da história. Como ponto ômega, atrai todas as linhas ascendentes a si. Destarte é o Redentor do mundo.

a) Limites da representação

Esta representação do cativeiro e do resgate quer relevar a gravidade da perdição humana. Não nos possuíamos. Éramos possuídos por algo que não nos deixava ser autênticos. O limite deste modelo reside em que a redenção e o preço pago para ela se realiza somente entre Deus e o demônio. O homem é apenas um espectador interessado, mas não um participante. Realiza-se um drama salvífico supra-histórico. Não experimentamos tal tipo de redenção extrínseca à vida. Na verdade precisamos combater e oferecer nossas vidas. Não nos sentimos manipulados por Deus ou pelo demônio, porque percebemos que conservamos nossa liberdade e o sentido definitivo de nossas decisões. Mas vivemos a experiência de uma liberdade cativa e de decisões ambíguas.

b) Valor permanente da representação

Apesar desta limitação intrínseca, esta imagem da redenção e do resgate possui um valor permanente. O homem não faz, nem no âmbito cristão, a experiência de uma total libertação. A libertação é feita no interior de uma percepção profunda da cativid ade em que se encontra a humanidade. Sentimo-nos continuamente escravizados por sistemas opressores sociais e religiosos. Não permanecem apenas impessoais; encarnam-se em pessoas civis ou religiosas, geralmente cheias de boa vontade, mas ingênuas demais para perceberem que o mal não está somente fora do sistema montado, mas no coração mesmo dele, mal-alimentado e defendido por ideologias que tentam tornar plausível e razoável a iniquidade intrassistêmica, e sustentado por ideais propostos por todos os canais de comunicação. Cristo nos libertou, realmente, deste cativeiro; a partir de uma nova experiência de Deus e de uma nova práxis humana se mostrou um homem livre, libertado e libertador. Sofreu e pagou com a morte violenta o preço desta liberdade que tomou para si em nome de Deus. Nunca se deixou determinar pelo *status quo* social e religioso alienado e alienante. Também não foi um re-acionário que comandava sua ação como re-ação ao mundo circunstante. Agiu a partir de uma nova experiência de Deus e dos homens. Esta sua ação provocou re-ação no judaísmo oficial que levou Cristo à morte. Ele suportou com hombridade e fidelidade, sem compromissos e tergiversações, a morte que Ele não buscou, mas que lhe foi imposta. Tal atitude guarda ainda hoje um valor provocativo irrefragável. Ela pode ainda alimentar a consciência adormecida e fazer retomar sempre de novo o processo de libertação contra todos os conformismos e o cinismo que os regimes de cativid ade social e religiosa parecem provocar. Cristo não disse: Eu sou a ordem estabelecida e a tradição, mas eu sou a Verdade! Em nome desta Verdade soube morrer e libertar os homens para não mais temerem a morte porque Ele a venceu pela sua atitude e definitivamente pela ressurreição.

Ao criar este espaço de liberdade para todos nós teve que pagar com o sacrifício de sua própria vida. Libertou-nos enquanto criou um novo caminho de coragem confiante que hoje nós podemos seguir e palmilhar. Ele criou, nós nos beneficiamos; gerou a possibilidade de prosseguirmos sua atitude. Daí que não nos deixou apenas um exemplo exterior. Deixou-nos uma vida. Trata-se, pois, não de moral, mas de ontologia; não de novas normas, mas de nova vida. Esta *vida redentora nos faz também redimidos e libertados*. Seguir Jesus é pro-seguir sua vida e sua causa.

5 O modelo da satisfação substitutiva: fomos curados graças a seus padecimentos

No horizonte de uma visão jurídica se utilizou um instrumental emprestado do direito romano – *satisfactio* – para exprimir a ação redentora de Cristo. Introduzido por Tertuliano e aprofundado por Santo Agostinho, esse modelo de satisfação substitutiva encontrou em Santo Anselmo sua formulação clássica no livro *Cur Deus homo? (Por que Deus se fez homem?)*. A preocupação de Santo Anselmo, em que se nota forte tendência ao racionalismo, latente em toda a Escolástica, reside em encontrar uma razão necessária para a encarnação de Deus e que fosse suficiente também para um infiel. Assim argumenta o teólogo Anselmo: pelo pecado o homem violou a reta ordem da criação. Com isso ofendeu a Deus, autor desta *ordo universalis*. A justiça divina exige que a ordem seja sanada e reparada, requer necessariamente uma satisfação condigna. A ofensa é infinita porque afetou Deus, que é infinito. A satisfação deve ser igualmente infinita. Como pode o homem finito reparar infinitamente? Sua situação é sem esperança.

Anselmo vê uma saída absolutamente racional: o homem deve a Deus uma satisfação infinita. Só Deus pode proceder a uma satisfação infinita. Logo é necessário que Deus se faça homem para poder reparar infinitamente. O *Homem-Deus* realiza aquilo que a humanidade devia realizar: a reparação; o Deus-Homem concretiza aquilo que falta à reparação humana: seu caráter de infinitude. No Homem-Deus, portanto, dá-se a reparação (homem) condignamente infinita (Deus). A encarnação é necessária por uma lógica irrefragável.

Entretanto, o que realmente repara a ofensa não é a encarnação e a vida de Cristo. Estes são apenas pressupostos que possibilitam a verdadeira reparação condigna na morte cruenta na cruz. Por ela se expia, se remove a ofensa e se restabelece a reta ordem do universo. Deus, assevera Anselmo, até encontra bela a morte de cruz porque através dela sua justiça é aplacada (*Cur Deus homo*, 1,14).

a) Limites da representação

Esta representação da libertação de Jesus Cristo é uma das que mais reflete o substrato sociológico de uma determinada época. A imagem de Deus de Santo Anselmo tem muito pouco a ver com o Deus-Pai de Jesus Cristo. Ele encarna a figura de um senhor feudal absoluto, senhor da vida e da morte de seus vassalos. Deus assume os traços de um juiz cruel e sanguinário empenhado em cobrar até o último jota os débitos referentes à justiça. No tempo de Santo Anselmo predominava, neste campo, uma crueldade feroz[5]. Este contexto sociológico se espelhou no texto teológico de Anselmo e ajudou, infelizmente, a elaborar uma imagem de um Deus cruel, sanguinário e vindicativo, presente ainda hoje em muitas cabeças piedosas, mas torturadas e escravizadas.

Um mecanismo atroz de violação-reparação se impõe ao próprio Deus, prescrevendo-lhe o que deve necessariamente fazer. É esse o Deus que aprendemos a amar e a confiar da experiência de Jesus Cristo? É ainda o Deus do filho pródigo, que sabe perdoar? O Deus da ovelha perdida, que deixa as noventa e nove no aprisco e sai pelos descampados a procurar a única perdida? Se Deus encontra a morte tão bela, por que proibiu matar (Ex 20,13; Gn 9,6)? Como pode o Deus que proibiu até o irar-se (Mt 5,21) ser Ele mesmo irado?

b) O valor permanente da representação

Santo Anselmo tematizou uma linha da ideia de satisfação, ao nível jurídico, dentro das possibilidades permitidas por seu embasamento feudal. Mas deixou encoberta a dimensão ontológica, que desenvolvida se mostra adequada para traduzir a salvação lograda por Jesus Cristo. Este corte ontológico aparece quando perguntamos: Em que consiste, fundamentalmente, a salvação humana? Muito brevemente: em ser o homem cada vez mais ele mesmo. Se conseguir isso, será totalmente realizado e salvo. Aqui co-

---

5. Cf. MALDONADO, L. *La violencia de lo sagrado*, p. 238-240, com exemplos.

meça o drama da existência: o homem sente-se incapaz de identificação plena; sente-se perdido; deve sempre alguma coisa a si mesmo; não satisfaz às exigências que experimenta dentro de si; sente-se não *satisfeito* (não é feito suficientemente) e sua postura não é satis-fatória.

Como deve ser o homem para ser totalmente ele mesmo e daí salvo e redimido? Deve poder atualizar a inexaurível e infinita abertura que ele mesmo é. Seu drama histórico consiste em ter-se fechado sobre si mesmo; daí viver numa condição humana decadente, chamada pecado. A sede de infinito não se abriu ao Infinito.

Cristo foi aquele a quem Deus concedeu abrir-se de tal maneira ao Absoluto que pode identificar-se com Ele. Estava aberto a todos e a tudo. Não tinha pecado, isto é, não se encaramujava sobre si mesmo. Só Ele pode satisfazer infinitamente as exigências da abertura ontológica do homem. Por isso Deus pode também ser completamente transparente nele (cf. Jo 14,20). Era a imagem de Deus invisível em forma corporal (Cl 1,15; 2Cor 4,4).

Deus não se encarnou em Jesus de Nazaré apenas para divinizar o homem, mas também para hominizá-lo e humanizá-lo, libertando-o da carga de inumanidade que carrega de seu passado histórico. Em Jesus emergiu o homem, enfim, realmente salvo e redimido. Somente Ele pode, na força do Espírito, cumprir a *ordo* da natureza humana. Por isso foi constituído em nosso Salvador, na medida em que participamos dele e realizamos a abertura total que Ele possibilitou, na esperança, para todos. Ele mostrou que isso não é uma utopia antropológica, mas evento histórico da graça. Assumindo a preocupação de Santo Anselmo sobre o caráter de necessidade que a encarnação de Deus possui, podemos afirmar: para que o homem pudesse ser realmente homem, Deus deveria se encarnar, quer dizer, deveria penetrar de tal maneira a abertura infinita do homem que o plenificasse. E o homem deveria poder se dimensionar de tal maneira para com o Infinito que pudesse realizar-se lá onde pode efetivamente sentir-se realizado: em Deus. Quando isto sucede, então se torna evento a encarnação de Deus e a divinização do homem. O homem está salvo. Satisfez ao chamado mais profundo de seu ser e para o qual existe: ser-comunhão com Deus.

Cristo Salvador nos provoca a realizarmos aquilo que Ele realizou. Só somos redimidos e satis-feitos na medida em que estamos no empenho da satis-fação de nossa vocação humana fundamental. Ele mostrou que a busca insaciável da nossa derradeira identidade (que implica Deus) não é sem sentido (mito de Sísifo e de Prometeu): ela desemboca em algo e o homem tem a chance de ser aquilo que deve ser.

Compreendida nesta dimensão ontológica, parece-nos que a ideia da satisfação pode ser considerada um instrumental riquíssimo para representarmos a libertação de Jesus Cristo. É certamente por causa deste tesouro latente que ela se tornou uma das imagens mais populares. Sentimo-nos solidários com Jesus, na dor e na busca, com Ele que em nome de todos satis-fez aos apelos de uma completa imediatez com Deus. Mas não só: também no anseio do encontro e na certeza da chegada.

Todas as imagens são imagens pelas quais tentamos captar a riqueza salvífica que sempre transcende as imagens. Não podemos nos fixar em nenhuma delas. Devemos percorrê-las, desconstruindo-as, alargando-as, re-assumindo-as purificadas, elaborando outras, conforme é dado articulá-las no horizonte de uma experiência de fé encarnada numa situação concreta. É o que tentaremos fazer, sistematicamente, no próximo capítulo.

Falta-nos, entretanto, abordar um problema espinhoso, mas importante, anunciado acima: Como compreender o caráter universal da libertação de Cristo ou em que medida Ele é solidário conosco e sua realidade salvífica toca nossa realidade salvando-a e libertando-a?

6 Jesus Cristo liberta na solidariedade universal com todos os homens

Jesus Cristo não é o Salvador universal de todos os homens por puro voluntarismo divino: é assim porque Deus simplesmente quis! Há uma razão mais profunda, cuja experiência podemos fazer e controlar. Experimentamos a profunda solidariedade que vigora entre todos os homens. Ninguém está só. A unidade da mesma e única humanidade só se explica adequadamente no horizonte desta solidariedade universal de origem e de destino. Somos juntos solidários na convivência no mesmo cosmos material; somos solidários no mesmo processo biológico; somos juntos solidários na mesma história humana, história dos sucessos e fracassos, do amor e do ódio, das divisões violentas e do anseio de fraternidade universal, história do relacionamento para com um Transcendente denominado Deus. Mercê desta radical e ontológica solidariedade somos todos responsáveis uns pelos outros na salvação e na perdição. "O mandamento do amor ao próximo não foi dado para que social ou privadamente nos suportemos ou tenhamos uma vida mais agradável, mas é a proclamação da preocupação pela salvação de uns pelos outros e da possibilidade desta salvação de uns pelos outros"[6].

Ao entrar no mundo já nos ligamos solidariamente à situação que encontramos: ela nos penetra até a intimidade mais radical, participamos de seu pecado e de sua graça, do espírito do tempo, de seus problemas e anseios. Se por um lado somos marcados, também marcamos e ajudamos a criar o mundo circunstante. Não apenas ao nível do inter-relacionamento humano e cultural, mas também ao nível de nossa postura diante de Deus, seja como abertura e acolhida, seja como fechamento e rechaço.

O modo próprio de ser do homem-espírito, à diferença do modo de ser das coisas, consiste em nunca estar justaposto, mas sempre junto e dentro de tudo com o qual se confronta. Ser homem-espírito é poder ser, de alguma forma, todas as coisas, porque o relacionamento com elas pelo conhecimento e pelo amor estabelece uma comunhão e uma participação no destino do conhecido e amado. Se ninguém pode substituir ninguém, porque o homem não é uma coisa intercambiável, mas uma singularidade pessoal, única e irrepetível, histórica e livre, pode contudo, em razão da solidariedade universal, pôr-se ao serviço do outro, unir seu destino ao destino do outro e participar do drama da existência de todos. Assim, se alguém se eleva, eleva, solidariamente, a todos. Se alguém mergulha no abismo

---

6. RAHNER, K. "Der eine Mittler und die Vielfalt der Vermittlungen". *Schriften zur Theologie* VIII. Einsiedeln: Benziger, 1967, p. 218-235, aqui p. 226.

da negação de sua humanidade, carrega consigo, solidariamente, a todos. Destarte somos solidários com os sábios, os santos, os místicos de todos os tempos pelos quais se mediatizou a salvação e o mistério autocomunicado de Deus. Mas também somos solidários com os criminosos e os malfeitores de todos os séculos pelos quais se contaminou e poluiu a atmosfera salvífica humana.

Ora, dentro desta solidariedade universal e ontológica se situa Jesus Cristo e sua ação libertadora, como o percebeu bem cedo a teologia da Igreja primitiva ao elaborar as genealogias de Jesus Cristo, envolvendo a história de Israel (Mt 1,1-17), a história do mundo (Lc 3,23-38) e a história íntima de Deus (Jo 1,1-14). Jesus de Nazaré, na concretez de sua caminhada pessoal, por obra e graça do Mistério, pode acolher e ser acolhido de tal maneira por Deus que formava com Ele uma unidade sem confusão e sem distinção, unidade concreta e não abstrata que se manifestava e se realizava na vida do dia a dia do operário em Nazaré e do profeta ambulante na Galileia, nos anúncios que proclamava, nas polêmicas que provocava, no conflito mortal que suportou, na cruz e na ressurreição. Nesse caminho histórico do judeu Jesus de Nazaré ocorreu a máxima autocomunicação de Deus e a máxima revelação da abertura do homem. Esse ponto alto alcançado pela história humana é irreversível e escatológico, quer dizer, representa o termo de chegada do processo humano em direção a Deus. Deu-se a unidade, sem perda de identidade de nenhuma das partes, entre Deus e o homem. Esse ponto ômega significa a máxima hominização e também a plenitude da salvação e da libertação do homem.

Porque Jesus de Nazaré é ontologicamente solidário com nossa história, nós participamos, por Ele e com Ele, deste ponto ômega e desta situação de salvação e libertação. Por isso a fé o proclama como o Libertador e o Salvador universal. Nele as estruturas antropológicas mais radicais, donde irrompem os anseios de unidade, reconciliação, fraternidade, libertação e imediatez com o Mistério que circunda nossa existência, afloraram e chegaram à sua máxima realização. É aqui que reside o sentido secreto e profundo de sua Ressurreição. Cristo, já chegado ao termo final, toca, pela raiz do ser, todos os homens, mesmo que esses nem tenham consciência disso ou até rejeitem a proclamação desta boa notícia. Ao tocá-los pela solidariedade na mesma humanidade abre-lhes a possibilidade da redenção e da libertação, anima-os na arrancada de todos os exílios e ativa as forças que vão sacudindo toda a sorte de servidões.

No próximo capítulo veremos como estas afirmações se fizeram história na vida de Jesus de Nazaré. Porque houve a história da libertação é que se fizeram todas as afirmações acima articuladas. Elas só cobram sentido quando confrontadas sempre de novo com a matriz donde emanaram. Então podemos esperar que deixem de parecer e de soar como ideologias ou como consolos inócuos face a esperanças frustradas.

Capítulo IX
Libertação de Jesus Cristo pelo caminho da opressão
Ensaio de construção teológica

1 Como falar significativamente hoje da libertação de Jesus Cristo?

Nas reflexões anteriores tentamos formular um processo desconstrutivo das imagens tradicionais sobre a redenção de Jesus Cristo com a intenção de desanuviarmos o horizonte a fim de podermos, mais adequadamente para nós hoje, articular, na inteligência da fé, o significado da libertação de Jesus Cristo. Preocupa-nos a pergunta: Como anunciar, de forma significativa para o homem de hoje, a libertação trazida por Jesus Cristo? O homem de hoje não é um universal abstrato, mas o homem que vive como nós na América Latina num regime mais ou menos geral de catividade, na periferia dos centros onde se tomam as grandes decisões sobre ele, em termos culturais, econômicos, políticos e religiosos, e que por isso se sente marginalizado. O homem de hoje concreto, que sofre com as esperanças frustradas de uma mudança estrutural no sentido de viver e de se relacionar com os bens e com os homens, que tem que contar com o fato oneroso de que sua geração não verá ainda a emergência de um mundo mais fraterno e justo, mas terá de conviver num sistema global gerador de pobres e ricos, de periferia e centro, violência e opressão, coloca a pergunta: A libertação de Jesus Cristo é só para o fim do mundo e para a outra vida? Ela nos transporta para fora de nosso mundo conflitual e o deixa entregue ao mecanismo de suas próprias leis? Será que a libertação de Jesus Cristo não se inaugura já aqui dentro do conflito deste mundo e começa a germinar no interior da própria opressão? Ela não se corporifica nas mediações históricas instauradoras de mais liberdade, de mais justiça, de mais participação, de mais dignidade e igualdade entre os homens e vai abrindo caminho para a paulatina instalação daquilo que chamamos Reino de Deus? Que significam *em concreto* os discursos universalizantes e por vezes proclamatórios da libertação do pecado e da morte?

A fé apresenta-se como matriz de sentido da história que vivemos e não como sobre-estrutura que nada mais nos tem a dizer. Permanentemente devemos, no aqui e agora da existência, dar as razões de nossa esperança (1Pd 3,15) e tentar traduzir significativamente para nós mesmos e para os outros a mensagem libertadora da fé em Jesus Cristo, morto na opressão e ressuscitado na glória.

Especialmente: Que significado possui a libertação de Jesus no contexto da ânsia de libertação e do sofrimento da opressão? Não queremos ser hermeneuticamente ingênuos; esta pergunta vem orientada por um interesse bem claro: ela visa detectar e estabelecer as mediações concretas que encarnam na história a libertação de Jesus Cristo. Não são suficientes discursos universais; eles têm que ser verificados na trama da vida humana. Sem essa mediação eles são irreais e ideológicos e acabam por corroborar as potestades dominantes. Quando perguntamos pelo significado libertador de Jesus Cristo para o processo de libertação em que estão metidos os homens na América Latina, já encaminhamos a resposta numa certa direção significativa e já estabelecemos uma ótica pela qual iremos ler as palavras, a vida e o caminho histórico de Jesus Cristo. É verdade que esta leitura é uma leitura entre outras, mas é aquela que se nos impõe no momento. Por isso não é indiferente interpretarmos numa ou noutra direção a libertação de Jesus Cristo. Somente é legítima aquela que plenifica de sentido nossa vida, critica-a, acrisola-a e lhe permite experimentar o que significa realmente a libertação de Jesus Cristo. Toda leitura é orientada por um interesse existencial ou social, também aquela que interpreta a redenção de Cristo como satisfação substitutiva ou como sacrifício expiatório ou como outras tantas imagens testemunhadas no Novo Testamento e na tradição teológica[1]. Unicamente desta forma Cristo é inserido em nossa vida e atualiza no mundo sua libertação. O importante é conscientizar tal procedimento hermenêutico inevitável. Caso contrário, decaímos para posturas ideológicas que absolutizam leituras e imagens devedoras de um determinado contexto cultural, congelando-as no tempo e tentando fazê-las significativas para todos os tempos. É assim que surgem discursos abstratos e vazios sobre a redenção, sobre a morte, sobre os comportamentos do Jesus histórico e sobre o valor intramundano de sua ressurreição.

---

1. Para esta problemática cf. BARTSCH, H.W. "Die Ideologiekritik des Evangeliums dargestellt an der Leidensgeschichte". *Evangelische Theologie*, 34, 1974, p. 176-195. • CASTELLI, E. *Démythisation et idéologie*. Paris, 1973.

A leitura da libertação de Jesus Cristo com os olhos da situação de catividade e de libertação de nossa realidade nos permite resgatar grandes valores da tradição cristã e iluminá-los com uma luz surpreendentemente nova. Por ela podemos nos abalançar a responder uma pergunta deixada em suspenso em nossas reflexões: Haverá chance de se romper o círculo férreo da opressão-libertação e da catividade-êxodo? A fé cristã ousa apresentar Jesus Cristo como aquele que exatamente rompeu o círculo vicioso ao fazer da própria opressão caminho de libertação e da própria catividade via para o êxodo definitivo da condição humana. Enquanto Servo Sofredor Ele é crido e anunciado como o Libertador. Enquanto Fraco e sem Poder Ele é proclamado Senhor de todo o cosmos.

A vida de Cristo foi redentora em todos os seus momentos, não apenas no seu início pela encarnação ou no seu fim pela morte de cruz: foi o que concluímos anteriormente. A libertação não foi tanto uma doutrina que anunciou; foi, antes de tudo, uma práxis que inaugurou. Entretanto, há que estar atento: não basta uma leitura histórico-descritiva da nova práxis libertadora de Jesus Cristo. Um dos maiores perigos de um certo tipo de teologia foi ter reduzido Jesus a mera categoria do passado histórico. Fala-se de seus gestos, recitam-se suas palavras sem a preocupação de traduzir seu significado (espírito) para o contexto em que vivemos. Fica-se preso à letra histórica do passado morto; não se resgata, como o fez com tanta atenção a teologia dos padres, o espírito que vivifica o presente. Este espírito se encarnou nas palavras e gestos de Jesus, mas não se esgotou aí; os gestos e palavras são significativos de um sentido permanente que deve hoje, na experiência da fé, ser atualizado. Daí devermos ter sempre presente uma preocupação hermenêutica que rompe os quadros limitados da situação concreta na qual viveu Jesus e desentranhar, no entanto, o sentido transcendente e perene que se articulou naquela situação concreta e que hoje deve ser historizado dentro de nosso contexto[2].

Dupla será, pois, nossa tarefa: por um lado mostrar como a libertação de Jesus Cristo foi uma libertação concreta para o mundo que encontrou, mundo extremamente semelhante ao nosso da América Latina, oprimido interior e exteriormente, por outro detectar dentro desta libertação concreta uma dimensão que transcende esta concreção histórica da libertação e que, por isso, interessa e atinge a nós que vivemos depois e numa outra situação. Em outras palavras: a libertação lograda por Jesus Cristo possui um alcance universal e transcendente. Entretanto, essa universalidade e transcendência se mediatiza e se viabiliza em passos libertadores concretos; faz-se história e se corporifica em modificações libertadoras do homem. Cristo mesmo traduziu a libertação universal numa caminhada

---

2. Cf. as tentativas a partir da situação da América Latina: BORRAT, H. "Para una cristología de la vanguardia". *Víspera,* 17, 1970, p. 26-31. • ZENTENO, A. "Liberación social y Cristo". *Cuadernos Liberación*, 1971. Secretariado Social Mexicano. • GUTIÉRREZ, G. *Teología de la liberación.* Lima, 1972, p. 216-229. BRAVO; CATÃO & COMBLIN. *Cristología y pastoral en América Latina.* Santiago/Barcelona, 1965. • ASSMANN, H. *Teología desde la praxis de la liberación.* Salamanca, 1973, p. 57s. • DUMAS, B.A. *Los dos rostros alienados de la Iglesia una.* Buenos Aires, 1971, p. 41-79. • BOFF, L. *Jesus Cristo Libertador.* 4. ed. Petrópolis: Vozes, 1974. BOFF, L. "Salvação em Jesus Cristo e processo de libertação". *Concilium,* 1974, p. 753-805. BELO, F. *Para uma leitura política do Evangelho.* Lisboa: Multinova, 1974. • ELLACURÍA, I. *Carácter político de la misión de Jesús.* Lima: Miec-Jeci, 1974, p. 13-14. • SOBRINO, J. "La muerte de Jesús y la liberación en la historia". *Estudios Centroamericanos*, 30, 1975. Cf. todo o número da citada revista de ago./set./1975: *Hacia una cristología latinoamericana.*

libertadora dentro de sua situação. Nós outros devemos, semelhantemente, reverter praxisticamente a libertação universal em situações libertadoras dentro da situação na qual Deus nos faz viver. Só destarte a libertação de Jesus Cristo se torna significativa para a nossa vida.

2 O mundo de Jesus: oprimido interior e exteriormente

A situação sociopolítica do tempo de Jesus apresenta paralelos surpreendentes com a situação da qual saiu a Teologia da Libertação na América Latina. Convém ressaltar alguns elementos[3]:

a) Regime geral de dependência

Há séculos a Palestina vivia numa situação de opressão. Desde 587 a.C., vivia dependente dos grandes impérios circunvizinhos: Babilônia (até 538), Pérsia (até 331), Macedônia de Alexandre (até 323) e de seus sucessores (dos Ptolomeus do Egito até 197 e dos selêucidas da Síria até 166). Por fim cai sob a influência do imperialismo romano (a partir de 64 a.C.). É um pequeno cantão da província romana da Síria, governada, por ocasião do nascimento de Jesus, por um rei pagão, Herodes, sustentado pelo centro,

---

3. A literatura é muito rica sobre o assunto. Para uma abordagem que trabalhou as principais fontes antigas, cf. BOFF, C. "Foi Jesus revolucionário?" *REB*, 31, 1971, p. 87-118. • GONÇALVES, L. *Cristo e contestação política*. Petrópolis: Vozes, 1974. • HENGEL, M. *Eigentum und Reichtum in der frühen Kirche* – Aspekte einer frühchristlichen Sozialgeschichte. Stuttgart, 1973, p. 31-39. • JEREMIAS, J. *Jerusalem zur Zeit Jesu*, I. Göttingen, 1958, p. 1-33. • DALMANN, G. *Arbeit und Sitte in Palästina*. Bd. I. Gutersloh, 1928. • HERZ, J. "Grossgrundbesitz in Palästina im Zeitalter Jesu". *Palästinajahrbuch*, 24, 1928, p. 98-113.

Roma. Essa dependência a partir de um centro situado no exterior era internalizada pela presença das forças de ocupação e por toda uma classe de cobradores de impostos imperiais. Em Roma se vendia esta função (a classe dos cavaleiros a detinha) a um grupo de judeus que, por sua vez, na pátria, sublocavam-na a outros e mantinham uma rede de funcionários ambulantes. As extorsões e a cobrança para além das taxas fixadas eram coisa comum. Havia ainda o partido dos saduceus, que faziam o jogo dos romanos para manter seus altos capitais, especialmente em volta do templo, e os grandes imóveis em Jerusalém.

A dependência política implicava dependência cultural. Herodes, educado em Roma, fez obras faraônicas, palácios, piscinas, teatros e fortalezas. A presença da cultura romana pagã tornava a opressão mais odiosa e aviltante, dada a índole religiosa dos judeus.

b) A opressão socioeconômica

A economia assentava sobre a agricultura e sobre a atividade pesqueira. A sociedade na Galileia, cenário da atividade principal de Jesus, era constituída por pequenos agricultores ou por sociedades de pescadores. Trabalho havia, geralmente, para todos. O bem-estar não era grande. Desconhecia-se o sistema de poupança, de sorte que uma carestia ou doença maior provocavam êxodos rurais em demanda de trabalho nas pequenas vilas. Os diaristas se apinhavam nas praças (Mt 20,1-15) ou se punham a serviço de um grande proprietário até saldarem as dívidas. A lei mosaica, que dava ao primogênito o dobro dos demais, acarretava indiretamente o crescimento do número de assalariados, que, não encontrando emprego, tornavam-se verdadeiros proletários, mendigos, vagabundos e ladrões. Havia ainda os ricos possuidores de terras que espoliavam os camponeses na base de hipotecas e expropriações por dívidas não pagas. O sistema tributário era pesado e detalhado: havia impostos para quase todas as coisas: sobre cada membro da família, terra, gado, plantas frutíferas, água, carne, sal e sobre todos os caminhos. Herodes com suas construções monumentais empobreceu o povo e mesmo os grandes latifundiários. A profissão da família de Jesus era a de *téknon*, que tanto podia significar carpinteiro quanto cobridor de telhados. O *téknon* podia eventualmente trabalhar como pedreiro na construção de casas. São José, provavelmente, trabalhou na reconstrução da cidade de Séforis, atrás dos montes de Nazaré, totalmente destruída pelos romanos, quando foi retomada aos guerrilheiros zelotas no ano 7 a.C.

A presença de forças estrangeiras e pagãs constituía para o povo judeu uma verdadeira tentação religiosa. Deus era considerado e venerado como o único Senhor da terra e do povo. Fizera promessas de posse perpétua a Israel. A opressão exasperava a fantasia religiosa de muitos. Quase todos aguardavam o fim iminente com uma intervenção espetacular de Deus. Vivia-se numa efervescência apocalíptica, participada também, em parte, por Jesus, como no-lo atestam os Evangelhos (Mc 13 par.). Vários movimentos de libertação, particularmente o dos zelotas, tentavam preparar ou até provocar com uso da violência e das guerrilhas a irrupção salvífica de Deus, que implicava a liquidação de todos os inimigos e a sujeição de todos os povos ao senhorio absoluto de Javé.

c) **Opressão religiosa**

A verdadeira opressão, entretanto, não residia na presença do poder estrangeiro e pagão, mas na interpretação legalista da religião e da vontade de Deus. O cultivo da Lei se tornara, no judaísmo pós-exílico, a essência do judaísmo. A Lei, que devia auxiliar o homem na busca de seu caminho para Deus, degenerara com as interpretações sofisticadas e as tradições absurdas numa terrível escravidão, imposta em nome de Deus (Mt 23,4; Lc 11,46). Jesus mesmo desabafa: "Fico bobo de ver como vocês conseguem esvaziar o mandamento de Deus, para estabelecer a sua tradição" (Mc 7,9)! A observância escrupulosa da Lei, no afã de assegurar a salvação, fizera o povo se esquecer de Deus, autor da Lei e da salvação. Especialmente a seita dos fariseus observava tudo ao pé da letra e terrorizava o povo com a mesma escrupulosidade. Diziam: "Maldito o zé-povinho que não conhece a lei" (Jo 7,49). Embora perfeitíssimos legalmente, possuíam uma maldade fundamental, desmascarada por Jesus: "Não se preocupam com a justiça, com a misericórdia e a fidelidade" (Mt 23,23). A lei, ao invés de auxílio de libertação, transformara-se numa prisão dourada; em vez de ajudar o homem a encontrar o outro homem e a Deus, o fechara para ambos, discriminando a quem Deus ama e a quem não, quem é puro e quem não o é, quem é próximo que devo amar e quem é inimigo a quem posso odiar. O fariseu possuía um conceito fúnebre de Deus que já não falava aos homens, mas que lhe deixara uma Lei para se orientar. Os que não se enquadravam neste tipo de compreensão da Lei eram considerados pecadores públicos, difamados socialmente e já no caminho da perdição.

No tempo de Jesus imperava em todo o judaísmo a teologia apocalíptica. Segundo ela, este mundo estava entregue às forças diabólicas, vivia em deprimente catividade. Entretanto, a intervenção salvífica de Deus estava próxima; por ela seria restabelecido o antigo reino davídico, os povos subjugados iriam em peregrinação a Jerusalém para venerar o Deus verdadeiro. Esse constituía o pano de fundo do surgimento de Jesus. Que significa libertação dentro de semelhante contexto?

3 Presença de um sentido absoluto que contesta o presente

A reação de Jesus face a esta situação é, de certa forma, surpreendente. Jesus não se apresenta como um revolucionário empenhado em modificar as relações de força imperantes como um Bar Kochba; nem surge como um pregador interessado apenas na conversão das consciências como um São João Batista. Ele anuncia um sentido último estrutural e global que alcança para além de todo o factível e determinável pelo homem. Anuncia um fim último que contesta os interesses imediatos sociais, políticos ou religiosos. Sempre guardou esta perspectiva universal e cósmica em tudo o que dizia e fazia. Ele não satisfaz imediatamente as expectativas concretas e limitadas dos ouvintes. Ele os convoca para uma dimensão absolutamente transcendente que supera este mundo em sua facticidade histórica como o lugar do jogo dos poderes, dos interesses, da luta pela sobrevivência dos mais fortes. Ele não anuncia um sentido particular, político, econômico, religioso, mas um sentido absoluto que tudo abarca e tudo supera. A palavra-chave veiculadora deste sentido radical, contestador do presente, é Reino de Deus[4]. Esta expressão se enraíza no fundo mais utópico do homem. É lá que Cristo atinge e acorda os dinamismos de absoluta esperança adormecidos ou recalcados pelas estruturações históricas, esperança de total libertação de todos os elementos que alienam o homem de sua verdadeira identidade. Por isso sua primeira palavra de anúncio articula esse utópico agora prometido como ridente realidade: "O prazo da espera expirou. O Reino de Deus foi aproximado. Mudem de vida! Crede nessa alvissareira notícia" (Mc 1,15).

A criação toda será libertada em todas as suas dimensões, não apenas o mundozinho estreito dos judeus. Isso não constitui apenas um anúncio profético e utópico; profetas judeus e pagãos de todos os tempos proclamaram o advento de um novo mundo como total reconciliação. Nesse nível Jesus não possui originalidade. O novo em Jesus é já antecipar o futuro e reverter o utópico em tópico. Ele não diz simplesmente: "O Reino virá", mas "o Reino foi aproximado" (Mc 1,15; Mt 3,17) e "já está em vosso meio" (Lc 17,21). Com sua presença o Reino já se faz presença: "Se eu expulso demônios pelo dedo de Deus, sem dúvida o Reino de Deus chegou a vós" (Lc 11,20). Com ele emergiu o mais forte que vence o forte (Mc 3,27).

4 A tentação de Jesus: regionalizar o Reino

Reino de Deus significa a totalidade de sentido do mundo em Deus. A tentação reside em regionalizá-lo e em

---

[4]. Para os aspectos bibliográficos, cf. BOFF, L. *Jesus Cristo Libertador*. Petrópolis: Vozes, p. 62-75.

privatizá-lo a uma grandeza intramundana. Libertação só é verdadeira libertação se possuir um caráter universal e globalizante e traduzir o sentido absoluto buscado pelo homem. Daí é que a regionalização do Reino-libertação em termos de uma ideologia do bem-estar comum ou de uma religião significa perverter o sentido originário de Reino intencionado por Jesus. Os Evangelhos referem que Jesus foi confrontado com semelhante tentação (Mt 4,1-11; Lc 4,1-13) e que esta o acompanhou durante toda a sua vida (Lc 22,28). A tentação consistia exatamente em reverter a ideia universal do Reino numa província deste mundo, o Reino concretizado na forma de dominação política (a tentação da montanha de onde podia vislumbrar todos os reinos do mundo), na forma do poder religioso (a tentação no pináculo do templo) e na forma do império do miraculoso social e político que satisfaz as necessidades fundamentais do homem como a fome (a tentação no deserto de transformar pedras em pão). Estas três tentações do poder correspondiam precisamente aos três modelos de Reino e de Messias em voga nas expectativas do tempo (rei, profeta e sacerdote). Todas elas têm a ver com o poder. Cristo é tentado, durante toda a sua atividade, a usar do poder divino de que dispunha de forma a impor, pelo poder e com um toque de mágica, a transformação radical deste mundo. Isso, entretanto, significaria manipulação da vontade do homem e dispensa das responsabilidades humanas. O homem seria mero espectador e beneficiário, mas não participante. Ele não faria história. Seria libertado paternalisticamente; a libertação não seria o dom de uma conquista. Jesus se recusa terminantemente a instaurar um Reino de poder. Ele é Servo de toda humana criatura, não o seu Dominador. Encarna, por isso, o Amor e não o Poder de Deus no mundo; melhor, visibiliza o poder próprio do Amor de Deus que é instaurar uma ordem que não viola a liberdade humana nem exime o homem de ter que assumir as rédeas de seu próprio projeto. Por isso é que a forma com a qual o Reino começa a se inaugurar na história é pela conversão. Por ela o homem, ao mesmo tempo em que acolhe a novidade da esperança para este mundo, colabora para sua construção nas mediações políticas, sociais, religiosas e pessoais.

Em todas as suas atitudes, seja nas disputas morais com os fariseus seja na tentação de poder encarnada pelos próprios apóstolos (Lc 9,46-48; Mt 20,20-28), Jesus sempre se recusa a ditar normas particularizantes e a estabelecer soluções ou alimentar esperanças que regionalizassem o Reino. Com isso se distancia criticamente daquela estrutura que, como já consideramos anteriormente, constitui o pilar sustentador de nosso mundo: o poder como dominação. A recusa de Jesus ao recurso do poder fez com que as massas dele se afastassem decepcionadas: somente vendo seu poder creriam: "Que desça agora da cruz e nós creremos nele" (Mt 27,42). O poder como categoria religiosa e libertadora é totalmente desdivinizado por Jesus. Poder como dominação é essencialmente diabólico e contrário ao mistério de Deus (Mt 4,1-11; Lc 4,1-13).

A insistência em preservar o caráter de universalidade e totalidade do Reino não levou, entretanto, Jesus a não fazer nada ou esperar o estouro fulgurante da nova ordem. Esse fim absoluto é mediatizado em gestos concretos, é antecipado por comportamentos surpreendentes e viabilizado em atitudes que significam já a presença do fim no meio da vida. A libertação de Jesus Cristo assume assim um duplo aspecto: por um lado anuncia uma libertação total de toda a história e não apenas de segmentos dela; por outro antecipa a totalidade num processo libertador que se concretiza em libertações parciais sempre abertas para a totalidade. Por um lado proclama a esperança total ao nível do utópico futuro, por outro viabiliza-a no presente. Se pregasse a utopia de um fim bom para o homem sem sua antecipação dentro da história, alimentaria fantasias e suscitaria fantasmagorias inócuas sem qualquer credibilidade; se introduzisse libertações parciais sem qualquer perspectiva de totalidade e de futuro frustraria as esperanças acordadas e decairia num imediatismo sem consistência. Em sua atuação, Jesus mantém esta difícil tensão dialética: por um lado o Reino já está em nosso meio, já está fermentando a velha ordem, por outro é ainda futuro e objeto de esperança e de construção conjunta do homem e de Deus.

5 A nova práxis de Jesus: libertadora da vida oprimida

O Reino de Deus que significa a libertação escatológica do mundo se instaura já dentro da história, adquirindo forma concreta nas modificações da vida. Ressaltaremos alguns destes passos concretos pelos quais se antecipou o novo mundo e que significam o processo redentor e libertador de Jesus Cristo[5].

---

5. Cf. BOFF, L. *Jesus Cristo Libertador*. Petrópolis: Vozes, p. 76-112. • ERNST, J. *Anfänge der Christologie*. Stuttgart, 1972, p. 145-158. • KESSLER, H. *Erlösung als Befreiung*. Düsseldorf, 1972, p. 62-74. • GUILLET, J. *Jesus devant sa vie et sa mort*. Paris, 1971, p. 75-83. • MESTERS, C. "Jesus e o povo: qual foi a libertação que Ele trouxe para o povo de seu tempo?" *Palavra de Deus na história dos homens*. Vol. 2. Petrópolis: Vozes, 1971, p. 135-181.

a) Relativização da autossuficiência humana

No mundo encontrado por Jesus havia absolutizações que escravizavam o homem: absolutização da religião, da tradição e da Lei. A religião não era mais a forma como o homem exprimia sua abertura para Deus, mas se substantivara num mundo em si de ritos e sacrifícios. Jesus liga-se à tradição profética (Mc 7,6-8) e diz que mais importante que o culto é o amor, a justiça e a misericórdia. Os critérios de salvação não passam pelo âmbito do culto, mas pelo do amor ao próximo. Mais importante que o sábado e a Tradição é o homem (Mc 2,23-26). O homem vale mais do que todas as coisas (Mt 6,26), é mais decisivo do que o serviço do culto (Lc 10,30-37) ou o sacrifício (Mt 5,23-24; Mc 12,33); vem antes do ser piedoso e observante das sagradas prescrições da Lei e da Tradição (Mt 23,23). Sempre que Jesus fala do amor a Deus, fala simultaneamente no amor ao próximo (Mc 12,31-33; Mt 22,36-39 par.). É no amor ao próximo e não a Deus tomado como um Em-Si que se decide a salvação (Mt 25,31-46). Quando alguém pergunta a Ele o que se deve fazer para alcançar a salvação, responde citando os mandamentos da segunda tábua, todos referentes ao próximo (Mc 10,17-22). Com isso deixa claro que de Deus não podemos falar abstratamente e prescindindo de seus filhos e do amor aos homens. Há uma unidade entre o amor ao próximo e a Deus, traduzida excelentemente por São João: "Se alguém disser: Amo a Deus, mas odeia seu irmão, mente. Pois quem não ama seu irmão, a quem vê, não é possível que ame a Deus, a quem não vê" (1Jo 4,19-20). Com isso Jesus desabsolutiza as formas cúlticas, legais e religiosas que acaparam para si os caminhos da salvação. A salvação passa pelo próximo;

aí tudo se decide; a religião está aí não para substituir o próximo, mas para permanentemente orientar o homem ao verdadeiro amor ao outro, no qual se esconde incógnito Deus mesmo (Mc 6,20-21; Mt 25,40). A relativização de Jesus atingiu o poder sagrado dos césares a quem negou o caráter divino (Mt 22,21) e a condição de pretendida última instância: "Nenhum poder terias sobre mim, se não te fora dado do alto", retruca a Pilatos (Jo 19,11).

b) Criação de nova solidariedade

A redenção não se encarna apenas numa relativização das leis e das formas cultuais, mas num novo tipo de solidariedade entre os homens. O mundo social do tempo de Jesus era extremamente estruturado: há discriminações sociais entre puros e impuros, entre próximos e não próximos, entre judeus e pagãos, entre homens e mulheres, entre teólogos observantes das leis e o povo simples terrorizado em sua consciência oprimida por não poder viver segundo as interpretações legais dos doutores; fariseus que se distanciam orgulhosamente dos débeis e doentes marginalizados e difamados como pecadores. Jesus se solidariza com todos estes oprimidos. Toma sempre o partido dos fracos e dos que são criticados segundo os cânones estabelecidos: a prostituta, o herege samaritano, o publicano, o centurião romano, o cego de nascença, o paralítico, a mulher corcunda, a mulher pagã siro-fenícia, os apóstolos quando criticados porque não jejuam como os discípulos de João. A atitude de Jesus é de acolher a todos e fazê-los experimentar que não estão fora da salvação, mas que Deus ama a todos, até os ingratos e maus (Lc 6,35), porque "não são os sãos, mas os doentes que precisam de médico" (Mc 2,17) e sua "tarefa consiste em buscar o que estava perdido e salvá-lo" (Lc 19,10). Jesus não teme as consequências desta solidariedade: é difamado, injuriado, considerado amigo de más companhias, acusado de subversivo, herege, possesso, louco etc. Mas é através de tal amor e nestas mediações que se sente o que significa Reino de Deus e libertação dos esquemas opressores que discriminam os homens. Próximo não é o homem da mesma fé, nem da mesma raça, nem da mesma família: é cada homem, desde que eu me aproximo dele, pouco importando sua ideologia ou sua confissão religiosa (cf. Lc 10,30-37).

c) Respeito pela liberdade do outro

Lendo-se os Evangelhos e o modo como Jesus pregava, nota-se de imediato que sua fala nunca se situa numa instância transcendente e autoritária: seu linguajar é simples, cheio de parábolas e exemplos tomados da crônica da época. Imiscui-se na massa; sabe ouvir e perguntar. Ele dá a chance para cada qual proferir sua palavra essencial. Pergunta ao interrogante o que diz a Lei, interroga os discípulos sobre o que dizem os homens sobre Ele, pergunta ao homem junto da estrada o que quer que lhe seja feito. Deixa a samaritana falar. Ouve as perguntas dos fariseus. Não ensina sistematicamente como um mestre-escola. Responde a perguntas e faz perguntas, dando chance a que o homem se autodefina e tenha a liberdade de uma tomada de posição sobre assuntos decisivos para seu destino. Quando o questionam sobre o imposto ou o poder político de César não faz uma exposição teórica. Pede que lhe tragam uma moeda. Pergunta: Que moeda é essa? Sempre deixa a palavra para o outro. Somente o jovem rico não proferiu sua palavra. Talvez seja por causa disso que não lhe conhecemos o nome. Porque não se definiu.

Não se deixa servir; Ele mesmo serve à mesa (Lc 22,27). Isso não é nenhuma mistificação da humildade da qual, na história eclesiástica, papas e bispos se fizeram mestres. Chamaram-se de servos dos servos quando, muitas vezes, era a forma refinada pela qual encobriam um poder antievangélico e opressor sobre as consciências. A insistência de Jesus sobre o poder como serviço e sobre o último que é o primeiro (Mc 10,42-44; 9,35; Mt 23,8-12) quer checar o relacionamento de senhor-escravo ou a estrutura de poder em termos de pura submissão cega e de privilégios. Não a hierarquia (sacro poder), mas a hierodulia (sacro serviço) é pregada por Jesus. Não um poder que se basta autocraticamente a si mesmo, mas um serviço ao bem de todos como função para a comunidade, é o que Jesus quer. Uma instância, mesmo eclesiástica, que se autoafirma independentemente da comunidade dos fiéis não é uma instância que possa reclamar para si a autoridade de Jesus[6]. Jesus mesmo exercita semelhante atitude: sua argumentação nunca é fanática exigindo submissão passiva ao que diz; tenta sempre persuadir, argumentar e fazer apelo ao bom-senso e à sã razão. O que afirma não é autoritativo, mas persuasivo. Sempre deixa a liberdade do outro. Seus discípulos não são educados ao fanatismo de sua doutrina, mas ao respeito até dos inimigos e daqueles que se lhes opõem. Nunca usa da violência para fazer vingar seus ideais. Apela e fala às consciências.

---

6. Cf. KESSLER, H. *Erlösung als Befreiung*, p. 65.

Em seu grupo mais íntimo (doze) há tanto um colaborador das forças de ocupação, um exator de impostos (Mc 2,15-17), quanto um guerrilheiro nacionalista zelota (Mc 3,18-19); eles coexistem e formam comunidade com Jesus apesar das tensões que se notam entre os entusiastas e os céticos do grupo.

d) Capacidade inexaurível de suportar os conflitos

Estamos mostrando como em concreto Cristo redime e liberta dentro de uma caminhada histórica. Ele se dirige a todos não discriminando ninguém: "Se alguém vem a mim, eu não o mandarei embora", resume paradigmaticamente São João sua atitude fundamental. Primeiramente dirige sua evangelização aos pobres. Pobres para Jesus não são apenas os economicamente necessitados. Como observa J. Jeremias: "Os pobres são os oprimidos em sentido amplíssimo: os que sofrem opressão e não se podem defender, os desesperançados, os que não têm salvação... todos os que padecem necessidade, os famintos, os sedentos, os desnudos, os forasteiros, os enfermos, os encarcerados, os sobrecarregados pelo peso, os últimos, os simples, os perdidos e os pecadores"[7]. A todos estes tenta auxiliar e defender em seu direito. Isso ocorre particularmente com os doentes, leprosos e possessos, considerados pecadores públicos e por isso difamados. Toma a defesa de seu direito e mostra que a doença não precisa provir de pecado pessoal ou de seus antepassados, nem ela os torna impuros. Circula com frequência pelas rodas de seus opositores, fixados num conservadorismo legalista e interessados em posições de honra

---

7. JEREMIAS, J. *Teología del Nuevo Testamento*. Salamanca, 1974, p. 138.

como os fariseus (Mc 2,13-3,6). Deixa-se convidar às ceias (Lc 7,36s.; 11,37s.), mas não comparte com sua mentalidade. Enquanto come, pode lhes dizer: "Sois uns infelizes, porque tendes vossa consolação" (Lc 6,24). Deixa-se convidar também pelos malvistos publicanos. Sua presença no meio deles, como mostra a história de Zaqueu, traz transformações em seu comportamento.

Tudo o que em nosso coração e na sociedade possa se erguer contra o direito do outro é por Cristo condenado, como o ódio e a raiva (Mt 5,21-22), a inveja (Mt 5,27-28), a calúnia, a agressão e o assassinato. Propugna pela bondade e pela mansidão e critica a falta de respeito à dignidade do outro (Mt 7,1-5; Lc 6,37-41). Jesus segue seu caminho não com soberba distância do conflito humano, mas tomando partido sempre que se trate de defender o outro em seu direito, seja ele herege, pagão, estrangeiro, mal-afamado, mulher, criança, pecador público, doentes e marginalizados. Comunica-se com todos e apela para a renúncia da violência como instrumento na consecução dos objetivos. O mecanismo do poder é querer mais poder e subjugar os outros aos seus ideais. Daí surge o medo, a vingança e a vontade de dominação que rompem a comunhão entre os homens. A ordem humana é criada como imposição, com grande custo social. Tudo o que pode causar questionamento, insegurança e mutação da ordem, tanto na sociedade civil como na religiosa, é mantido em rigorosa vigilância. Quando o perigo para a ordem estabelecida se torna real, entram em ação mecanismos primitivos de difamação, ódio, repressão e eliminação. Há que se limpar a ordem dos inimigos da segurança. Tais reações não podem apelar, como autojustificativas, às atitudes de Jesus que eram geradoras de processo de reflexão e de mutação e de franca comunicação entre os grupos.

Correspondente ao apelo à renúncia do poder, está o apelo ao perdão e à misericórdia. Isso supõe fina percepção da realidade do mundo: haverá sempre estruturas de poder e de vingança. Elas não deverão provocar ao desânimo, ou à assunção da mesma estrutura. Impõe-se a necessidade do perdão, da misericórdia, da capacidade de suportar e conviver com os excessos do poder. Jesus manda, consequentemente, amar o inimigo. Amar o inimigo não é amá-lo romanticamente como se fora um amigo diferente. Amá-lo como inimigo supõe detectá-lo como inimigo e amá-lo como Jesus amava seus inimigos: não se furtava à comunicação com eles, mas questionava as atitudes que os escravizavam e os faziam exatamente inimigos. Renúncia ao esquema de ódio não é a mesma coisa que renúncia à oposição. Jesus se opunha, disputava, argumentava, mas não dentro do mecanismo do uso da violência, mas num profundo engajamento à pessoa. Renunciar à oposição seria renunciar ao bem do próximo e à defesa de seus direitos e acrescentar lenha ao fogo da dominação.

e) Aceitação da mortalidade da vida

Na vida de Jesus aparece a vida com todas as suas contradições. Ele não é um lamuriento que se queixa do mal existente no mundo. Deus poderia ter feito o mundo melhor! Há excesso de pecado e maldade entre os homens, e Deus o que faz? Nada disso encontramos em Jesus. Ele assume a vida assim como ela se antolhava. Não se recusa ao sacrifício que toda vida verdadeiramente engajada inclui: ser isolado, perseguido, malcompreendido, difamado etc. Acolhe as limitações todas; tudo o que é autenticamente humano aparece nele: ira, alegria, bondade, tristeza, tentação, pobreza, fome, sede, compaixão e saudade. Vive a vida como doação e não como autoconservação: "Eu estou no meio de vós como quem serve" (Mc 10,42-45). Não conhece tergiversações em sua atitude fundamental de ser sempre um-ser-para-os-outros. Ora, viver a vida como doação é vivê-la como sacrifício e desgaste para os outros.

Se morte não é apenas o último momento da vida, mas a estrutura mesma da vida mortal enquanto vai se desgastando, se esvaziando lentamente e morrendo desde o momento em que a vida é concebida; se morte como esvaziamento progressivo não é somente fatalidade biológica, mas chance para a pessoa em sua liberdade poder acolher a finitude e a mortalidade da vida e assim abrir-se para um Maior do que a morte; se morrer é assim criar espaço para outro Maior, um esvaziar-se para poder receber essa plenitude advinda daquele que é maior do que a vida, então podemos dizer que a vida de Cristo, desde o seu primeiro momento, foi um abraçar a morte com toda a coragem e hombridade de que alguém é capaz. Ele era totalmente vazio de si para poder ser cheio dos outros e de Deus. Assumiu a vida mortal e a morte que se ia armando dentro de seu compromisso de profeta ambulante e de Messias-libertador dos homens. É neste contexto que precisamos refletir sobre a morte de Cristo e seu significado redentor.

aa) A imanência da morte de Cristo: o conflito religioso-político

Estamos habituados a entender a morte de Jesus conforme os relatos da Paixão no-la referem. Aí aparece claro que sua morte foi por nossos pecados, que ela correspondia às profecias do Antigo Testamento e que realizava parte da missão divina confiada a Jesus pelo Pai e que por isso era necessária ao plano salvífico de Deus[8]. Estas interpretações realçam a verdade transcendente da entrega total de Jesus, mas podem nos induzir numa falsa compreensão do verdadeiro caráter histórico do destino fatal de Jesus Cristo. Na verdade, estas interpretações contidas nos Evangelhos constituem o resultado final de todo um processo de reflexão da comunidade primitiva sobre o escândalo da Sexta-feira Santa. A morte vergonhosa de Jesus na cruz (cf. Gl 3,13), que, no tempo, significava sinal evidente do abandono de Deus e da falsidade do profeta (importante para isso: Mt 27,39-44; Mc 15,29-32; Lc 23,35-37), fora para eles mesmos um grande problema. À luz da ressurreição e da releitura e meditação das Escrituras do Antigo Testamento (cf. Lc 24,13-35) começaram a fazer inteligível aquilo que antes era absurdo. Esse trabalho interpretativo e teológico, detectando um sentido secreto sob os fatos infamantes da Paixão, foi recolhido nos relatos do processo, paixão, morte e ressurreição de Jesus. Os evangelistas não trabalharam

---

8. Cf. PAUL, A. "Pluralité des interprétations théologiques de la mort du Christ dans le Nouveau Testament". *Lumière et Vie*, 101 (1971), p. 18-33. • VANHOYE, A. "Structure et théologie des récits de la Passion dans les évangiles synoptiques". *Nouvelle Revue Théologique*, 89, 1967, p. 145-163. • SCHÜRMANN, H. *Jesu ureigener Tod*. Friburgo, 1975. • SCHILLEBEECKX, E. *Jesus – Die Geschichte von einem Lebenden*. Friburgo, 1975, p. 241-283. • CHORDAT, J.L. *Jésus devant sa mort*. Paris, 1970. • MOLTMANN, J. *Der gekreuzigte Gott*. Munique, 1972, p. 105-147.

como historiadores neutros, mas como teólogos interessados em ressaltar o sentido transcendente, universal e definitivo da morte de Cristo. Este tipo de interpretação, por mais válido que seja, tende, caso o leitor não se mantiver avisado, a criar uma imagem da Paixão como se fora um drama supra-histórico, onde os atores – Jesus, os judeus, Judas, Pilatos – parecem marionetes a serviço de um plano previamente traçado, isentando-os de suas responsabilidades. A morte não aparece em seu aspecto dramático e oneroso para Jesus; Ele executa também um plano necessário. A necessidade deste plano, porém, não é esclarecida; a morte é desligada do resto da vida de Cristo e começa a possuir um significado salvífico próprio. Com isso perde-se muito da dimensão histórica da morte de Jesus, consequência de seu comportamento e de suas atitudes soberanas e resultado de um processo judicial. Com razão, diz um excelente teólogo católico, C. Duquoc: "Na realidade, a Paixão de Jesus não é separável de sua vida terrestre, de sua palavra. Sua vida, bem como a Ressurreição, dá sentido à sua morte. Jesus não morreu de uma morte qualquer, Ele foi condenado, não por causa de um mal-entendido, mas por sua atitude real, quotidiana, histórica. A releitura que salta imediatamente da particularidade desta vida e desta morte para um conflito 'metafísico' entre o amor e o ódio, entre a incredulidade e o Filho de Deus, esquece a multiplicidade das mediações necessárias à sua compreensão. Este esquecimento da história tem consequências religiosas. Demos um exemplo: a meditação da paixão de Jesus não se salvou sempre de um dolorismo suspeito. Ao invés de convidar a fazer recuar efetivamente o mal e a morte, ela produziu, muitas vezes, uma fixação malsã na resignação. O sofrimento, a morte foram destarte glorificados neles mesmos"[9].

O sentido perene e válido descoberto pelos evangelistas deve, pois, ser resgatado a partir do contexto histórico (e não tanto teológico) da morte de Cristo. Só assim ele deixa de ser a-histórico e, no fundo, vazio e ganha dimensões verdadeiramente válidas também para o hoje de nossa fé.

A morte de Cristo foi, primeiramente, humana. Em outras palavras: situa-se dentro do contexto de uma vida e de um conflito do qual resultou a morte, não imposta de fora, por um decreto divino, mas infligida por homens bem determinados. Por isso essa morte pode, historicamente, ser acompanhada e contada.

Jesus morreu pelos motivos pelos quais todo profeta em todos os tempos morre: colocou os valores por Ele pregados acima da própria conservação da vida; preferiu morrer livremente a renunciar à verdade, à justiça, ao direito, ao ideal da fraternidade universal, à verdade da filiação divina e da bondade irrestrita de Deus Pai. Neste nível Cristo se insere dentro do exército de milhares de testemunhas que pregaram e souberam morrer pelo que pregaram: a melhoria deste mundo e a criação de convívio mais fraterno entre os homens e de maior abertura para o Absoluto[10]. Sua morte é contestação dos sistemas fechados e instalados e permanente acusação do fechamento do mundo sobre si mesmo, isto é, do pecado.

---

9. DUQUOC, C. *Christologie*. Vol. II: "Le Messie". Paris: Cerf, 1972, p. 197.

10. Cf. CRESPY, G. "Recherche sur la signification politique de la mort du Christ". *Lumière et Vie*, 101, 1971, p. 89-109.

Esta morte de Cristo foi sendo preparada ao longo de toda a vida. As reflexões que acima fizemos mostram como Ele significou uma crise radical do judaísmo de seu tempo. Apresenta-se como um profeta que não anuncia a Tradição, mas uma nova doutrina (Mc 1,27). Que não prega apenas a observância da Lei e de suas interpretações, mas que se comporta soberano face a tudo isso: se a lei ajuda o amor e o encontro dos homens entre si e com Deus, assume a Lei; mas se obstaculiza o caminho para o outro ou para Deus, passa por cima dela ou a abole simplesmente. A vontade de Deus, para o profeta de Nazaré, não é apenas encontrada no lugar clássico da Escritura. A própria vida é lugar da manifestação da vontade salvífica do homem. Um sentido de libertação da consciência oprimida transpira em todas as suas atitudes e palavras. O povo o percebe. Entusiasma-se. As autoridades se apavoram. Ele representa um perigo para o sistema de segurança estabelecido. Pode arrebatar as massas contra as forças de ocupação romanas. A autoridade com que fala, a soberania que assume e as atitudes sobranceiras que manifesta provocaram um drama de consciência para os mentores da dogmática oficial. O homem da Galileia se distanciou demais da ortodoxia oficial; não justifica, por nenhum recurso reconhecido, sua doutrina, seu comportamento e as exigências que faz.

Não devemos imaginar que os judeus, os fariseus e os mentores da ordem social e religiosa de então tenham sido pessoas de pura má vontade, malévolos, vingativos, perseguidores, mal-intencionados. Na verdade, eram fiéis observantes da Lei e da Religião tradicionada piedosamente por gerações onde havia mártires e confessores. As interrogações que fazem a Jesus, a tentativa de enquadrá-lo nos cânones da moral e da dogmática estabelecida nasciam do drama de consciência que lhes criara a figura e a atuação de Jesus. Tentam reconduzi-lo aos quadros definidos pela lei. Não o conseguindo, o isolam, difamam, processam, condenam e por fim o crucificam.

A morte de Cristo resultou de um conflito bem circunstanciado e definido legalmente. Não foi o fruto de "uma maquinação sádica"[11] nem de um mal-entendido jurídico. Jesus lhes parecia, realmente, um falso profeta e um perturbador do *status* religioso que, eventualmente, poderia também perturbar o *status* político. O fechamento, o enclausuramento dentro do próprio sistema de valores, feito intocável e inquestionável, a incapacidade de se abrir e de aprender, a estreiteza de horizonte, o fanatismo do próprio arranjo vital e religioso, o tradicionalismo, a autossegurança assentada na própria tradição e ortodoxia, mesquinharias que ainda hoje caracterizam, muitas vezes, os defensores de uma ordem estabelecida, geralmente imbuídos da maior boa vontade, mas destituídos de senso crítico e falhos de sentido histórico, todas estas banalidades, que nem constituem graves crimes, motivaram a liquidação de Jesus.

bb) A transcendência da morte de Cristo: a saída libertadora

Se os motivos que conduziram Jesus ao processo e à morte foram banais, sua morte, porém, não foi banal. Nela transluz toda a grandeza de Jesus. Ele fez da própria opressão caminho de libertação. A partir de um certo momento (crise da Galileia) Jesus contava com um drama que se estava armando contra sua vida. A morte de João

---

11. DUQUOC, C. *Christologie*, p. 195.

Batista não lhe ficara desconhecida (Mc 6,14-29). Sabe do destino reservado a todos os profetas (Mt 23,37; Lc 13,33-34; At 2,23) e se entende nesta mesma linha. Por isso não foi ingenuamente à morte. Não que a buscasse e quisesse. Os Evangelhos mostram como se escondia (cf. Jo 11,57; 12,36; 18,2; Lc 21,37) e evitava os fariseus que muito o importunavam (Mc 7,24; 8,13; cf. Mt 12,15; 14,13). Mas, como todo homem justo, estava pronto para sacrificar sua vida, caso fosse necessário, para testemunhar sua verdade (cf. Jo 18,37). Ele buscava a conversão dos judeus. Mesmo sentindo-se só e isolado não conheceu a resignação ou o compromisso com a situação para sobreviver. Ficou fiel à sua verdade até o fim, mesmo que implicasse a morte. A morte é querida e abraçada livremente, não como fatalidade biológica, mas como liberdade que sacrifica a própria vida para testemunhar sua mensagem. "Ninguém me tira a vida; eu a dou por mim mesmo" (Jo 10,18). A morte não é castigo, é testemunho; não é fatalidade, é liberdade. Jesus não teme a morte, nem age sob o medo da morte. Vive e age apesar da morte, mesmo que ela seja exigida, porque o vigor e a inspiração de sua vida e de sua atuação não é o medo da morte, mas o compromisso com a vontade do Pai, lida na concretez da vida, e o compromisso com sua mensagem de libertação para os irmãos.

    O profeta e o justo, como Jesus, que morre pela justiça e pela verdade, denunciam o mal deste mundo e põem em xeque os sistemas fechados que pretendem monopolizar a verdade e o bem. Esse fechamento monopolístico é o pecado do mundo. Cristo morreu por causa deste pecado, banal e estruturado. Sua reação não foi dentro do esquema de seus inimigos. Vítima da opressão e da violência, não usou da violência e da opressão para se impor. "O ódio pode matar, mas ele não pode definir o sentido que aquele que morre dá à sua própria morte"[12]. Cristo definiu o sentido de sua morte em termos de amor, doação, sacrifício livre, feito para os que o matavam e para todos os homens. O profeta de Nazaré que morre era simultaneamente o Filho de Deus, realidade que para a fé só ficou realmente lúcida após a ressurreição. Como Filho de Deus, não fez uso do poder divino, capaz de modificar todas as situações. Ele não testemunhou o poder como dominação, pois esta constitui o caráter diabólico do poder, gerador de opressão e de obstáculos à comunhão. Testemunhou o poder verdadeiro de Deus, que é o amor. Esse amor é que liberta, solidariza os homens e os abre para o lídimo processo de libertação. Esse amor exclui toda violência e opressão, mesmo para se impor. Sua eficácia não é a eficácia da violência que modifica situações e elimina homens. Esta aparente eficácia da violência não consegue romper com a espiral da opressão. Amar possui uma eficácia própria, que não é imediatamente visível e destacável: é a coragem que gera sacrifício da própria vida por amor e a certeza de que o futuro está na balança do direito, da justiça, do amor e da fraternidade, e não do lado da opressão, da vingança e da injustiça. Não é de estranhar, como a experiência dos séculos e da história recente o comprova, que os matadores dos profetas e dos justos se tornam tanto mais violentos quanto mais pressentem sua derrota[13]; a iniquidade da injustiça dessolidariza os próprios maus e separa os próprios matadores. Deus não faz, se o homem,

---

12. Ibid., p. 204.

13. Cf. as acertadas reflexões de CAVALCANTI, T. "Notas sobre a mensagem central do cristianismo". *REB*, 34, 1974, p. 295-296.

em sua liberdade, não quer. O Reino é processo no qual o homem deve participar. Se se negar, não será pela violência, mas pelo amor sacrificado, que o homem continua sendo convidado a aderir: "Se for levantado da terra, atrairei todos a mim" (Jo 12,32).

A morte de Cristo, independentemente da luz advinda da ressurreição, possui um sentido que está em coerência com a vida levada por Ele. Todos aqueles, como Jesus, que fazem exigências de mais justiça, mais amor, mais direito para os oprimidos e mais liberdade para Deus, devem contar com a contestação e com o perigo de liquidação. A morte é vencida, enquanto ela não é mais feita o espantalho que amedrontava o homem e o impedia de viver e proclamar a verdade. Ela é aceita e inserida no projeto do homem justo e do profeta verdadeiro. Pode-se e deve-se contar com ela. A grandeza de Jesus foi que, apesar da contestação e da condenação, não se deixou tomar pelo comodismo. Mesmo sentindo-se na cruz abandonado por Deus, a quem sempre servira, não se entrega à resignação. Perdoa, continua a crer e a esperar. Entrega-se, no paroxismo do fracasso, às mãos do Pai misterioso em quem reside o Sentido último, também do absurdo da morte do Inocente. No auge do desespero e do abandono se revela o auge da confiança e da entrega ao Pai. Não possui mais apoio nenhum nele mesmo ou na sua obra; só em Deus se apoia e só em Deus pode descansar. Esperança assim já transcende os limites da própria morte. É a obra perfeita da libertação: libertou-se totalmente de si mesmo para ser todo de Deus.

6 Fundamento da libertação de Jesus Cristo: a experiência do Pai de bondade

O que descrevemos acima poderia parecer a alguns demasiadamente antropológico: o homem da Galileia libertou pela sua vida e pela sua morte como outros tantos também o fizeram antes e depois dele. De fato, nesse nível de nossa reflexão, Cristo se situa na galeria dos justos e dos profetas injustiçados e matados. Como veremos logo a seguir, somente a ressurreição sobre-eleva Jesus para além de todas as analogias e faz descobrir dimensões novas na banalidade de sua morte de profeta-mártir. Contudo, cabe a pergunta: De que força e de que vigor se alimentava a sua vida libertadora? Os evangelhos deixam claro: seu projeto libertador nascia de uma profunda experiência de Deus vivido como o sentido absoluto de toda a história (Reino de Deus) e como Pai de infinita bondade e amor para com todos os homens, especialmente os ingratos e maus, os tresmalhados e perdidos. A experiência de Jesus não é mais a do Deus da Lei que discrimina bons e maus, justos e injustos; mas é do Deus bom que ama e perdoa, que corre atrás da ovelha tresmalhada, que espera ansioso pelo filho pródigo e que se alegra mais com a conversão de um pecador do que com a salvação de noventa e nove justos.

A nova práxis de Jesus acima esboçada se radica, em seu último fundamento, nesta nova experiência de Deus[14]. Quem se sabe totalmente amado por Deus, ama como Deus ama indistintamente a todos, até os inimigos. Quem se sabe aceito e perdoado por Deus, aceita e perdoa tam-

---

14. Cf. BOFF, L. *Atualidade da experiência de Deus*. Rio de Janeiro: CRB, 1974, p. 54-66 [com a bibliografia aí citada].

bém os outros. Jesus encarnava o amor e o perdão do Pai, sendo Ele mesmo bom e misericordioso para com todos, particularmente para com os enjeitados religiosamente e mal-afamados socialmente. Isso não era humanitarismo de Jesus; era a concretização do amor do Pai dentro da vida. Se Deus faz assim com todos, por que não deve fazê-lo também o Filho de Deus?

7 A efetivação da completa libertação

As reflexões que articulamos acima tentaram apontar o processo de libertação encaminhado por Jesus Cristo em todas as dimensões de sua vida. Enquanto é processo, a libertação possui, inevitavelmente, um caráter parcial; o processo está em aberto, para onde desembocará? De que ele é antecipação? Se Cristo se tivesse restringido a esse processo, não teria sido proclamado como o libertador universal, porque a libertação não seria total, mas apenas parcial. Libertação verdadeira e digna deste nome deve possuir um caráter de totalidade e de universalidade. A totalidade da libertação se deu com a ressurreição. Por ela, a verdade utópica do Reino se torna tópica e advento da certeza de que o processo de libertação não permanece numa indefinida circularidade de opressão-libertação, mas desemboca numa total e exaustiva libertação. Ressurreição não é um fenômeno de fisiologia celular e de biologia humana: Cristo não foi reanimado para o tipo de vida que possuía antes. Ressurreição significa a entronização total da realidade humana (espírito-corporal) na atmosfera divina e por isso completa hominização e libertação. Por ela, a história, na figura de Jesus, alcançou seu termo. Por isso, pode ser apresentada como a libertação completa do homem. A morte é vencida e se inaugura um tipo de vida humana não mais regida pelos mecanismos de desgaste e morte deste mundo, mas vivificada pela própria Vida divina. Neste sentido, a ressurreição possui o significado de um protesto contra a "justiça" e o "direito" pelos quais Cristo foi condenado. É um protesto contra o sentido meramente imanente deste mundo, com sua ordem e suas leis, que acabaram por rejeitar aquele que Deus, pela ressurreição, confirmou. A ressurreição é, destarte, matriz de esperança libertadora que ultrapassa esse mundo dominado pelo espectro da morte.

Com acerto diz James Cone, conhecido teólogo da teologia negra de libertação: "A ressurreição de Cristo é a manifestação de que a opressão não derrota Deus, senão que Deus a transforma em possibilidade de liberdade. Para os homens que vivem numa sociedade opressora, isto significa que não devem conduzir-se como se a morte fosse a última realidade. Deus em Cristo nos libertou da morte e agora podemos viver sem preocupar-nos pelo ostracismo social, a insegurança econômica ou a morte política. Em Cristo, Deus imortal degustou a morte e, fazendo-o, destruiu a morte"[15]. Quem ressuscitou foi o Crucificado; quem liberta é o Servo Sofredor e o Oprimido. Viver a libertação da morte significa não mais deixar que ela seja a última palavra da vida e determine todos os nossos atos e atitudes com medo de sermos mortos. A ressurreição mostrou que viver pela verdade e pela justiça não é sem sentido; que ao oprimido e liquidado está reservada a Vida que se manifestou em Jesus Cristo. A partir disso pode cobrar coragem e viver a liber-

---

15. CONE, J. *Teología negra de la liberación*. Buenos Aires, 1973, p. 148.

dade dos filhos de Deus sem estar subjugado pelas forças inibidoras da morte.

A partir da ressurreição, os evangelistas puderam reler a morte do profeta mártir Jesus de Nazaré. Não era mais a morte como as demais mortes, por mais heroicas que possam ter sido. Era a morte do Filho de Deus e do Enviado do Pai. O conflito não era apenas entre a liberdade de Jesus e a observância legalística da Lei: era o conflito entre o Reino do Homem decaído e o Reino de Deus. A cruz não é apenas o suplício mais vergonhoso do tempo: é o símbolo daquilo que o homem pode, com sua piedade (foram os piedosos que condenaram Jesus), com seu zelo fanático por Deus, com sua dogmática fechada e sua revelação reduzida à fixação de um texto. Por isso ela pareceu a Cristo, que sempre viveu a partir de Deus, como repugnante e absurda (cf. Hb 5,7). Assumindo-a apesar disso, Ele a transformou em sinal de libertação onerosa exatamente daquilo que provocou a cruz: o fechamento autossuficiente, a mesquinharia e o espírito de vingança. A ressurreição não é apenas evento glorificador e justificador de Jesus Cristo e da verdade de suas atitudes, mas a manifestação do que é o Reino de Deus em sua plenitude como epifania do futuro prometido por Deus.

Todas estas dimensões descobertas na vida e morte de Cristo à luz da ressurreição entraram na elaboração dos relatos evangélicos. Por isso, por um lado se narram fatos, por outro se imprime neles um significado profundo que vai além da pura historicidade fatual, mas vem suportado por esta historicidade fatual. Caso não distinguirmos esses dois níveis, como o fizemos acima em nossas reflexões, o sentido profundo da vida e morte de Cristo parece abstrato e sem suporte na realidade.

A descoberta, feita pela ressurreição, de que o Oprimido foi o Libertador, motivou uma leitura muito significativa da infância e da atividade de Jesus. O nascimento de Jesus, como o mostram bem os Sinóticos, expressa a identificação do Oprimido-Libertador com os oprimidos na terra: os pastores, os inocentes mortos, os reis pagãos. Jesus aparece lá como um Oprimido: "Pois para Ele não havia lugar na estalagem" (Lc 2,7). A situação pobre social e economicamente dos pais de Jesus é acentuada exatamente nesta perspectiva de identificação com os pobres e humilhados. Para a comunidade primitiva que lia e meditava estes relatos, significava: a messianidade de Jesus está ligada à humilhação e os humilhados e ofendidos podem se sentir consolados porque também o Messias foi um deles. Através disso e não apesar disso. Ele é o Libertador messiânico. Esta mesma perspectiva é desenvolvida pelos evangelistas quando narram o ministério público de Jesus e seu convívio com os marginalizados do tempo. Ao lado do interesse histórico, preside a preocupação teológica: Ele também se identificou com esses sofredores e pisoteados e carregou seu fardo, libertando-os por uma nova solidariedade.

Assim toda a vida, a atividade, a morte e a ressurreição de Cristo ganham um significado libertador, presente já na facticidade superficial dos eventos, mas totalmente revelado só após a explosão da ressurreição. Esta proporcionou uma releitura mais profunda dos mesmos fatos, detectando-lhes seu significado profundo, transcendente, exemplar e universal.

8 Atualização e antecipação da redenção pelo processo de libertação

Que significado possui a libertação lograda por Jesus Cristo, dentro das condições de nossa história de hoje? Só podemos falar, significativamente, de redenção e libertação a partir da experiência de seu correlato oposto, que é a perdição e a opressão. Como se apresentam hoje, em nossa experiência, a opressão e a perdição? Como deve ser articulada então a redenção e a libertação de Jesus Cristo de tal forma que sejam efetivamente resposta da fé para esta situação?

a) A problemática e as saídas aporéticas de nossa situação de catividade

Vivemos numa época cultural na qual o homem encontrou e definiu seu sentido de ser na dominação técnico-científica da natureza para conquistar o maior número possível de bens de consumo e de liberdade face às injunções da natureza. Juntamente com esse interesse técnico que implica mais que a utilização de um instrumental técnico, pois exprime uma autocompreensão do próprio homem como senhor e objetivador da natureza, existe um componente humanístico: visa-se um alargamento da comunicação e da compreensão entre os homens, através de estruturas de convívio mais humanas, normas e ideias mais universalizantes e abrangentes que aquelas de uma casta.

Faz-se, entretanto, a penosa constatação que nestas duas vertentes de nossa cultura se verificaram profundas deformações: economicamente gerou-se enorme riqueza de uma pequena parte do mundo e pobreza na maioria das outras; socialmente homens dominam sobre homens com meios cada vez mais sofisticados, com a destruição ou perversão dos canais de comunicação[16]. A opção pelo poder sobre a natureza se alastrou em dominação sobre homens e nações, originando um regime geral de cativade, como tentamos analisar anteriormente.

A situação particular da América Latina é de subdesenvolvimento, quando comparada com os países opulentos do Hemisfério Norte. Este atraso não é um problema técnico, nem é fatalidade histórica. É subproduto da riqueza de um sistema social e econômico que privilegia um pequeno número e marginaliza e mantém em dependência grande porção da humanidade, cortando-lhe o caminho para uma liberdade e progresso autossustentado. Numa linha de puro desenvolvimento natural não se chegará jamais a superar o fosso que separa o centro da periferia. A solução deverá ser buscada por outros caminhos. Estes implicarão a ruptura dos laços de dependência e a criação de novos valores estruturantes de convivência humana, onde termine a exploração do homem pelo homem e onde todos carreguem o fardo social.

A Teologia da Libertação articulou, dentro do horizonte da dependência que caracteriza o Terceiro Mundo, semelhantes preocupações de libertação. A pobreza (a marginalização) continental não é inocente nem neutra; é moralmente injusta e clama ao céu como crime histórico. Daí

---

16. Esta análise crítica foi feita com grande mordência pela escola crítica de Frankfurt. Cf. HABERMAS, J. *Technik und Wissenschaft als Ideologie.* Frankfurt, 1968. • HABERMAS, J. *Erkenntnis und Interesse.* Frankfurt, 1968. • MARCUSE, H. *Das Ende der Utopie.* Berlim, 1967. • FROMM, E. *Analytische Sozialpsychologie und Gesellschaftstheorie.* Frankfurt, 1970. • ADORNO, T. *Negative Dialektik.* Frankfurt, 1970.

se impõem duas tarefas básicas, já anunciadas em nossas reflexões anteriores:

Em primeiro lugar, faz-se mister uma leitura socioanalítica pertinente da situação para deixar claro o caráter estrutural e sistêmico da dependência cultural, política e econômica.

Em segundo, urge articular uma leitura teológica desta mesma situação que, para a fé, não corresponde aos desígnios de Deus. Ela implica presença de pecado e de injustiças sociais, de perdição e de necessidade de salvação. O modo como hoje experimentamos maximamente a perdição reside na experiência do pecado social, na reforma estrutural das formas de relacionamento com a natureza e com os outros e nas discriminações entre as nações pobres e ricas. A redenção e a salvação de Jesus Cristo assumem caráter epocal na forma de libertação desta situação ou no modo de encontrarmos sentido de viver apesar desta situação. Esta experiência nos oferece uma ótica pela qual podemos ler a mensagem libertadora de Jesus Cristo e relevar os gestos praxísticos que concretizam sua libertação dentro do mundo em que viveu, de forma denunciadora e anunciadora.

b) Libertação sociopolítica como presença histórica da redenção

A primeira tarefa consiste, evidentemente, numa denúncia que desmascara o progresso decantado na Modernidade. Esse progresso e a técnica que o possibilita são indecentes porque exigem um custo humano desproporcional, gerando uma qualidade de vida extremamente anêmica, egoísta e violenta e esbulhando irresponsavelmente a ecologia. Estamos hoje, na consciência crítica dos libertados das malhas ideológicas sustentadoras do *status*, vivendo o fim da utopia do desenvolvimento e do progresso continuado[17]. Embora esteja ainda presente nos modelos dos regimes vigentes, na verdade, essa utopia vem lentamente sendo desmascarada pela *intelligentsia*, já passa a ser contestada nas universidades, entre a juventude, na arte e na cultura.

A segunda tarefa é de anunciar e antecipar um novo sentido de sociedade humana e uma nova forma de utilizar o rico instrumental científico-técnico não mais para gerar dominação de uns sobre outros, mas para debelar os seculares problemas sociais da fome, da doença, da pobreza, das discriminações. Para uma Teologia da Libertação é, a partir daí, exemplar a práxis de Jesus Cristo.

Como Jesus Cristo, que anunciou um sentido último e universal (Reino de Deus), também a Teologia da Libertação crê num sentido global que transcende todos os sentidos parciais, uma libertação última que ultrapassa os passos concretos de libertação. O mundo não é dominado de tal maneira pelas forças estruturais e diabólicas que não possa ser libertado. A esperança de um desfecho feliz para o drama humano, em termos universais e futuros, é um fator de inesgotável esperança e o gerador de otimismo em todo engajamento historizador do sentido derradeiro no tempo. A conservação desta permanente abertura para algo mais qualitativo na história, que ultrapassa o factível pelo homem, impede a fé de degenerar em ideologias in-

---

17. FURTADO, C. *O fim da utopia do desenvolvimento*. Rio de Janeiro, 1974.

tramundanas e perder seu caráter transcendente, que só pode ser reservado para Deus. O Reino de Deus não é a simples prolongação deste mundo. Este deverá ser global e estruturalmente modificado para tornar-se a pátria verdadeiramente humana e divina do homem.

Esse sentido (Reino de Deus), como em Jesus Cristo, não é puramente futuro. Já se antecipa no presente mediante uma nova práxis e a gestação do homem novo. Não basta a persuasão para um mundo novo. Esta é, na verdade, importante, porque se os homens não querem, não se efetiva nenhuma transformação. Daí urge sempre tentar a persuasão, desobstaculizar forças amarradas para que possam atuar. Mas faz-se mister uma nova práxis e um trabalho de real libertação. Estes passos concretizadores, seja na conscientização, seja na criação de novo tipo de solidariedade, seja na colocação de novos gestos, seja na modificação dos hábitos face aos bens e às pessoas, seja na entronização de mutações estruturais (onde isso for possível) etc., são mediações da redenção e antecipações da definitiva libertação. Assim, como assevera a *Gaudium et Spes*, "se prepara a matéria do Reino dos Céus" ao mesmo tempo em que se realiza "algum esboço do século que virá" (n. 38, 39). A escatologia não se inaugura apenas no fim do mundo. Ela se dá no presente, se medeia nos fatos históricos e vai se processando nas ambiguidades do *tempus medium*, até chegar à sua plenitude em Deus. Daí devermos interpretar teologicamente todo verdadeiro engajamento concreto dos homens, da Igreja, dos grupos ideológicos empenhados na transformação do continente mantido subdesenvolvido como portador e mediador da redenção e libertação escatológica de Jesus Cristo. Ele também soube traduzir a libertação definitiva em termos concretos dentro de seu mundo, como consideramos acima: libertação do legalismo, do espírito de vingança, criação de nova solidariedade e de novos valores, formadores de novo relacionamento entre os homens.

A libertação faz hoje sua emergência *principal* no campo sociopolítico, porque é aqui onde sentimos mais a alienação, o pecado, a opressão e a falta de liberdade. É verdade que a libertação de Cristo e de Deus é mais do que sociopolítica. Mas é *também* sociopolítica. Daí, uma verdadeira teologia será por um lado muito concreta, pois verá na política e na economia justas e humanas as mediações atuais da salvação de Jesus Cristo para o nosso tempo; mas, por outro, manter-se-á também sempre aberta para algo mais porque a libertação é mais do que a dimensão política e econômica; ela alcança mais longe: inclui tudo, é universal e implica principalmente a libertação daquilo que vicia todos os projetos humanos (pecado) e a superação da morte.

Entretanto, devemos estar vigilantes face a muitos discursos bloqueadores da verdadeira força libertadora, discursos que acentuam pontos verdadeiros (que não são negados), mas que não são os mais mordentes para a situação em que vivemos, tais como: é preciso rezar, cuidar do espiritual, dedicar-se ao recolhimento. Concedemos: sem a oração, sem a cruz de Cristo e sem a meditação não há libertação que possa chamar-se cristã. Mas também não é cristão um tipo de libertação que só acentua estas dimensões e relega as outras, referidas acima, à pura privatização, como se a fé não tivesse a ver com elas. Pode haver um discurso alienador que insiste: libertação é também acolher a virulência da repressão e poder ser livre apesar da dependência. Tudo isso é certo. Mas afirmar isto, dentro de um contexto histórico onde a fé é convocada a denunciar e não a servir de apoio ideológico na manutenção do regime produtor de violência, é castrar a força contestatória e desmascaradora da mensagem cristã. No fundo, faz-se o jogo do *status quo* que se alegra por não ser questionado nem atingido. Poderá haver situações em que ao cristão não resta outra alternativa senão acolher a repressão e com hombridade, como o Filho do Homem, carregar a cruz, resultante do seu testemunho. Mas não será ele que buscará tal possibilidade, senão que só a acolhe porque lhe é imposta pela situação.

Na América Latina, a pobreza de milhões constitui certamente uma provocação para pensarmos a libertação como superação das causas geradoras desta pobreza. Estas causas não residem na falta de pão, mas estão no sistema de posse que impede milhões de terem acesso ao trabalho digno e à participação na vida social. Sobre esta dimensão deveria cair o acento da reflexão teológica e da práxis da fé.

c) A situação de catividade como atualização da cruz de Cristo

Entretanto, há que ser realista: o sistema global, produtor de catividade, é ainda suficientemente forte para equilibrar suas contradições internas. A nossa geração não vai, provavelmente, assistir à libertação de nosso continente da fome e da marginalidade, nem à emergência de um outro modelo alternativo de sociabilidade humana mais fraterna e aberta. Dentro do sistema geral de cativeiro há que se trabalhar libertadoramente. Esta situação de Israel no Egito e no exílio impõe uma estratégia e tarefas diferentes do que em tempos de liberdade e de paz. Na situação de gestação as preocupações são outras do que na situação de nascimento. Se não houver concepção, crescimento bem-acompanhado, corre-se o risco de que nada nasça ou de que o nascimento seja prematuro ou até aborte. Crer e esperar no interior do cativeiro, trabalhar e se empenhar sem contar com os frutos é atualizar, nas condições de nosso tempo, a cruz de Cristo. Importa estabelecer uma mística de esperança que alcance para além do imediato verificável. O sofrimento curtido na esperança gera forças inauditas de libertação. Possui laços mais fortes que a felicidade porque liga os corações feridos para encetar uma nova caminhada de libertação. A identificação que a fé estabeleceu entre o Libertador e o Servo Sofredor e o Homem das Dores nos vem alimentar a esperança de que o futuro não está do lado dos opulentos, dos sem-coração e dos criminosos, mas do lado dos humilhados, ofendidos e crucificados injustamente.

Jesus viveu semelhante situação de cativeiro pessoal: sentiu-se, na encruzilhada mais importante da vida, impotente face ao poder vigente, só e abandonado. Teve que assumir a morte e viver exilado dos homens e de Deus. Mas soube esperar contra toda a esperança, sem cinismo e orgulhoso estoicismo. A libertação pode exigir a libertação da própria vida porque o que está em causa vale mais do que a vida e o momento da história presente.

Tudo parece indicar que o momento atual de nossa cultura, especialmente na América Latina, não é tanto o tempo de nascimento e de libertação, mas de concepção e de crescimento no ventre materno; é tempo de preparar o terreno, de semear sem talvez chegar a colher os frutos.

Devemos viver amando aquilo que não veremos jamais. É este o segredo da disciplina. É a recusa de deixar que o ato criativo se desvaneça numa experiência sensível imediata, ao mesmo tempo em que é um obstinado empenho para o futuro que virá depois de nós. Um tal amor disciplinado deu aos profetas, aos revolucionários, aos santos, a coragem de morrerem pelo futuro que entreviam. Fizeram de seu corpo a semente de maior esperança porque sabiam que "se a semente não morrer na terra, ela não dará fruto" (Jo 12,24). "Vigiai e ouvi, vós solitários! Do futuro sopram ventos secretamente promissores; a boa-nova se revela aos ouvidos atentos. Vós, solitários de hoje, vós sereis um dia ainda um grande povo: verdadeiramente a terra deverá ainda tornar-se um lugar de salvação! Em torno a ela paira um perfume novo, que traz salvação e uma nova esperança"[18].

---

18. ALVES, R. *Il Figlio del Domani*. Brescia, 1974, p. 206-207. A última parte é citação de Nietzsche: *Assim falou Zaratustra*.

Capítulo X
Vida religiosa no processo de libertação

1 Vida religiosa encarnada e pensada numa situação

As reflexões teológicas aqui articuladas prolongam uma linha de pensamento assumida pela Clar em vários dos seus documentos oficiais[1]. Neles se tenta de forma muito responsável pensar e animar a vida religiosa dentro da situação concreta em que sofre e espera todo o continente.

a) Uma vida dentro da vida

A vida religiosa, como toda vida, está inserida num contexto, experimenta um desafio e percebe novas chances no mundo concreto que a circunda. A situação humana com suas dimensões política, econômica, social e religiosa, como foi adequadamente exposto anteriormente, vem marcada pelo regime de dependência e de periferia dos grandes centros de decisão, gerando pobreza estrutural, injustiças sociais e formas de vida violentas e opressoras. A vida religiosa participa das tristezas e das angústias, bem como das alegrias e

---

1. "Pobreza e vida religiosa na América Latina"; "Formação para a vida religiosa na América Latina"; "Dimensão política da vida religiosa, perspectivas latino-americanas". Cf. BOFF, L. *A vida religiosa e a Igreja no processo de libertação*. Petrópolis: Vozes, 1975. • GALILEA, S. *Espiritualidade da libertação*. Petrópolis: Vozes, 1975.

esperanças de libertação do homem latino-americano. Sente a situação como um terrível desafio: Até que ponto a vida religiosa, com aquilo que ela é em sua identidade essencial, ajuda o homem a se libertar? Até que ponto ela vê nisso tudo uma chance para ela mesma se converter, repensar suas formas de presença no mundo e ser obediente à voz de Deus que emerge de dentro do contexto concreto? Seu inserimento é crítico? É legitimador do sistema gerador de marginalidade e miséria? Coloca o peso social da vida religiosa em favor daqueles com os quais Cristo mais se solidarizou, com os pobres, os enjeitados socialmente e os mal-afamados do sistema religioso do tempo?

b) Uma vida religiosa dentro da vida

A leitura socioanalítica da realidade provoca no religioso uma leitura teológica: a pobreza não é inocente, é fruto de uma situação de pecado social; a dependência que oprime não é neutra, é consequência do egoísmo exacerbado. Que significa testemunhar Deus e Jesus Cristo, sua graça e seu amor num mundo onde há fome, marginalidade e violação de direitos fundamentais da pessoa humana? Que possibilidades novas se oferecem para a experiência de Deus numa vida religiosa que toma a sério a problemática do mundo circunstante e a considera numa visão contemplativa?

Há um pouco por toda parte na América Latina a ânsia profunda de libertação. Esta é elaborada no interior de um regime geral de cativídade e se corporifica num processo que se inicia pela tomada de consciência radical das estruturas criadoras de opressão e passa a gestos concretos de libertação na educação, no engajamento entre os pobres, na criação de um convívio mais fraterno etc. Para quem tem fé, tal promoção humana não é apenas promoção humana; é a mediação concreta pela qual se historiza no mundo a graça divina e a libertação trazida por Jesus Cristo. Esta situação toda desafia a vida religiosa a se autocompreender à luz das provações que lhe vêm. Mais e mais cresce entre os religiosos a consciência de sua responsabilidade social.

A vida religiosa possui em si valores inestimáveis que, lidos numa dimensão libertadora, motivam e informam o engajamento do religioso no processo de autêntica libertação. Não se trata de colaborar de qualquer maneira. Trata-se de um inserimento no social que nasça da própria vida e identidade do religioso. Não é mera adaptação, mas resposta concreta, em nome da fé e da vocação religiosa, aos desafios mordentes que vêm do mundo sofrido e marginalizado que clama por ajuda e implora solidariedade no processo de libertação. Os clássicos temas da vida religiosa, como abaixo iremos refletir, precisam ser relidos e repensados a partir da situação em que Deus nos colocou. Assim eles ganham significação, deixam de permanecer abstratos e tornam a vida religiosa verdadeiramente aquilo que ela deve ser: sinal vivo do Reino de Deus já iniciado neste mundo e do futuro já se manifestando no presente.

2 Presença da vida religiosa no processo de libertação

A identidade da vida religiosa consiste fundamentalmente: 1) na tematização da experiência de Deus no seguimento de Jesus Cristo; 2) expressa pela consagração total a Deus mediante os três votos; 3) vivida na fraternidade;

4) como sinal profético do futuro prometido a todos por Deus; *5)* inserida no mundo. Todos estes pontos são abstratos e formais. Seu conteúdo concreto ganha realidade a partir da situação em que a vida religiosa deve se inserir. É aqui onde a vida religiosa pode assumir uma função libertadora e estar presente de forma efetiva junto dos homens em sua caminhada histórica.

a) O que significa experimentar Deus na situação latino-americana?

Embora haja situações sociais e culturais diversas no continente latino-americano, existe, entretanto, um denominador comum: subdesenvolvimento, dependência e ânsia de progresso e libertação. Como surge Deus aí dentro? O religioso se propõe tematizar a experiência de Deus, quer dizer, quer fazer da experiência de Deus no seguimento de Jesus Cristo o projeto fundamental de sua vida e o marco de referência central de todas as suas relações.

Na experiência religiosa latino-americana Deus emerge essencialmente como o Deus da Justiça para o pobre, da Esperança para o desesperançado, da Libertação para os oprimidos, do Futuro para os sem-saída, da Consolação para os reprimidos pela violência. A dependência opressora e a miséria de milhões desperta a fé para ver Deus como aquele que é o oposto daquilo que encontramos na sociedade. Ele nos ativa a superarmos esta situação inumana que Ele não quer e não ama. Por isso, verifica-se uma verdadeira experiência de Deus no engajamento pelos direitos dos oprimidos, no combate à pobreza, ao analfabetismo e à marginalização. Bem dizia Henri de Lubac: "Se eu falto ao Amor ou se falto à Justiça, afasto-me infalivelmente de Vós, meu Deus, e meu culto não é mais que idolatria. Para crer em Vós, devo crer no Amor e crer na Justiça, e vale mil vezes mais crer nestas coisas que pronunciar Vosso nome. Fora delas é impossível que eu Vos encontre, e aqueles que as tomam por guia estão sobre o caminho que os conduz a Vós"[2].

Há uma maneira alienada e alienante de se relacionar com Deus, situando-o acima do mundo ou, o que é pior, fora do mundo. Deus só é real e significativo para a existência humana se Ele se revelar, como sempre se revelou nas Sagradas Escrituras, como o Sentido radical da vida, como Aquele que é a Esperança do homem no desamparo, como Aquele que promete liberdade e justiça aos oprimidos e como o Futuro definitivo e último do homem. Na América Latina se verifica uma grande manipulação do nome sacrossanto de Deus. Apresenta-se uma imagem de Deus como Aquele ser supremo que criou um mundo onde sempre haverá ricos e pobres e por isso classes sociais, um Deus que manda observar as leis da natureza, entendendo-se como decorrente da lei natural a concorrência, a supremacia do mais forte e a livre-empresa. Uma imagem assim de Deus justifica ideologicamente o *status quo* estabelecido. Uma experiência do Deus vivo e verdadeiro questiona esta instrumentalização de Deus em função dos interesses feitos dos homens.

O catolicismo é por excelência a religião de nosso continente. Mas a fé no Deus de Nosso Senhor Jesus Cristo não chegou ainda à sua plena explicitação cristã. Ficou muito presa ao modelo da religiosidade pagã. No paganismo os deuses querem ser servidos pelos homens. Estes

---

2. *Sur Le chemim de Dieu*. Paris: Aubier, 1956, p. 125.

foram criados para servir à divindade. A fé cristã como se manifestou em Jesus Cristo afirma que Deus não quer ser servido nele mesmo, sem o ser nos outros. Servir o outro homem, no qual está Deus, é o imperativo de Jesus Cristo e a novidade da experiência cristã de Deus. É fácil servir diretamente a Deus; esta relação não compromete ninguém; servir o próximo em quem Deus está nos compromete porque o próximo não é uma abstração, mas é alguém situado num mundo onde há miséria, injustiça gritante e egoísmo deslavado. Amar o próximo assim nos obriga a tomar posição. Só quem ama o outro ama a Deus; só quem se engaja em sua libertação serve ao Senhor da história: "Quem não ama seu irmão, a quem vê, não é possível que ame a Deus, a quem não vê" (1Jo 4,20). O cristianismo vivido na América Latina não fez esta virada totalmente cristã. A vida religiosa que tenta descobrir a Realidade viva de Deus que se manifesta na situação é chamada a testemunhar um Deus questionador da situação de inumanidade que contradiz seu plano salvífico que é de amor, de solidariedade, de fraternidade e de justiça entre os homens. Fazer desse Deus, experimentado em contato com o mundo, o projeto de vida do religioso é situar a vida religiosa no coração de um conflito, dentro do qual ela deve ser sinal de um mundo onde não haja mais exploração do homem pelo homem e vigore a reconciliação total, vale dizer, o Reino de Deus.

b) O seguimento de Jesus Cristo para o religioso na América Latina

O religioso se propõe viver Deus no seguimento de Jesus Cristo. O tema da *sequela Christi* pertence à temática essencial da autêntica vida religiosa. Houve, entretanto, na história um tipo de interpretação do seguimento de Jesus Cristo que resultou numa privatização e redução do conteúdo histórico de contestação e de libertação presente na vida de Cristo. Os temas da cruz, do sofrimento, da humilhação, da obediência, da pobreza não escaparam de um certo dolorismo que exaltava a cruz pela cruz, o sofrimento pelo sofrimento etc., não levando o homem a um combate e a uma superação das causas que originam o sofrimento e a cruz. A morte de Cristo foi humana, vale dizer, foi consequência de uma vida; não foi um decreto *a priori* de Deus, mas consequência de um conflito que sua mensagem e suas exigências provocaram no judaísmo. Ele anuncia um sentido absoluto para este mundo (Reino de Deus) não mais reduzido a regiões da vida, mas cobrindo todas as suas dimensões. Faz apelo à conversão. Prega não a tradição e a lei, mas a verdade e o amor. Seu Deus não é mais o Deus da Torá, que discrimina quem é puro e impuro, próximo e não próximo, bom e mau, mas é o Deus do amor e do perdão. Ama os ingratos e maus (Lc 6,35) e oferece indistintamente a salvação a todos os homens. Jesus Cristo encarna a proposta de salvação universal, especialmente para com os considerados doentes, pobres e perdidos (Mc 2,17; Lc 19,10), enquanto Ele mesmo se aproxima destas pessoas e priva com elas. Toma a defesa delas e se solidariza com a prostituta, o herege samaritano, o publicano arrependido, o centurião romano pagão, a estrangeira siro-fenícia, o cego de nascença, a mulher corcunda, a adúltera. Desabsolutiza as leis e o culto, colocando no centro de tudo o homem. Na aceitação ou rejeição do homem, especialmente dos pequeninos e pobres, sob os quais Deus mesmo se esconde incógnito (Mc 6,20-21; Mt 25,40), se decide a salvação ou perdição do homem. Não teme as consequências desta solidariedade; é acusado de louco, possesso, herege, subversivo, comilão e beberrão. Não discrimina ninguém, nem a seus difamadores, pois aceita comer com eles, e jamais deixa de confiar na capacidade de conversão. "Se alguém vem a mim eu não o mandarei embora" (Jo 6,37), eis como São João descreve o ser-para-os-outros que foi Jesus Cristo. A morte foi aceita não como uma fatalidade ou com soberano cinismo, mas como forma de amor e sacrifício para a libertação de todos. Morreu pelos mesmos motivos pelos quais morrem os profetas-mártires: como testemunho da verdade e como fidelidade à mensagem de justiça, de direito do oprimido, do ideal de fraternidade universal, da filiação divina e da bondade irrestrita de Deus-Pai. Abandonado por todos e até por Deus na cruz (Mc 15,34), não desespera, confia, pensa nos outros e se entrega irrestritamente ao Mistério de Deus. A ressurreição veio confirmar que Deus estava de seu lado e que a utopia de um fim bom para a totalidade do mundo pode ser realizada, antecipatoriamente, por Deus.

Seguir Jesus Cristo é viver suas opções que foram em favor do pobre, da ovelha tresmalhada, do filho pródigo, dos marginalizados social e religiosamente. O religioso que se propõe como projeto fundamental de vida estar na *sequela Jesu* deverá buscar a identificação com os mais fracos, pois com eles se identificou também o Filho do Homem. Seguir a Cristo é inserir dentro desta caminhada, como normal e consequente, a possibilidade real da perseguição, da calúnia, da prisão e, quem sabe, também da própria morte em favor dos homens. A vida religiosa que se compromete desta forma concreta com Jesus Cristo implica sua opção fundamental o sacrifício e o martírio, que hoje na América Latina pode assumir as mais variegadas formas.

c) A consagração como missão para o mundo

Todo cristão, em virtude de sua consagração batismal, é chamado a viver a experiência de Deus no seguimento de Jesus Cristo. O religioso, entretanto, se compromete, na publicidade da Igreja, a viver esta vida de forma radical e profética. Ele se consagra para esta tarefa, é "reservado para Deus". A consagração como reserva para Deus implica uma renúncia ao mundo. Importante é atendermos bem ao significado da renúncia ao mundo. "A consagração como reserva não significa que Deus necessite de homens para si, uma vez que é Absoluto e se basta a si mesmo. Se Ele se reserva pessoas e as consagra, é para reenviá-las – com mais profundidade – em missão divina ao mundo. A consagração-reserva e a consagração-renúncia ao mundo não significam negação *do* mundo, mas sim missão no mundo. Não é isolação. É inserção no mundo, em nome de Deus"[3]. Deus, portanto, tira para atirar ao mundo.

Esta dimensão contida na consagração como envio e missão ao mundo funda a teologia do engajamento religioso na sociedade. Pelo fato de ser consagrado está por um título a mais relacionado com o mundo e é responsável, em nome de Deus, pela criação de uma sociedade mais próxima ao Reino de Deus. O Reino de Deus é de amor, justiça e paz. Sempre que se construir e se participar na edificação da paz, da justiça e do amor se está construindo e edifi-

---

3. *Vida segundo o Espírito*, n. 96-97.

cando o Reino de Deus que já está presente neste mundo, vai crescendo até se completar com a Vinda de Cristo (cf. *Gaudium et Spes*, n. 39).

d) O caráter público dos votos religiosos

Os três votos de pobreza, obediência e castidade concretizam a única consagração do religioso a Deus. Eles implicam reserva e missão. Como reserva exprimem a doação total e generosa ao amor divino e por isso constituem um sinal escatológico do homem novo no Reino. Entretanto, os votos significam também missão; por eles o religioso não "rompe sua relação com os bens deste mundo (pobreza), nem com a mulher ou o homem (castidade), nem com a sociedade (obediência). Pelo contrário, estas relações adquirem uma qualificação diferente por causa de sua dedicação total a Deus. Os votos consagram, dedicam, tornam as pessoas livres e disponíveis para a causa de Deus e de Cristo no mundo"[4].

Não obstante, seu caráter de reserva e de santificação pessoal, a situação da América Latina nos convida a colocarmos o acento no aspecto de missão e de caráter público que os votos contêm.

A *pobreza* implica sim despojamento e fome de Deus. Mas esta perspectiva não oferece base suficiente para responder ao desafio de hoje. Este exige um passo mais exigente: solidariedade com os que sofrem sob pungente miséria e pobreza. Participando da pobreza das populações pobres, pensando a partir de suas reivindicações, contestam os religiosos o sistema gerador de semelhante pobreza estrutural.

---

4. Ibid., n. 101.

A *castidade* significa uma superabundância de amor que se fixa no Absoluto. "A disponibilidade que brota do voto de castidade nos deixa livres de compromissos para poder arriscar-nos em decisões e tarefas que chegam a ser proféticas diante da sociedade... Pela castidade, o religioso oferece uma resposta profética ao problema da relação que existe entre o mundo do dinheiro e a erotização de grande parte da humanidade... Possibilita colocar-nos criticamente ante esta nova forma de opressão, não numa linha puritano-moralizante, nem simplesmente como censura da publicidade, senão indo à raiz mesma da exploração comercial do sexo: distorção na concepção do homem, deterioração radical do amor, visão egoísta, hedonista e interesseira da vida"[5].

Obediência significa comunhão com a vontade de Deus, encontrada comunitariamente sob a direção da autoridade. A dimensão política deste voto implica assumir consequentemente o projeto de trabalho que a comunidade religiosa assumiu, como manifestação concreta da vontade de Deus para a situação. Isso pode significar trabalho na marginalidade, atitude crítica, empenho de sempre estar na auscultação (*ob-audire, oboedientia*) dos sinais dos tempos, pelos quais o Senhor nos convoca e, muitas vezes, nos chama para compromissos concretos na situação em que estamos inseridos.

e) Fraternidade que se abre à gente que nos rodeia

Na história da vida religiosa, o religioso sempre encontrou o centro de gravidade na própria comunidade e fraternidade. Experiência de Deus em Jesus Cristo é também experiência do irmão e da comunidade de fé. Entretanto,

---
5. *Dimensión política de la vida religiosa*, parte C, c.

muitas vezes a vida religiosa se totalizava no interior dela mesma, engajando demasiado tempo em problemas intrassistêmicos e domésticos. Na América Latina, a solidariedade e o compromisso com a arrancada para maior humanização e libertação convocam para uma abertura da comunidade à gente que nos rodeia. Isso exige assumir a cultura de nossos povos, seu modo de ser, seus valores humanos e religiosos como o sentido de fraternidade, de justiça, de hospitalidade, de oração, de devoção a Maria, a jovialidade e o sentido para as festas. Tal compromisso exige uma verdadeira conversão, pois que estamos habituados a exprimir nossa fé com categorias teológicas importadas e oficiais, com pouca base de diálogo com o povo. Esta conversão para o povo ajuda o religioso a um compromisso mais exigente com o Evangelho, que deu preferência aos menos privilegiados pela sociedade. Não são poucos os religiosos que encontraram o verdadeiro sentido de sua vocação religiosa em contato com o povo, na participação de suas lutas e de seus anelos. Essa inserção em comunidades populares liberta a própria vida religiosa que sociologicamente também vive sob um regime de dependência, de centro e periferia. Os reptos que a situação lança obrigam o religioso à fantasia criadora e a corporificar o espírito evangélico numa forma mais adequada à situação. Com isso ele assume uma nova liberdade e estabelece um novo tipo de relacionamento entre a cúpula e a base.

f) A presença crítica e profética do religioso no mundo

A solidariedade com o pobre por causa do Evangelho leva o religioso a romper com um tipo de vida e de relações próprias dos setores privilegiados da sociedade. Sua presença no mundo se torna um sinal crítico e profético. O pobre com o qual se solidariza não é simplesmente pobre: é um empobrecido, aquele a quem lhe foram tirados os meios para ser um membro da sociedade, e dela foi posto à margem. Um amor inteligente ao pobre obriga a compreender a fundo a estrutura social que gera a pobreza, como subproduto da riqueza das minorias opulentas. Daí a necessidade de o religioso ser crítico e não ingênuo e de estar sempre atento às manipulações que o *status quo* pode continuamente fazer na instrumentalização da vida religiosa para um assistencialismo que acalma a consciência e cria a ilusão de estar servindo realmente ao mundo dos pobres. A presença crítica do religioso implica, por um lado, denúncia de uma situação que contradiz ao plano de Deus e à mensagem evangélica, e, por outro, anúncio de real fraternidade e de repartição dos bens e dos encargos e pesos a serem carregados por todos.

"Tanto mais transparente é este signo quanto mais humilde for. Com efeito, o encontro com Cristo nos mais pequenos dos seus, longe de expressar-se por uma atitude farisaica de reprovação e autoafirmação, expressa-se numa atitude humilde de reconhecimento do pecado em cada um de nós e na organização da sociedade. Este reconhecimento entranha um intento sempre renovado de conversão tanto pessoal quanto comunitária e social"[6].

Esta atitude crítica e profética em face do sistema imperante e dominante na América Latina pode causar não poucos incômodos às comunidades religiosas. As possíveis

---

6. Ibid., III parte, B.

difamações de subversivos, politizados, contestadores etc., não devem causar estranheza, pois assim também foi caluniado Jesus Cristo e todos os seus apóstolos. É o preço a ser pago pela libertação que é sempre onerosa, onde não faltam os traços de sangue e de morte. Este sofrimento não é inútil: ele acusa permanentemente este mundo fechado sobre si mesmo, é má consciência incômoda para ele, que se descobre violento e imoral porque sempre elimina os que assumem, com o risco da fama e da vida, a defesa do oprimido, do espoliado e dos últimos da terra.

g) A inserção religiosa no mundo do pobre

As congregações religiosas começam a se interrogar seriamente sobre a qualidade evangélica de sua presença, através de obras, escolas, assistência, na sociedade latino-americana. Através destas obras nos vinculamos à situação estabelecida. Entretanto, nossa missão profética e crítica não nos permite apoiar a estrutura e os valores estruturantes da atual ordem de coisas. Começa-se a sentir, um pouco por todas as partes, a situação precária em que o religioso fica, quando assume socialmente um outro papel do que aquele que tradicionalmente lhe foi configurado, ao lado dos pobres e marginalizados. Não se trata, evidentemente, de abandonar o que na história latino-americana as congregações religiosas construíram. Trata-se de uma outra utilização dentro de um outro espírito que é de libertação e de solidariedade com os mais desprotegidos.

A inserção inteligente no nosso mundo demanda capacidade crítica e de vigilância, de sentido histórico e de viabilidade dos projetos libertadores a serem assumidos ou promovidos. O religioso não pode ser mais ingênuo politicamente. Deverá habituar-se a uma crítica das ideologias vigentes, descobrindo-lhes os interesses escusos que visam defender e detectando a visão do homem que supõem. Não basta a boa vontade. Faz-se mister a vigilância para os desvios comandados pelos interesses feitos que se autodefendem e jamais abdicam de seus privilégios. Por outro lado é importante proclamar outros valores que propugnem pela participação de todos, por um novo sentido de fraternidade, de relacionamento mais justo com os bens da terra e da cultura. Daí a necessidade de a vida religiosa estar atenta aos acontecimentos da vida do país e do continente e saber interpretá-los numa visão contemplativa da vida, como realização de salvação ou negação e fechamento para com Deus e os filhos de Deus.

Nesta visão contemplativa o pobre aparece como uma crisfofania e teofania. Ele é um elemento de transcendência social: mostra que a sociedade não é perfeita porque, para se manter em sua riqueza, tem que marginalizar outros irmãos. O pobre, pelo fato de sua simples presença, faz um apelo utópico para um tipo de convivência onde não haja mais pobreza e estruturas que criem a exploração do homem por outro homem. O pobre denuncia a fragilidade deste mundo e revela que sem o espírito das bem-aventuranças a sociedade não pode ser oferecida a Deus nem pode ser sem conversão o lugar do Reino de Deus (cf. *Lumen Gentium*, n. 31). O pobre apresenta-se como teofania e cristofania enquanto ele é a memória permanente da Transcendência concreta que questiona todos os nossos arranjos.

Abraçando a situação de pobre, a vida religiosa se coloca lá onde Deus mesmo preferiu armar sua tenda. "Somente rechaçando a pobreza e fazendo-se pobre para protestar contra ela poderá a Igreja (e com muito mais razão a vida religiosa) pregar algo que lhe é próprio: a pobreza espiritual, quer dizer, a abertura do homem e da história ao futuro prometido por Deus. Só assim ela poderá cumprir honestamente, e com possibilidades de ser escutada, a função profética de denúncia de toda injustiça que atente contra o homem e de anúncio libertador de uma real fraternidade humana... Para a Igreja latino-americana (e para a vida religiosa) esta é hoje uma ineludível e urgente prova de autenticidade de sua missão"[7].

3 Espiritualidade de esperança no interior da catividade

A visão que aqui articulamos coloca o acento da vida religiosa em seu aspecto profético e crítico no inserimento na situação concreta. Poderia parecer a alguém que os temas clássicos da oração, da meditação, da interiorização e da mística fossem totalmente absorvidos num engajamento em tarefas mundanas de promoção e libertação. Na verdade, isso não acontece. Mais urgentes se fazem e imprescindíveis. Para o religioso manter sua identidade religiosa, para levar a sua contribuição específica deverá permanentemente ser alimentado pela oração, pela meditação e pelo doloroso processo de interiorização. Contudo, a oração e a meditação deverão emergir de um olhar contemplativo da ação. O engajamento somente é verdadeiro se nascer de um dinamismo evangélico e de uma profunda experiência

---

7. GUTIÉRREZ, G. *Teología de la liberación*. Bogotá, 1971, p. 371-372.

interior de Deus e de Jesus Cristo, alimentada e expressa na oração pessoal e comunitária. A temática clássica de *contemplata aliis tradere* não deverá cindir contemplação e ação. A própria ação, se quiser ser ação religiosa, deve ir penetrada da contemplação. E toda verdadeira contemplação, se for contemplação cristã no seguimento de Jesus Cristo, deverá ter um momento praxístico e levar ao testemunho profético e ao engajamento.

Esta dimensão de oração e meditação traz força indispensável ao religioso engajado. O compromisso real e profundo com a situação lhe faz descobrir sem demora o caráter estrutural das contradições e da marginalidade. Percebe logo que o problema não é de assistencialismo, mas que se impõe uma reviravolta no próprio sistema global e um novo sentido de viver e de se relacionar com os bens. Dar-se-á conta da força do sistema implantado, gerador de cativeiro, capaz de equilibrar suas contradições internas e sobreviver por longo tempo. Dentro deste sistema geral de cativeiro o religioso deverá tentar trabalhar de forma libertadora. Deverá viver e esperar sem ver, dentro de sua vida, a emergência de uma nova sociedade e de um novo homem. Será permanentemente tentado a compactuar com a situação porque ela é inevitável; sentir-se-á provocado a renunciar a seu espírito crítico e adaptar-se numa colaboração que vai minando sua presença profética e incômoda.

Face a semelhante situação deverá viver de uma grande esperança. Deverá elaborar uma mística da cruz que lhe confira sentido ao trabalho e ao compromisso sem o sucesso sensível. Deverá imitar Jesus Cristo, que passou por semelhante impossibilidade de transformação de seu mundo e dos homens e nem por isso deixou de esperar, de pregar, de convocar os homens à conversão e de crer no futuro do bem, da justiça, da fraternidade e do direito. Este sofrimento é purificador e libertador porque nos liberta de nossos próprios sucessos e nos obriga a viver de pura fé e de pura esperança que alcançam para além do imediato verificável.

A vida religiosa que vive semelhante atitude é matriz de esperança para o povo e fonte de sentido. Encontrar, apesar disto tudo, alegria em viver e coragem para o compromisso naquilo que não apresenta futuro imediato é testemunhar no meio dos pobres a verdadeira esperança cristã e ser presença de uma paz que o mundo não pode dar nem gerar.

Capítulo XI
A Igreja no processo de libertação: uma nova consciência e etapas de uma práxis

A Igreja é fundamentalmente a comunidade organizada dos fiéis que no meio do mundo testemunha Jesus Cristo ressuscitado presente dentro da história como inaudita antecipação de sentido, de futuro e de total realização do homem e do cosmos incoativamente já agora dentro do processo histórico e definitivamente na plenitude dos tempos. Esta comunidade, enquanto consciência, representa uma elite cognitiva face àqueles que ainda não aderiram a ela. Sua vocação, entretanto, não é elitista, mas universal, e significa uma boa-nova destinada a todos os homens. Os valores fundamentais da comunidade eclesial são eminentemente libertadores, diríamos até revolucionários: Reino de Deus, novo homem, novos céus e nova terra, esperança escatológica, caridade que vai até o martírio, relativização das etapas históricas face ao absoluto que vem do futuro, identidade do amor ao próximo com o amor de Deus, poder como pura funcionalidade e serviço, a felicidade que todos esperam de Deus e principalmente dos pobres, dos deserdados, dos perseguidos e dos últimos da terra etc.

Semelhante discurso sobre a Igreja apresenta-se, porém, abstrato e vazio se não for referido à práxis histórica pela qual estes valores foram ganhando corpo e se inseriram dentro do processo social, cultural e conflitual da vida humana. Daí não poder-se jamais entender a Igreja fora dos condicionamentos que caracterizam toda realidade histórica. Não podemos abordar a Igreja a não ser historicamente, vale dizer, dentro de um determinado processo histórico que, por um lado, marca a Igreja e que, por outro, é marcado por ela[1]. Generalizando podemos asseverar: a Igreja, geralmente, reflete o mundo no qual se encarna; o mundo reflete a Igreja dentro da qual ele se exprime religiosamente.

Como a Igreja carrega em seu seio a experiência de vinte séculos de amaino dos homens e de encontros culturais, sua práxis histórica apresenta-se extremamente diversificada. Ela assumiu dimensões históricas de um passado social que se incorporou ao seu próprio passado e patrimônio; teve que tomar posição face às realidades culturais que perfilaram prototipicamente suas reações posteriores; suas instituições se apresentam de tal maneira seculares que tornam demasiadamente onerosa qualquer nova assimilação e se mostram pouco flexíveis para novas sínteses históricas. Tudo isso há que se considerar ao abordarmos o tema: Igreja no processo de libertação. É a atual práxis da Igreja liberadora ou inibidora das forças de transformação? Até que ponto a Igreja colocará o seu inegável peso social em favor do alijamento de todas as servidões ou até que ponto, para assegurar o caráter universal de seu anúncio, ela buscará uma zona de neutralidade com o grave risco de ingenuamente favorecer as forças do *status quo*?

---

1. Cf. FREIRE, P. *Las Iglesias, la educación y el proceso de liberación humana en la historia*, 1973.

Nossa tarefa será a de conscientizar três imagens atualmente vigentes de Igreja – que, por sua vez, refletem três tipos de práxis e de presença eclesial no mundo –, de submetê-las a uma crítica teológica e de revelar, face ao processo de libertação, seu caráter promotor ou inibidor. Atender-se-á apenas ao caráter estrutural das imagens e da práxis da Igreja e não tanto ao detalhamento de seus conteúdos concretos.

1 Igreja sacramento-instrumento

Uma compreensão que era clássica e que vigorou por séculos se expressava assim: a Igreja é uma sociedade perfeita com o fim sobrenatural de levar a salvação ao mundo que vive sem a salvação. É o sacramento-instrumento da redenção; sem ela o mundo vive entregue a si mesmo, errante dos caminhos que desembocam no fim sobrenatural. A Igreja é diferente do mundo e está frente a frente com ele, mas com uma missão específica em face dele: missioná-lo, cristianizá-lo, saná-lo, elevá-lo à esfera sobrenatural e por fim salvá-lo. Para exercer esta sua tarefa salvífica, ela vem dotada da divina revelação contida nas Sagradas Escrituras e recebeu de seu fundador Jesus Cristo suas principais estruturas, os sacramentos e a Hierarquia, esta última com a destinação de dirigir a comunidade dos fiéis e de interpretar infalível ou autoritativamente a revelação.

Esta compreensão opera através de um conhecido dualismo: Igreja-mundo, Igreja-Estado, natural-sobrenatural, temporal-espiritual, humanismo-cristianismo, criação-redenção etc. O polo da Igreja é caracterizado pela sobrenaturalidade, espiritualidade, verdade divina, revelação sobrenatural, fé, graça divina. O outro polo, o do mundo, vem marcado pela naturalidade, temporalidade, revelação natural, razão meramente humana, situação decaída devido ao pecado. À Igreja cabe a salvação e santificação das almas; ao Estado a promoção e o bem-estar do corpo. A ordem natural não possui em si autonomia e um projeto salvífico próprio; ela se destina à ordem sobrenatural, como o corpo ao espírito. Se o Estado possui autonomia própria em face da Igreja, é apenas em face da ordem deste mundo; não, porém, em face da destinação sobrenatural; neste particular está sujeito à Igreja, portadora da única verdade salvífica e exclusivo instrumento de salvação.

Esse modelo levou a Igreja a missionar o mundo todo e submetê-lo a si mesma, para desta forma fazê-lo participar da redenção. Surgiu desta maneira um regime de cristandade, onde a Igreja e o sobrenatural detinham a hegemonia em todas as esferas e questões. O Reino de Deus constituía o único projeto a ser instaurado neste mundo, não deixando espaço para o mundo ser mundo nem para a secularização poder se articular. Esta compreensão vigorou até o advento das grandes rupturas modernas. Informava uma práxis eclesiástica e política e refletia a política e a práxis concretas da única realidade cultural que era a Igreja.

Com a emergência dos Estados autônomos modernos e com a lenta, mas persistente perda de influência da Igreja sobre os processos históricos, o modelo de Igreja sacramento-instrumento-de-salvação sofreu uma reinterpretação interna: reconheceu-se a legítima autonomia das realidades terrestres, graças ao seu caráter criacional. Como criaturas boas de Deus possuem um valor em si mesmas e podem ser almejadas pelo homem. Constituem, entretanto, apenas a ordem natural que deve ser completada e levada à perfeição pela ordem sobrenatural, da qual a Igreja é portadora. A partir de Leão XIII começou-se a falar com toda a clareza das duas sociedades perfeitas, o Estado com um fim específico e órbita de atuação própria e a Igreja também com fim específico e sobrenatural. À Igreja, diferentemente do que se dizia e vivia no regime de cristandade, não pertence nenhuma atividade *direta* na ordem temporal, apenas uma ação *indireta* enquanto propugna pela conversão individual das almas, pela promoção da retidão das intenções e da conduta moral e pela pregação de princípios doutrinais supremos que regem a vida humana na sociedade, no relacionamento com os bens e com o poder. A tradução destes princípios em mediações concretas e em juízos prudenciais não cabe à Igreja, mas aos cristãos tomados individualmente ou aos Estados. Em assuntos mistos, como por exemplo a educação, a família etc., onde tanto Igreja quanto Estado estão envolvidos, deve-se chegar a um acordo. A Igreja se reserva nestes casos uma posição hegemônica, graças ao fim sobrenatural ao qual se destina o natural[2].

Esta reinterpretação, chamada a partir de J. Maritain de nova cristandade, não se libertou das categorias anteriores. Deu lugar a uma valorização positiva das rupturas modernas, levadas a efeito à revelia, quando não contra a Igreja, e criou lugar para a atividade dos leigos cristãos que no coração do

---

2. Esta posição constituía o fundamento para a assim chamada Lex Fundamentalis para a Igreja: cf. ALBERIGO, G. "Uma lei constitucional para a Igreja: garantia da restauração". *Concilium*, n. 56 (1970), p. 799-812; na América Latina esta posição foi vigorosamente sustentada por DERISI, N. *La Iglesia y el orden temporal*. Buenos Aires: Eudeba, 1972. • KLOPPENBURG, B. *A eclesiologia do Vaticano II*. Petrópolis: Vozes, 1971, p. 84-103.

mundo tentavam levar o fermento sobrenatural como fator sanante e elevante do natural. O sobrenatural não tolhe, supõe e aperfeiçoa o natural. Assim o esforço para a criação de um mundo mais justo e fraterno (natural) constitui o pressuposto para a implantação e florescimento da Igreja (sobrenatural).

A Igreja possui uma dupla missão: uma direta, evangelizar; outra indireta, animar a ordem temporal, respeitada, entretanto, sua legítima autonomia.

Representando num gráfico este modelo de Igreja e de mundo, resulta o seguinte confronto:

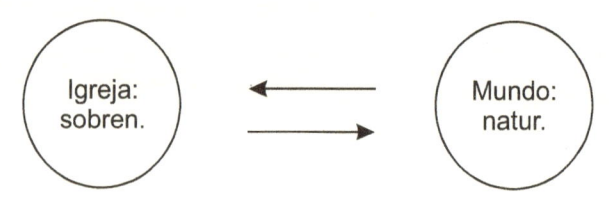

```
   ( Igreja:  )   ←———   ( Mundo:  )
   ( sobren.  )   ———→   ( natur.  )
```

a) Concreção praxística da Igreja sacramento-instrumento

Neste modelo, por mais variações que possa sofrer, a Igreja permanece sempre um *vis-à-vis* ao mundo: ela é detentora dos instrumentos de salvação, da verdade divina e da gestão e interpretação do domínio do Sagrado. Embora dimensionada para o mundo em termos de missão, este tipo de Igreja está voltada fundamentalmente sobre si mesma e seu privilégio salvífico. A Igreja será antes de tudo *retro oculata* (com os olhos voltados para o passado), olhando para o foco donde irrompeu a salvação: os fatos testemunhados pelas Escrituras, Palavra de Deus, inspirada e inerrante. Fazer cursos bíblicos, desenvolver a liturgia, meditar a história da salvação judaico-cristã, inserir o fiel cada vez mais dentro do mistério da Igreja, criar uma profunda unidade interior pelo assentimento de todos às interpretações autoritativas da mensagem emanadas da Hierarquia ou do papa, são os momentos fortes desta compreensão de Igreja. Os sacramentos são absolutamente indispensáveis para a Igreja sacramento-instrumento, pois eles realizam para os indivíduos o que a Igreja toda realiza para a humanidade: a comunicação da graça redentora.

b) Avaliação do modelo de Igreja sacramento-instrumento

A teologia que suporta este tipo de compreensão de Igreja é assaz anêmica; é antes um pensar ideológico, justificador e legitimador de um certo tipo de presença política da Igreja no mundo, presença marcada pelos interesses e obrigações que a Igreja assumiu historicamente dentro da cultura. Não é bem verdade que a Igreja não intervém diretamente no temporal: na história recente ela esteve contra a democracia, contra as revoluções, contra direitos hoje considerados fundamentais, como a liberdade de expressão, de consciência e de religião, e a favor dos regimes estabelecidos. Não é injúria constatar que até recente data a Igreja oficial esteve vinculada aos poderosos; sua relação para com os contestadores e os movimentos revolucionários foi sempre não só difícil, mas carregada de suspeitas e de condenações. "Nestas condições, pode-se dizer honestamente que a Igreja não intervém no temporal? Quando, com seu silêncio ou com suas boas relações com ele, legitima um governo ditatorial e opressor, está cumprindo somente uma função religiosa? Descobre-se então que a não intervenção em matéria política vale para certos atos que comprometem a autoridade eclesiástica, não para outros. Vale dizer que este princípio não é aplicado quando se trata de manter o *status quo*; mas é esgrimido quando, por exemplo, um movimento de apostolado leigo ou um grupo sacerdotal toma uma atitude considerada subversiva frente à ordem estabelecida. Concretamente na América Latina a distinção dos dois planos serve para dissimular a real opção política da Igreja: pela ordem estabelecida"[3].

Ainda mais: quando se fala em Estado, dentro desta visão, pensa-se no governo e na administração pública com a tarefa da condução do bem comum, sendo fator de equilíbrio entre as classes. É uma perspectiva pouco histórica. Não desceu a uma análise estrutural de como funciona o Estado e de sua função de classe. O Estado representa as classes dominantes. O bem comum é mais determinado pela classe detentora do poder econômico e político do que pela comunidade nacional global. O Estado representa, defende e promove os interesses da classe dominante, não raro contradizendo os anseios populares e nacionais. Esta visão só será vigente e consciente num modelo de Igreja que se deu conta de sua presença crítica dentro das forças políticas de uma nação.

A teologia subjacente ao modelo de Igreja sacramento-instrumento nunca se perguntou seriamente pelo real conteúdo teológico do mundo. O mundo é um frente a

---

3. GUTIÉRREZ, G. *Teología de la liberación* – Perspectivas. Lima, 1971, p. 84; cf. KRUMWIEDE, W.H. "Der Wandel der sozialverantwortlichen Rolle der katholischen Kirche in Lateinamerika". *Politik in Lateinamerika* (Schriftenreihe des Forschungsinstitut der Friedrich-Ebert-Stiftung, publ. por K. Lindenberg). Hanover, 1971, p. 82-98.

frente à Igreja? Pode-se dizer que a graça está só na Igreja e não também no mundo? Quando esta teologia afirma que o mundo é criação boa de Deus, não tira disto as consequências; a criação é pensada em termos metafísicos, estáticos, de limitação, contingência, fugacidade, e não em termos bíblicos e histórico-salvíficos. Na visão bíblica, a criação é o primeiro momento de realização do plano de Deus. Para o Novo Testamento a criação é em Cristo; é para Ele que o mundo foi feito e é nele que ele possui sua existência e consistência (cf. Jo 1,3; Cl 1,15-20; Ef 1,10.22-23; Hb 1,2-3; 2,8). Há um só plano de Deus orientado para Cristo que tudo abarca e que é tudo em todas as coisas (Cl 3,11). A Igreja não está inicialmente num *vis-à-vis* ao mundo. Tanto Igreja quanto mundo são abarcados e envolvidos por algo que é maior do que eles: o plano salvífico do Pai em Jesus Cristo e no Espírito Santo. A salvação e a graça não conhecem fronteiras; comunicam-se tanto no mundo quanto na Igreja, em modos diferentes, mas realmente. No mundo há Igreja e na Igreja há mundo, se por mundo entendermos, joanicamente, o pecado. Tanto a graça quanto o pecado se incrustam na Igreja e no mundo. O mundo não constitui simplesmente o natural, e a Igreja o sobrenatural. Se o mundo deve ser pensado e vivido no mistério cósmico de Cristo, então o bem, a verdade, a justiça, os valores vertebrados no mundo são concretizações da cristidade do mundo. Daí poder dizer a *Gaudium et Spes* que eles antecipam e preparam o Reino de Deus (n. 34 e 39): com a vinda do Senhor não serão destruídos, mas purificados e completados na perfeição que já realizam.

Com adequação teológica não se pode mais falar em fim sobrenatural e fim natural, mas, como o faz excelentemente, a *Gaudium et Spes*, em vocação integral do homem e do mundo (n. 10, 11, 57, 59, 61, 63, 91; *Ad Gentes,* 8), recalcando assim a unidade do plano salvífico que se historiza de formas diferentes na Igreja e no mundo. Respeitar a legítima autonomia das realidades terrestres não é ausentismo teológico, mas valorização do modo próprio como o mundo realiza a graça, a salvação e o plano de Deus. A Igreja não é portadora exclusiva da redenção; esta foi conquistada por Cristo para todos e é oferecida universalmente como chance dentro das articulações históricas próprias às culturas e situações em que o homem se expressa no mundo.

Esta compreensão teológica fez com que a Igreja começasse a se entender diferentemente e a marcar outro tipo de presença no mundo.

2 Igreja sacramento-sinal

Esta nova visão de Igreja tematiza as razões teológicas aventadas acima. Tudo é enfocado numa perspectiva de história de salvação única e universal. Não há duas histórias, uma profana e outra sagrada. Há uma história só, a da salvação e da perdição, da acolhida da pro-posta de Deus na res-posta humana ou de seu rechaço. A história profana articula a seu modo a salvação ou a perdição: ela não explicita Deus e sua graça, mas busca também a justiça, a verdade e a fraternidade, valores salvíficos e concretizadores daquilo que a graça significa no mundo. A história sagrada explicita Deus e sua graça, nomeia o Mistério, celebra-o e elabora a religião como forma organizada e cultural de os homens se relacionarem tematicamente com Deus. Porque é explicitado, Deus não fica preso nas malhas desta explicitação, nem sua graça e salvação é exclusiva ao grupo que se entende no interior desta explicitação. Ela se dá gratuita e universalmente a todos, independentemente dos limites da Igreja e das religiões. Não obstante, o pecado original e o pecado do mundo, Deus sempre amou os homens e se autocomunicou com amor e perdão. Sempre houve chance de salvação para todos. Cristo, como *logos* preexistente e *incarnandus*, sempre agia no mundo, "estava no mundo", como "luz verdadeira iluminava todo homem que vem a este mundo" e como *incarnatus* "veio para o que era seu", porque "por Ele foi feito o mundo" (Jo 1,9-11). Por isso Adão foi o primeiro cristão, como o diziam os Santos Padres. A história está grávida de Cristo e cheia da graça salvadora, envolvendo como uma atmosfera todos os homens.

O específico da Igreja, nesta visão, não é levar salvação para um mundo sem salvação. A salvação é comunicada independentemente da Igreja. Ela também comunica salvação. Mas outras realidades do mundo também a comunicam. Isso não constitui o *específico* da Igreja. Seu específico reside na sinalização da graça já presente no mundo. Ela conscientiza o plano do amor divino, densifica e tematiza a graça libertadora que está difusa por todo o mundo consciente ou inconscientemente. Por isso ela é fundamentalmente sacramento-*sinal* da presença amorosa de Deus na história. Ela torna patente o que está latente: a cristidade do mundo. Todos são portadores do Reino, da salvação, da graça, bem como todos podem transformar-se em veículos obstaculizadores destas realidades salvíficas. A Igreja constitui, como avançamos acima, uma elite cognitiva, com consciência mais profunda da realidade salvadora presente no mundo e afetando a todos. Esta consciência e vanguarda religiosa permite à elite cognitiva viver historicamente com mais intensidade a profundidade crística do mundo e possibilita gerar o cristianismo como expressão linguística, cultual, dogmática e cultural, mas não se apodera exclusivamente da universalidade crística. Se dissermos que onde estiver o amor, o perdão, a justiça, a verdade, o bem em qualquer quadrante do espaço e do tempo, aí está Cristo; se dissermos que onde está Cristo aí está também a sua Igreja, então devemos afirmar que a Igreja está presente em qualquer quadrante do espaço e do tempo, como diziam os Santos Padres e também o Concílio Vaticano II (*Lumen gentium* n. 2): *"Ab initio mundi, ab Adamo, ab Abel usque ad ultimum electum"*[4]. Mas esta Igreja possui então dimensões cósmicas, vive sempre para além de todas as fronteiras e é infinitamente maior do que a organização em termos de Igreja Católica Apostólica Romana[5]. Representando graficamente:

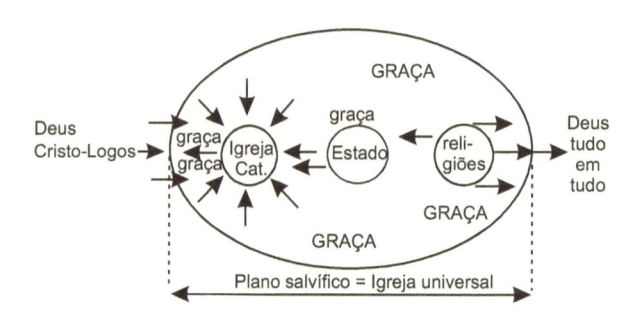

---

4. CONGAR, Y. "Ecclesia ab Abel". *Abhandlungen über Theologie und Kirche* (Festschrift f. K. Adam, publ. por M. Reding). Düsseldorf, 1962, p. 79-108.
• BOFF, L. *Die Kirche als Sakrament im Horizont der Welterfahrung*. Paderborn, 1972, p. 87-107.

5. Esta compreensão foi assimilada na obra volumosa de pastoral: *Handbuch der Pastoraltheologie*, I-V. Viena: Herder, 1964-1972, sob a clara influência de K. Rahner.

a) Concreção praxística da Igreja sacramento-sinal

Este modelo de Igreja se expressa concretamente por uma grande descentração eclesiológica. A Igreja, como comunidade organizada dos fiéis, sente-se solidária com todos os homens dentro de uma mesma história vista *sub specie salutis et peccati*. Ela verá a si mesma, latentemente presente, lá onde homens, movimentos e estruturas buscam a libertação, defendem os oprimidos, realizam maior fraternidade e justiça, a despeito das ideologias pelas quais os homens interpretam suas ações. É uma Igreja aberta às dimensões do mundo, preocupada em detectar a presença de Deus e de Cristo, sob as faces humanas, sociais e culturais mais diversas. Sua missão não é enquadrar todos ao seu modelo histórico, mas defender e aprofundar o que há de bom e legítimo em todas as manifestações humanas, porque elas são historizações e res-postas diferentes à mesma pro-posta e ao único Mistério de Deus em Cristo. Por isso esta Igreja pode se mostrar flexível em colaborar com todos os movimentos que buscam um crescimento verdadeiramente humano e favorecem a abertura para os outros e para Deus. Sua identidade reside em tornar-se cada vez mais sinal transparente e livre de ambiguidades. Não é importante nem necessário, para realizar esta missão histórico-salvífica, que a Igreja seja numerosa. Dado que a salvação não depende exclusivamente dela, porque é oferecida universalmente a todos, ela pode primar pela qualidade de seu sinal e de sua presença no mundo. Enquanto sinal, a Igreja será provavelmente um *pusillus grex*. A Igreja grande é composta por todos aqueles que anonimamente vivem na realização da verdade e do bem em todas as dimensões humanas. Eles vivem sob o vigor da graça divina; neles age o

Ressuscitado e seu Espírito, mesmo que não o saibam nem cheguem jamais a uma explicitação, embora a cristidade do mundo tenda dinamicamente a se conscientizar e a se tematizar. Isso ocorre com a Igreja-sinal. Por isso ela não é um não mundo; forma a parte do mundo que chegou a si mesmo e tornou patente o que guardava latente dentro de si: a graça e a presença misteriosa do Cristo cósmico. Se esta Igreja-sinal missiona, é primeiramente para ela mesma sempre se converter, isto é, reconhecer a ação de Deus já realizada no mundo e acolhê-la; a partir disso, ela anuncia sua própria riqueza, explicita os desejos secretos dos homens e lhes mostra como se historizaram de forma definitiva no caminho histórico de Jesus morto e ressuscitado, cuja memória e atualização ela guarda e proclama.

b) Avaliação do modelo de Igreja sacramento-sinal

Este modelo parte de um dado definitivamente conquistado para a reflexão da fé e apoiado na mais significativa tradição bíblica: a ideia de história da salvação abarcando todos os tempos e todos os homens[6]. Esta visão constitui sem dúvida a grande conquista do Concílio Vaticano II, na sua última fase e nos documentos que dela emanaram, a *Gaudium et Spes* e o *Ad Gentes*. A partir desta abertura a Igreja pôde se reconciliar com o mundo moderno, da secularização e das ciências. Esta visão permitiu ler com olhos de fé e descobrir a presença de Deus, de Cristo e de seu Espírito atuando nas dimensões do mundo, mesmo naquelas que não fazem nenhuma referência explícita a um Trans-

---

6. Esta visão está muito presente no texto da presidência da CNBB, *Igreja e política*. São Paulo: Paulinas, 1974.

cendente e até se movem contra ela, mas pugnam por um mundo mais justo e mais humano. Se antes a Igreja via graça e salvação apenas lá onde ela se fazia presente, agora aprendeu a detectar presença de cristianismo no próprio mundo e nos movimentos libertadores que caracterizam a Modernidade. Em função de semelhante leitura a *Gaudium et Spes* podia celebrar o trabalho transformador do homem através do projeto científico e técnico, como formas de preparação "da matéria do Reino dos Céus", ao mesmo tempo em que já realiza "algum esboço do século que virá" (n. 38 e 39). Um inaudito otimismo permeia toda a linha teológica da *Gaudium et Spes*. A dimensão da salvação mediatizada pelas conquistas humanas fundamenta a razão do otimismo e sedimenta a proclamação da alegre esperança cristã.

Entretanto, neste modelo se anuncia um limite: a história da salvação não é apenas história da vitória, da presença triunfante de Deus no mundo e da resposta generosa e humilde do homem à proposta do Mistério. É também história da grande recusa, do fechamento, da utilização das conquistas científicas e técnicas para subjugar nações e oprimir classes sociais. A ciência e a técnica não são inocentes. Hoje em dia constituem os instrumentos pelos quais os países opulentos do Hemisfério Norte, detentores da produção científica e técnica, oprimem grande porção da humanidade e a mantêm na periferia das benesses do progresso. A celebração das conquistas da Modernidade, se ficar no nível abstrato e não descer ao concreto como elas vêm articuladas, exercidas e manipuladas, pode facilmente degenerar numa justificação ideológica do atual *status* do poder opressor. Esse perigo não foi visualizado com suficiente clareza pelo Concílio Vaticano II, mas foi conscientizado pelos Documentos de Medellín, que representam a tradução do Concílio Vaticano II para as condições específicas de nosso continente subdesenvolvido e esbulhado[7].

À Igreja não cabe apenas descobrir Deus e Cristo dentro do mundo, na esfera da organização humana, nas religiões e ideologias, mas igualmente discernir as situações que se estruturam no pecado e no fechamento gerando injustiças que ofendem os homens e a Deus. Se todos podem ser portadores da salvação, podem também ser geradores de perdição. Esta ambiguidade e simultaneidade deveria manter a Igreja numa permanente vigilância sobre si mesma e sobre as realidades humanas, especialmente as políticas e econômicas, onde hoje se tomam as grandes decisões que afetam profundamente todos os homens, em termos de libertação ou opressão. O mundo atual não é tanto secularizado, mas secularista, vale dizer, estruturado de forma a gerar iniquidade social para a maior parte da humanidade. A visão que acentua o otimismo salvífico representa a teologia elaborada nos países opulentos da Europa Central e dos Estados Unidos; ela perdeu muito de seu sal crítico e profético e não chegou a tematizar o real problema humano gerado pela forma concreta como o instrumental imenso da ciência e da técnica é manipulado para conservar e alargar as relações de força estabelecidas. O fator conflitivo da realidade, a divisão entre países ricos e países pobres, entre centro e periferia – que, além da dimensão política e econômica evidente, possui um peso teológico de graça e pecado estrutural – não constitui a linha de força desta visão eclesial. É uma visão contemplativa do mundo, en-

---

7. Cf. *Fe y secularización en América Latina*. Quito, 1972 [Coleção Ipla, 12].

tretanto, insuficiente em seu aporte concreto e histórico. Ademais, está ausente toda uma perspectiva de autocrítica e de autoconversão da Igreja: Até que ponto, em sua organização, na forma como é distribuído o poder, se pratica a participação nas decisões e circulam as informações dentro da comunidade, a Igreja é sinal ou contrassinal daquilo de que ela é portadora: da liberdade, da fraternidade, da destruição dos obstáculos à livre comunicação com todos etc.?

Não obstante estas limitações, a opção teológica de fundo é extremamente vigorosa, apresentando a Igreja como o Povo de Deus peregrino, solidário e comprometido com a única história que é de todos os homens, caminhando ao encontro da Parusia que é uma só para toda a humanidade e por isso também da Igreja.

3 Igreja-sacramento, isto é, instrumento e sinal profético

Um terceiro modelo de Igreja foi elaborado na América Latina no interior da práxis libertadora de cristãos engajados no processo de superação do subdesenvolvimento com todos os seus derivados[8]. O ponto de partida é constituído

---

8. Cf. os textos mais representativos desta linha: MUÑOZ, R. *Nova consciência da Igreja na América Latina*. Petrópolis: Vozes, 1979, obra que reúne o material mais significativo acerca da Igreja na sociedade latino-americana. • VIDALES, R. *La Iglesia latinoamericana y la política después de Medellín*. Quito, 1972 [Coleção Ipla, 15/16]. • "Evangelho, política e socialismo", da Conferência Episcopal do Chile (1971). *Sedoc*, 4 (1971), p. 1.443-1.476. • "A justiça no mundo", texto proposto ao Sínodo pela 40ª Assembleia da Conferência Episcopal do Peru. *Sedoc*, 4 (1971), p. 423-436. • "Nossa reflexão. Resposta do Movimento de Sacerdotes para o Terceiro Mundo dada à Declaração da Comissão Permanente do Episcopado Argentino". *Sedoc*, 4 (1971), p. 197-232. • "Cristãos para o socialismo. Primeiro encontro realizado no Chile a 23-30 de abril de 1972". *Sedoc*, 5 (1972), p. 614-632. • "Eu ouvi os clamores de

pela visão histórico-salvífica, que se concretiza de forma diferente nas várias esferas do mundo e na Igreja, conservando cada uma sua racionalidade e autonomia próprias. A Igreja é compreendida como sinal densificador da salvação presente nas dimensões de todo o mundo. Entretanto, não incide aqui a ênfase própria desta compreensão de Igreja. O acento é colocado numa direção eminentemente praxística e libertadora: sendo sinal densificador da salvação, pergunta-se: Que faz a Igreja, em decorrência deste fato teológico, para ajudar os homens a se libertarem do pecado, historizado na forma de estruturas sociais injustas e opressoras? A Igreja não pode viver narcisisticamente a verdade de ser a cidade sobre o monte, o estandarte elevado entre as nações e a luz acesa na casa. Esta luz ilumina, mostra os cantos escuros da própria casa e do mundo, é crise para os que se refugiam nas trevas. Desde que Jesus Cristo morreu em defesa da verdade do homem, desde que Ele pregou e presencializou o Reino de Deus como transformação deste velho mundo em novo, curando doentes, vencendo a morte, domando a natureza, perdoando pecados e abrindo mais os homens para os outros homens e para Deus, a tarefa da transformação do mundo compõe uma dimensão constitu-

---

meu povo", dos bispos e superiores do Nordeste". *Sedoc*, 6 (1973), p. 607-629. • PROAÑO, L. *Pour une Église libératrice*. Paris: Cerf, 1973. • DUMAS, B.A. *Los dos rostros alienados de la Iglesia una*. Buenos Aires: Latinoamérica Libros, 1971. • BIGO, P. *L'Église et la révolution du tiers monde*. Paris: PUF, 1974, p. 105-135. • ASSMANN, H. *Teología desde la praxis de la liberación*. Salamanca: Sígueme, 1973, p. 141-200. • SCANNONE, J.C. "Situación de la problemática 'fe y política' entre nosotros". *Fe y Política*. Buenos Aires: Guadalupe, 1973, p. 15-47. • ALONSO, A. *Iglesia y praxis de liberación*. Salamanca, 1974, p. 169-196. • GERA, L. "Aspectos eclesiológicos de la teología de la liberación". *Liberación*: Diálogos en el Celam. Bogotá, 1974, p. 381-400. • GERA; BÜNTIG & CATENA. *Teología, pastoral y dependencia*. Buenos Aires, 1974, esp. p. 11-31. • ELLACURÍA, I. *Liberación*: misión y carisma de la Iglesia latinoamericana. Lima: Miec-Jeci, 1975, p. 15.

tiva da evangelização. A Boa-nova não é só orientada para a libertação das almas, mas para a globalidade da criação, pois que também esta faz parte do Reino de Deus. A Igreja é sacramento-sinal-e-instrumento desta libertação. Ela se dá conta da realidade da opressão e do pecado social e pessoal juntamente com a presença da salvação. Na América Latina se faz sensível às formas estruturais de injustiça, que marginalizam milhões e privilegiam elites. Apesar de o Estado e a Igreja estarem inseridos na mesma atmosfera histórico-salvífica, percebe dimensões opressoras do poder político e econômico e por isso presença do pecado. Anuncia a Boa-nova, mas também profeticamente denuncia as servidões que impedem a mensagem cristã de ser boa-nova para todos. O Evangelho não é mera doutrinação e exposição doutrinária de fatos do passado; é apelo à conversão que transforma a pessoa e nas estruturas sociais. Somente aos convertidos e nas situações mais justas e humanas ele é Boa-nova, senão é crise, juízo e condenação. A mensagem cristã não abre apenas a dimensão de um futuro absoluto para todos os homens e para o cosmos, antecipado já pela ressurreição de Jesus Cristo. O futuro se faz já presente nas mediações históricas mais livres, mais justas e humanas. A libertação escatológica já se encarna dentro da história, embora de forma limitada, mas real, e se abre para o modo definitivo no futuro de Deus. Daí não serem indiferentes para a Igreja os modelos políticos e econômicos, as estruturas sociais e os modos de participação de todos na causa comum e nas decisões que afetam toda a comunidade: nisso tudo pode haver manifestação de pecado ou concretização da graça libertadora, pode historizar-se a salvação ou instaurar-se mecanismos de perdição.

A Igreja, por causa de sua consciência mais aguda e por sua ligação a Jesus Cristo, em quem emergiu, antecipatoriamente, a definitiva libertação, deve poder discernir os sinais que presencializam a libertação e os que anunciam a recusa de um autêntico crescimento para os outros e para Deus. Ao fazer semelhante discernimento, deverá apoiar-se não somente nas luzes de sua fé evangélica, mas na racionalidade própria da análise crítica dos mecanismos sociais. Só assim sua atuação possui eficácia e mordência na realidade lá onde ela mais sangra. Por isso a atitude fundamental da Igreja é profética, de anúncio e de denúncia; não antecipará reconciliações sem conversões e viverá sempre em tensão com a ordem estabelecida que não se abrir para a promoção e libertação de todos. Configurando graficamente resulta:

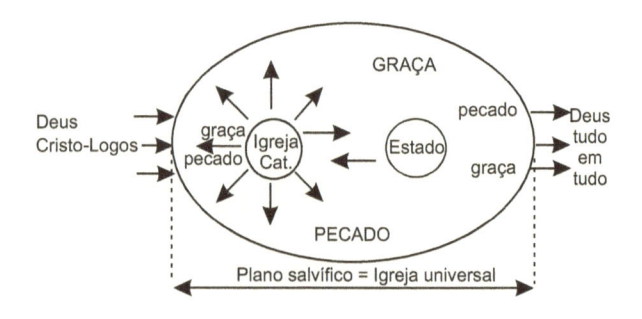

a) **Concreção praxística da Igreja sacramento-sinal-e-instrumento profético**

Esta compreensão de Igreja levanta um questionamento inquietante para a práxis eclesial: Até que ponto a Igreja legitima com suas estruturas mais fraternas e justas sua pregação por mais justiça social e libertação dos oprimidos? Até que ponto ela se deixa utilizar ideologicamente pelas forças dominantes para abafar as justas reclamações dos injustiçados? Até que ponto sua própria pregação e o modo como articula a fé não se tornam alienantes, inofensivos e por isso reforçadores do *status quo*? Não se trata de instrumentalizar a fé e o Evangelho para fins políticos; trata-se de resgatar as dimensões sociais presentes na fé e no Evangelho, muitas vezes encobertas por um tipo intimista e privatizante de compreensão da fé e do Evangelho.

Seu relacionamento com as forças sociais também se determina a partir de sua vocação profética e libertadora. A fé não fornece apenas um juízo crítico negativo face às realidades sociais enquanto relativiza todas as libertações históricas. Ela leva a própria Igreja a se comprometer e a participar no processo de libertação, porque só assim a libertação definitiva de Jesus Cristo se historiza e não é relegada para o último juízo. O fim não é catastrófico, mas é uma plenitude que vem historicamente sendo preparada dentro das ambiguidades inerentes à atual situação da história da salvação, que inclui sempre também a chance de perdição. A presença da Igreja e sua evangelização assumem assim um peso político na luta contra uma situação de dependência e de opressão. Em semelhante situação evangelizar significa trazer crise e conflito para os geradores da dependência e da opressão. A missão da Igreja, bem como de Cristo, reside na reconciliação. Entretanto, não poderá haver reconciliação verdadeira enquanto perdurarem os motivos que levam às rupturas sociais e às lutas de classes. Consequentemente a reconciliação só é possível mediante a conversão dos que destilam o empobrecimento e as injustiças. Como dizia com acerto o episcopado peruano em 1971: "Para a comunidade eclesial... isto implica optar pelos oprimidos e marginalizados, como compromisso pessoal e comunitário. Esta opção não exclui de nossa caridade a nenhum homem; antes, optar para quem hoje experimenta as formas mais violentas de opressão é para nós uma maneira eficaz de amar também aqueles que, talvez inconscientemente, estão oprimidos por sua situação de opressores"[9]. A Igreja não renuncia ao amor universal, apenas que desce do plano geral abstrato para as formas concretas do amor, consoante a localização estrutural de cada grupo: ao oprimido amará como oprimido, ajudando-o a articular seu processo libertador, ao opressor amará desmascarando os mesmos mecanismos que o fazem opressor e por isso oprimido por estes mesmos mecanismos, à classe média amará de forma a fazê-la sair de seu individualismo e dos valores de uma sociedade de consumo etc.

b) **Avaliação do modelo da Igreja sacramento-sinal-e-instrumento profético**

Este modelo de Igreja compreendeu muito bem que a salvação e a perdição não perpassam apenas o coração humano, mas também as estruturas sociais. Estas não devem ser vistas de fora, mas existencialmente, como a projeção para o campo social e histórico de atitudes do próprio homem. Elas são o próprio homem. Daí não se poder imaginar, ingenuamente, que basta converter o indivíduo e as estruturas se modificarão como consequência. Engano: elas possuem um peso próprio, envolvem o homem e precisam também de conversão. Daí é que a salvação trazida por Jesus Cristo, a graça sanante e elevante não podem ser tra-

---

[9]. "A justiça no mundo". *Sedoc*, 4, 1971, p. 427-428.

duzidas em discursos universalizantes e vazios, mas em mediações históricas transformadoras da situação decadente. Só assim a fé escapa de ser evasionismo, e a libertação puro futuro sem continuidade dialética com a história humana. Diante desta necessidade de concreção a Igreja não pode ficar neutra; a própria neutralidade seria reforço aos poderes estabelecidos e por isso seria já uma tomada de partido, mesmo inconscientemente. Ela deverá optar por aqueles mais desprivilegiados pelos quais optou Jesus Cristo e a partir daí definir seu amor para com todos os demais, dando seu respaldo moral aos movimentos que buscam uma sociedade mais justa, fraterna e participante.

Neste compromisso concreto da Igreja não faltarão os conflitos e as tensões concernentes à sua unidade. Sua unidade atual não possui caráter escatológico; por isso está sempre por ser feita porque nunca é per-feita. A Igreja deverá vencer a tentação de querer criar uma unidade e uma síntese total já no tempo, quando ela é um bem escatológico e final. Tal empreendimento implicaria violência e seu fruto seria ilusório e não real. A unidade é sim um *já*, mas também um *ainda não*. Enquanto a própria humanidade não for una, também a Igreja deverá lutar por sua própria unidade.

Esta visão eclesiológica está iluminando o caminho concreto da fé em nosso continente; a partir da fé se lê a realidade humana como situação de graça ou de pecado, de afirmação ao plano de Deus ou de sua negação; ela convoca a comunidade com seus monitores para um compromisso de libertação que é nossa resposta ao Senhor que nos abriu a possibilidade de uma colaboração na construção do Reino.

Esta posição não está isenta de perigos que honestamente não devem ser escamoteados. Persiste o perigo de reduzir os conteúdos da fé aos conteúdos que emergirem da práxis libertadora. Certamente a fé se enriquece e descobre dimensões novas, antes insuspeitadas, no desenrolar do compromisso. Entretanto, ela possui conteúdos anteriores a qualquer práxis, constituindo a fonte de sua profecia anunciadora e denunciadora, como por exemplo a alegria da ressurreição de Jesus Cristo, a certeza do fim bom da criação redimida, a confiança na indefectibilidade da Igreja e a segurança da graça e do perdão sacramentais, comunicados aos contritos de coração etc.

Outro perigo reside no desequilíbrio dialético entre fé e práxis. Não basta afirmar o caráter libertador da práxis face aos modos como se encarna a fé, desideologizando-a e restituindo-lhe a dimensão própria de fé. Há que se manter a permanente integração de ambas. A fé, por sua vez, desempenha uma função crítica face à práxis, às opções e aos métodos adotados. Ademais a própria fé nunca se deixa enquadrar na circularidade dialética, porque ela significa uma constante abertura para Deus, mesmo face às suas próprias encarnações linguísticas, culturais, litúrgicas etc. A fé situa a própria Igreja numa atitude de grande pobreza e liberdade frente aos próprios compromissos históricos. Ela não deve agarrar-se a eles como se fossem já a definitiva libertação. Seu olhar para o futuro desdramatiza a incerteza do presente e lhe confere jovialidade mesmo no coração do embate, da perseguição e do martírio.

4 Conclusão: *Ecclesia* do *tempus medium*

Estas três concepções de Igreja refletem e, a um tempo, alimentam um tipo de práxis e de presença da fé no mundo. O desafio que nosso continente lança está recebendo uma resposta responsável da teologia e do engajamento cristão. É um ensaio novo e uma colaboração para a Igreja universal, enquanto a Igreja latino-americana tenta encarnar, dentro das condições próprias à nossa situação, a mensagem libertadora de Jesus Cristo. A Igreja latino-americana se sabe Igreja peregrina, do *tempus medium*, cuja síntese entre Evangelho e mundo nunca é um dado, mas uma aventura histórica. Por isso humildemente se deixa criticar e instruir, mas ao mesmo tempo valentemente se engaja e profeticamente anuncia e denuncia, na certeza que a libertação, a participação de todos, a fraternidade e a esperança por uma nova sociedade têm mais futuro do que a apetência desmesurada de acumular, o individualismo empobrecedor e o crescimento meramente quantitativo favorecendo a grupos elitistas. O empenho na construção de um mundo mais habitável e humano é a forma como se expressa, nas condições históricas, o próprio Reino de Deus.

Capítulo XII
Pobreza e libertação: espiritualidade de compromisso e solidariedade

1 Só os não pobres têm problema com a pobreza

Em toda a Igreja, particularmente na América Latina e na vida religiosa, o problema da pobreza se tornou, nos últimos anos, uma questão fundamental. Fala-se da Igreja dos pobres, feita pelos pobres e para os pobres. A vida religiosa deve reinterpretar o sentido do voto de pobreza; passar de uma vivência intimista, privatizante e ascética para um compromisso de solidariedade pública com os pobres econômica e socialmente. Semelhante preocupação revela a má consciência em que vive a Igreja e a vida religiosa. Elas não são pobres. Fazem o voto de pobreza, mas são outros que o observam. O simples fato de se colocar a questão da pobreza demonstra que vivemos fora dela. O pobre não se questiona acerca da pobreza. Não pensa em ficar mais pobre. Seu problema é sair da pobreza; reconquistar sua dignidade aviltada; conseguir um desafogo que lhe permita viver mais humanamente, sem a preocupação diuturna da sobrevivência. Só os ricos se questionam acerca da pobreza e da riqueza. É graça divina que, no atual momento, a Igreja coloque, na sinceridade, o sentido da pobreza e a qualidade do testemunho evangélico que possa dar mediante a pobreza.

Sobre a pobreza reinam as mais confusas representações[1]. Os vários níveis em que ela vem articulada se prestam a encobrir, às vezes, o seu verdadeiro cerne evangélico: assim o nível econômico-social, o nível espiritual, o nível pessoal, comunitário, político etc.

Nossa reflexão tentará ordenar a reflexão sobre a pobreza. Entretanto, o real problema da pobreza não reside em sabermos exatamente seu sentido evangélico, mas em vivermos verdadeiramente a pobreza. Com a simples reflexão nada ainda logramos; ela só cobra sentido se informar uma práxis de pobre e puder refletir uma vida pobre. Caso contrário, é luxo de pessoas ricas que ofendem o pobre com suas ricas especulações sobre a riqueza da pobreza e a pobreza da riqueza.

2 A pobreza é um mal que ofende o homem, e Deus não quer

Em primeiro lugar devemos manter claro que a pobreza não é nenhum valor em si mesmo. Pobreza concreta

---

1. Existe um número ilimitado de livros e artigos sobre a problemática da pobreza, nem sempre orientadores para a verdadeira perspectiva. Citamos apenas alguns que julgamos da melhor qualidade: GONZÁLEZ RUIZ, J.M. *Pobreza evangélica e promoção humana*. Petrópolis: Vozes, 1970. • DUPONT, J.; GEORGE, A.; RIGAUX, B. et. al. *La pobreza evangélica hoy*. Bogotá: Secretariado-geral da Clar, 1971. • GEORGE, A. "Pauvre". *SDB*, 37, 1962, p. 387-406. • HAUCK, F. & BAMMEL, E. "Ptochós". *ThWNT*, VI, p. 885-915. • JEREMIAS, J. "Quienes son los pobres?" *Teologia del Nuevo Testamento*, I. Salamanca, 1974, p. 134-138. • CLAR. *Pobreza e vida religiosa na América Latina*. Rio de Janeiro: CRB, 1969. • GUTIÉRREZ, G. "Pobreza: solidariedade e protesto". *Teologia da Libertação*. Petrópolis: Vozes, 1975, p. 234-249. • BOFF, L. "A pobreza no mistério do homem e de Cristo". *Grande Sinal*, 28, 1974, p. 163-183 [ou em *Pobreza, obediência y realización personal en la vida religiosa*. Bogotá: Clar, 1975, p. 39-62].

inclui míngua, fome, escravidão à doença e a toda sorte de limitações que poderiam ser superadas pela ausência da pobreza. Não raro faz-se uma reflexão mística sobre ela sem se advertir realmente o que se está dizendo. Como afirma com acerto Berdiaeff, o problema de nossa própria pobreza se apresenta como uma questão material, enquanto para os outros apresenta-se como um problema espiritual. Em outras palavras: quando realmente a pobreza nos assola e sofremos sob suas limitações, esquecemos todas as considerações místicas. Batemos no concreto, na infraestrutura da vida humana. Quando outros são atingidos pelo espectro da pobreza, tendemos a sublimar sua situação. Chegamos a dizer: o favelado é pobre, mas é feliz. Mais vale a felicidade com a pobreza do que a riqueza com a desgraça. Com isso conseguimos apenas adormecer nossa consciência, mas não ajudamos a encher o prato do favelado, nem suas crianças deixarão de ser afetadas em seu cérebro devido à anemia e à subnutrição. Passamos por cima da iniquidade humana que a pobreza material implica. Para a Bíblia, o pobre é o indigente, o encurvado, o débil, o miserável, o condenado à indigência. Isso é apresentado como um mal que humilha o homem e ofende a Deus. O homem foi feito senhor e não escravo da terra. Ele foi criado à imagem e semelhança de Deus; ofendendo-se a imagem se ofende o autor dela, Deus mesmo. Como diz José María González Ruiz em seu livro *Pobreza evangélica e promoção humana*[2]: "O pobre é afligido (para a Bíblia) e se dirige a Deus em uma oração amarga, irritada e por vezes com laivos de blasfêmia. O que supõe, naturalmente, que a pobreza material produz um *vazio re-*

---

2. Ibid.

ligioso no coração do homem". O Eclesiástico, no capítulo 4,5-6, observa agudamente: "Não afastes teus olhos do mendigo, irritando-o; nem dês ocasião aos que te pedem de que te maldigam pelas costas. Porque escutado será o lamento do que geme na amargura de sua alma e o seu Criador ouvi-lo-á". O Êxodo diz comovedoramente: "Não maltratarás o estrangeiro e não o oprimirás, porque fostes estrangeiros no Egito. Não afligirás a viúva nem o órfão. Se os afligirdes e eles clamarem por mim, não deixarei de lhes ouvir o clamor... se tomares como penhor o manto de teu próximo, devolver-lho-ás antes do pôr do sol, porque com ele se abriga, é a veste do seu corpo; com que dormirá ele? Se me invocar, eu o ouvirei, porque sou compassivo" (21,21-27). E o Deuteronômio recomenda: "Nunca faltarão pobres na terra. Por isso te faço esta recomendação: abre, abre a mão a teu irmão, ao pobre e ao necessitado que estiver na tua terra" (15,11).

As blasfêmias e as lamúrias do pobre contra Deus não significam rejeição de Deus, mas não aceitação da pobreza desumanizante porque Deus mesmo não a quer e ela contradiz seu desígnio. Deus não as interpreta como pecado, mas como súplicas de dor.

Os profetas lutaram contra a pobreza dos pequeninos. Isaías lança como tese fundamental: "Sabeis qual é o exercício de piedade que eu aprecio?, diz o Senhor Deus. É melhor romper as cadeias injustas, desatar as cordas do jugo, libertar os oprimidos e quebrar toda espécie de jugo. É repartir o pão com o esfaimado, dar abrigo aos infelizes sem abrigo, vestir os maltrapilhos em lugar de desviar-se de seu semelhante" (Is 58,6-7).

O Messias será o libertador "do pobre suplicante, do infeliz que ninguém ampara" (Sl 72,12-14). O Reino implica libertação da pobreza, porque, nele, os cegos veem, os coxos andam, os leprosos ficam limpos e bem-aventurados os que têm fome porque serão saciados (Lc 4,2; 7,22). Da Igreja Primitiva em Jerusalém, São Lucas diz como elemento altamente positivo: "Não havia pobres entre eles..." (At 4,34).

Em conclusão podemos dizer: a pobreza constitui um mal: para a Bíblia é uma forma como a morte se manifesta na vida humana, porque sob a morte não se deve entender apenas o último momento da vida biológica, mas tudo que diminui, limita, humilha, ofende e encurta a existência humana. Semelhante pobreza contradiz o desígnio histórico de Deus. Por isso, ela não pode ser o sentido de um projeto humano. Ninguém é pobre pela pobreza em si mesma. Se alguém se faz pobre é por outro motivo e não para magnificar a pobreza como um ideal humano. Com razão dizia Santo Tomás de Aquino: *"Non enim paupertas secundum se bona est: a pobreza não é boa em si mesma"*[3]. Ela não terá lugar no Reino de Deus. Deve ser banida.

3 A riqueza é um mal que desumaniza o homem, e Deus não quer

Se apresentamos a pobreza como um mal, será então seu correlato oposto, a riqueza, um bem? É interessante constatar que a Bíblia tanto do Antigo como do Novo Testamento estigmatiza a riqueza como um mal que torna o

---

3. *Contra gentiles*, III, 134.

homem incapaz de Deus e de seu Reino. Amós, o profeta vaqueiro, taxativamente incrimina os plutocratas do Reino do Norte: "Ai dos que na abundância estão a gosto em Sião e dos que estão em segurança na montanha da Samaria, os homens notáveis do primeiro dos povos ao lado dos quais vai a casa de Israel... Vós, os que dormis em cama de marfim e vos deleitais em vossos leitos; os que comem os melhores cordeiros do rebanho e os mais escolhidos bezerros do gado. Os que bebeis vinho em cálices e vos ungis com preciosos perfumes, sem vos compadecerdes da aflição de José..." (6,1.4-6).

Habacuc, outro profeta ardente, anatematiza as riquezas: "Certamente é pérfida a riqueza. Perde o sentido e não encontra o descanso quem dilata sua garganta como o abismo, quem é insaciável como a morte e quer reunir sob seu domínio todas as nações e colecionar povos... Ai daquele que amontoa o que não é seu e acumula prendas empenhadas!" (2,5-6).

O Novo Testamento é ainda mais contundente na condenação da riqueza: "Ai de vós, ricos, porque tendes já vossa consolação! Ai de vós que estais fartos, porque sentireis fome!" (Lc 6,24-25). O homem rico que diz com seus botões: "Minha alma, já tens muitos bens armazenados para muitos anos; agora, descansa, come e bebe e vive em delícias", recebe a seguinte invectiva de Jesus: "Insensato! Esta mesma noite pedir-te-ão tua vida; e o que açambarcaste, de quem vai ser? Assim sucederá com aquele que entesoura riquezas para si, mas não se enriquece em vista de Deus" (Lc 12,16-21). "Não podeis servir a dois senhores... não podeis servir a Deus e às riquezas..." (Lc 16,13). Em São Lucas, Jesus chama a riqueza, sem mais, de injusta ou desonesta (Lc 16,9). Os fariseus, que "amavam o dinheiro e se riam de Jesus" (Lc 16,14), ouvem, num contexto de crítica à riqueza, a seguinte sentença: "O que para os homens é estimável (a riqueza) é abominável para Deus" (Lc 16,15).

O sentido da riqueza é conceder segurança e liberdade ao homem. Jesus desmascara este intento na parábola do rico insensato (Lc 12,16-21). Ao introduzir a parábola, dá já o sentido e a lição: "Guardai-vos cuidadosamente de toda ansiedade, pois, mesmo na abundância (riqueza), não está a vida do homem assegurada pelos seus bens" (Lc 12,15). Logo após, seguem-se aquelas belas advertências sobre o sentido da vida humana e da verdadeira segurança que reside somente em Deus: "O homem vale mais que o alimento, e o corpo mais do que a veste e os homens mais do que os pássaros" (Lc 12,22-31).

"Não amontoeis tesouros na terra!" (Mt 6,19; Lc 12,33), eis a advertência de Jesus. A Epístola a Timóteo, antecipando uma condenação radical a todo o capitalismo, com sua idolatria plutocrática, diz: "A raiz de todos os males está na cobiça do dinheiro" (1Tm 6,10).

4 Por que condenar tanto a pobreza quanto a riqueza?

A condenação tanto da riqueza quanto da pobreza pode-nos parecer surpreendente. Entretanto, ela possui sua profunda razão de ser. O Antigo Testamento e Jesus Cristo nunca veem a pobreza e a riqueza abstratamente, como entidades subsistentes em si mesmas ou como situações neutras e inocentes. Nem a riqueza nem a pobreza se produzem por geração espontânea. A reparar-se bem, a Bíblia pouco fala de riqueza e pobreza como substantivos abstratos. Fala muito mais do rico e do pobre, que são substantivos concretos, realidades históricas. Pobreza e riqueza são geradas dentro de um certo tipo de relacionamento entre as pessoas na mediação dos bens materiais. Pobreza e riqueza possuem uma relação dialética; implicam-se mutuamente. A pobreza é empobrecimento; a riqueza é enriquecimento. Há uma riqueza que se constitui fazendo outros pobres, esbulhando-os, tirando-lhes a dignidade, roubando-lhes os bens, e com isso privando-os das condições materiais para serem dignamente homens. A pobreza denuncia a presença de injustiça e a existência de uma riqueza desonesta. Semelhante pobreza que significa empobrecimento é resultado da desmesurada ganância dos ricos. Ela não é nenhum bem, porque se deriva de um mal. Que alguém, numa situação de pobre, pode ainda conservar sua dignidade humana e renunciar a todo espírito de vingança e de possuir gananciosamente, é fruto não da pobreza, mas da inesgotável grandeza humana que se torna capaz de superar tudo e ser maior do que cada situação. Não é por causa da pobreza que ele conserva sua humanidade, mas apesar dela. Não é por causa desta dignidade humana vivida e conservada apesar do mal da pobreza que vamos ideologicamente justificar a pobreza. Antes pelo contrário: por causa da dignidade inviolável de cada pessoa devemos combater a pobreza, não para contrapô-la à riqueza e propor a riqueza como ideal, mas para buscar relações mais justas entre os homens que impeçam a emergência de ricos e pobres.

Queremos trazer à reflexão alguns textos bíblicos, especialmente proféticos, onde se mostra claramente esta vinculação dialética e autoimplicativa da pobreza com a riqueza e vice-versa.

Proclama o profeta Isaías (10,1-2): "Ai dos que fazem decretos iníquos e dos escreventes que escrevem vexações, excluindo do juízo os débeis, denegando o direito dos pobres do meu povo, fazendo das viúvas sua presa e despojando os órfãos!"

Que a pobreza é gerada pela injustiça denuncia-o o profeta Amós (2,6-7): "Assim diz Javé: Pelos três crimes de Israel e pelos quatro serei inflexível! Porque vendem o justo por dinheiro e o pobre por um par de sandálias. Os que pisam a cabeça dos fracos e torcem o caminho dos humildes...!" Jó detecta com indignação profética a causa da pobreza: "Os maus mudam as divisórias das terras, roubam o rebanho e o pastor. Carregam o asno dos órfãos, tomam em penhor o boi da viúva. Os mendigos são forçados a retirar-se do caminho, escondem-se igualmente os pobres da terra. Como os asnos do deserto, partem impelidos pela fome de suas crias à procura de alimento... Vão nus, sem roupa..." (24,2-12).

Miqueias diz que os "ricos esfolam o povo e lhe arrancam a carne de cima dos ossos" (3,1-3).

Habacuc aponta com o dedo em riste os usurários porque amontoam o que não é seu e acumulam bens empenhados (2,6-8).

Toda a literatura profética está cheia de acusações contra o comércio fraudulento, a exploração, a ocupação violenta das terras, os impostos injustos, a opressão das classes dominantes.

A parábola do rico avarento e do pobre Lázaro deixa bem clara a vinculação antitética de um com o outro (Lc 16,19-31).

Zaqueu se justifica e se redime pelo fato de devolver o roubado que constituiu sua riqueza.

São Tiago adverte com toda clareza: "Os ricos tiranizam os pobres e os levam aos tribunais, não pagam a jornada aos trabalhadores que segaram suas messes, condenam o inocente e levam-no à morte" (5,1-6).

Estes textos todos evidenciam que não se trata de uma condenação dos bens terrenos, nem se magnifica a pobreza. Condena-se a riqueza porque ela é geradora da pobreza. Rejeita-se a pobreza porque ela é um escândalo social e significa presença de injustiça. Os bens devem ser humana e equitativamente participados por todos. A condenação da pobreza e da riqueza exprime uma valoração dos bens materiais que, devido ao desonesto relacionamento entre os homens, não são distribuídos de forma justa com todos. O ideal bíblico e cristão não consiste em propor e em buscar uma sociedade rica, mas em criar uma sociedade justa. Se a justiça for ferida, ferem-se todos os demais bens. Surgem as divisões em classes de ricos e de pobres, aparecem os ódios, as ganâncias e a idolatria. Se houver justiça, não haverá mais ricos e pobres como escândalo que envergonha o homem e ofende a Deus.

São Lucas, nas bem-aventuranças (6,20-26), situa-se bem dentro da concepção que esposamos acima de que tanto a riqueza quanto a pobreza são rejeitadas pela má qualidade de vida humana e divina que realizam. Chama de bem-aventurados os pobres, os famintos, os tristes, os odiados e proscritos porque ser-lhes-á feita justiça, ficarão fartos, irão rir e receberão sua recompensa. Portanto, a fome, a pobreza, a tristeza e a perseguição são rejeitadas.

Serão bem-aventurados porque foram libertos delas. Logo a seguir, às quatro bem-aventuranças se contrapõem os quatro ais: "Ai de vós, ricos, ai de vós, fartos, ai de vós que agora rides, ai dos que falam somente o bem dos outros". Rejeita-se, portanto, também a riqueza. A vida e a felicidade no Reino e na vida humana não está nem na riqueza nem na pobreza. Reside na vida justa para com os outros e para com Deus. Tanto a riqueza quanto a pobreza são irreconciliáveis com Deus e com o Reino, porque, como existem concretamente na sociedade dos homens, implicam injustiça e violação pecaminosa das relações fraternas entre os homens.

Por uma outra razão se rechaça ainda a riqueza e a pobreza. A riqueza, pelo poder que confere, tende a se organizar como um valor absoluto. O dinheiro exige ser adorado. Absorve, devido às preocupações de conservar e aumentar, a vida toda. Daí a advertência de Jesus: "Não podeis servir a dois senhores!" Nós diríamos na linguagem de hoje: não podeis ter dois absolutos na vida. Ou Deus ou o dinheiro (Lc 16,13; Mt 6,24). A riqueza oferece uma falsa segurança contra a qual já nos advertiu Jesus Cristo (Lc 12,15). Aos ricos deste mundo aconselha o autor de 1Tm que "não ponham sua confiança na incerteza das riquezas, porém em Deus" (6,17). A riqueza desumaniza. Os bens materiais materializam o espírito e cerram sua capacidade de abertura e de comunhão.

A pobreza, por sua vez, dá ocasião a toda sorte de misérias, de doenças, de fome, de perturbações psicológicas, de desestruturação no indivíduo e na família: leva ao ódio, às rixas, aos roubos, aos crimes, à blasfêmia e à desesperança nos homens e em Deus. Porque é fruto do pecado, inclina ao pecado. Os injustamente ricos são corresponsáveis pela maldade e pela violência perpetrada pelos pobres e humilhados.

Concluindo podemos dizer: para os profetas, para Jesus Cristo e para nós, cristãos, hoje, o pobre constitui o ponto de arranque para julgarmos a sociedade com suas riquezas e suas comodidades. A partir dele percebemos a inumanidade e a injustiça da pobreza e a iniquidade e a indignidade da riqueza. Damo-nos conta de que uma gera a outra. Na raiz estão, não a falta de oportunidade, nem a preguiça, nem a má vontade de trabalhar, mas relações injustas, desmesurada ganância de acumular, esbulhamento, roubo, trapaça, extorsão e exploração do homem pelo homem. Este espírito é que gera ricos e pobres. Não haverá sociedade mais humana, mais fraterna e mais equitativa sem a conversão deste espírito que busca o ter, o lucro, a segurança e o acúmulo de bens. Somente numa sociedade onde vigoram relações de justiça entre os homens a riqueza é um bem. Não pelo poder e pela exclusividade que dá, mas pelo desafogo e pela verdadeira libertação que confere. Liberta-nos da necessidade de ter que viver em função da sobrevivência, oferece chance de mais saúde, de melhor instrução, de mais fácil comunicação e comunhão entre os homens, países e continentes.

O ideal que o cristianismo propõe não é uma sociedade de exaltação da pobreza ou da riqueza, mas da realização da justiça e da caridade fraterna. É isso que São Lucas apresenta no capítulo quarto dos Atos, quando descreve a comunidade de bens dos primeiros cristãos a ponto de não existirem pobres entre eles (4,34). A proposição lucana não é o desprendimento e a pobreza coletiva, mas a caridade fraterna. Tal ideal, nos diz o grande estudioso de São Lucas, o abade Jacques Dupont, "se traduz, não no amor à pobreza, senão no amor aos pobres. Leva, não a fazer-se pobre, mas a velar para que ninguém padeça necessidade"[4].

5 O que significa "bem-aventurados os pobres"?

Antes de abordarmos o espírito novo que supera tanto a pobreza quanto a riqueza, espírito orientado pela sede de justiça e de fraternidade, conviria abordarmos a questão que causa tantas incompreensões e que ativa os mecanismos de justificativa ideológica, idealizadora da pobreza: que significa a palavra de Jesus conservada na versão de São Lucas: "Bem-aventurados os pobres porque deles é o Reino de Deus"? (Lc 6,20).

Primeira e fundamental questão: Quem são estes pobres? São porventura os materialmente pobres, em relação aos quais se define nosso dever de dar esmola, consoante aquilo que Jesus disse ao rico: "Vende tudo o que tens, dá-o aos pobres"? (Mc 10,21; Lc 18,22, cf. outros textos: Mc 14,5.7; Mt 26,9.11; Jo 12,5.6.8; 13,29; Lc 16,20; Mc 12,42). Albert Gelin, conhecido exegeta, pergunta: "Pode-se crer que Jesus beatificou uma classe social? O Evangelho teve alguma vez a aparência de um manifesto social? Nenhum estado sociológico é canonizado por Ele; nenhum enquanto tal é posto em relação direta com o Reino. Somente uma 'situação' espiritual pode acolher um dom espiritual. Somente a fé confiante abre o homem

---

4. "Los pobres y la pobreza en los Evangelios y en los Hechos". *La pobreza evangélica hoy*. Bogotá: Clar, 1971, p. 22-74, aqui p. 32.

à graça de Deus. E esta abertura se chama pobreza espiritual"[5]. Cristo, ainda segundo Gelin, dirigiu-se a todas as classes e não apenas aos pobres. Os pobres aos quais se anuncia o Evangelho são aqueles que possuem uma disponibilidade de abertura de coração, e não os ligados a uma situação de classes economicamente desprivilegiadas. Os pobres, segundo esta interpretação, são os pobres de espírito.

Esta interpretação é moralizante e espiritualista. Não atende ao texto das bem-aventuranças. Aí não se fala apenas dos pobres. Fala-se também dos que passam fome, dos que choram, dos que são excomungados, odiados e proscritos (Lc 6,22). Em outras passagens refere-se aos cegos, aos estropiados, aos leprosos e aos oprimidos (Lc 4,18-19; 7,22; Mt 11,4-5). A missão de Cristo concerne a estes humilhados e ofendidos. Ele veio para libertá-los. A salvação já se manifesta com a libertação destas dimensões muito duras e nada espiritualizantes da vida humana. *Pobres* significa, portanto, os economicamente atingidos, os marginalizados devido a suas doenças e aos preconceitos sociais e religiosos. Escreve Joaquim Jeremias, um dos maiores especialistas sobre a problemática social e econômica do tempo de Jesus: "Para Jesus, os pobres são, com segurança, os oprimidos em sentido amplíssimo: os que sofrem opressão e não se podem defender, os desesperançados, os que não têm salvação... Para Jesus, *pobre* possui um sentido empregado pelos profetas que foi o de desgraçados, incluindo aqueles oprimidos e pobres que sabem estar por completo à mercê do auxílio divino. Todos os que padecem necessidade, os famintos, os sedentos, os desnudos, os forasteiros,

---

5. *Los pobres de Javé*. Barcelona, 1965, p. 145.

os doentes e encarcerados, pertencem 'aos mais pequenos': são seus irmãos (Mt 25,31-46)"[6]. A bem-aventurança afirma: destes pobres concretos é o Reino dos Céus. Aqui está o segredo que nos abre a compreensão do porquê do privilégio dos pobres. Precisamos conscientizar as representações que a palavra Reino de Deus suscitava no povo judeu quando a ouviam na boca dos profetas ou de Jesus Cristo. Para todo o Próximo Oriente antigo, bem como para Israel, a função primordial do rei consistia em fazer justiça aos súditos oprimidos e explorados pelos ricos e cobiçosos. Segundo os salmos e os profetas, particularmente Isaías (61,1-2) e Miqueias (4,6-7), o Messias esperado será um Messias dos pobres: "Fará justiça aos humilhados do povo e salvará os desvalidos e esmagará o opressor" (Sl 72,2-4). "Ele libertará o pobre suplicante e o infeliz que ninguém ampara" (Sl 72,12-14; Is 9,4-5). Para isso será "ungido pelo Espírito de Javé: para anunciar a boa notícia aos pobres, sarar os corações feridos para anunciar aos oprimidos a libertação e aos presos a liberdade... para consolar todos os que choram, para dar-lhes uma coroa em vez de cinza, óleo de alegria em vez de luto, cantos de louvor em vez de espírito abatido" (Is 61,1-3; Is 11,1s.).

O rei messiânico garantirá a justiça do pobre frente ao seu opressor. A magnanimidade do rei os atenderá a todos. Essa constitui, portanto, a boa-nova para todos os pobres: chegou o dia de sua justiça. Aparecerá a iniquidade da riqueza e da opressão e se revelará também a injustiça de seu estado de pobreza. O Messias irá fazer valer os direitos do fraco contra o forte opressor. "Deles é o Reino dos Céus"

---

6. *Teología del Nuevo Testamento*. Vol. I. Salamanca, 1974, p. 138.

significa portanto: eles serão os primeiros beneficiados pela irrupção do Reino de Deus, que é uma nova ordem de justiça, de equidade e de superação de classe rica e pobre.

"A razão de seu privilégio", nos diz Jacques Dupont, "não deve ser buscada em suas disposições espirituais, senão na maneira como Deus concebe o exercício de sua realeza. Bem-aventurados os pobres, não porque são melhores que os demais, mais bem preparados para receber o Reino que vem, senão porque Deus quer fazer de seu Reino uma deslumbrante manifestação de sua justiça e de seu amor em favor dos pobres, dos que sofrem e estão na aflição. O privilégio dos pobres tem seu fundamento teológico em Deus. Erramos ao querer fundá-lo nas disposições morais destes pobres, obrigando-os a espiritualizar sua pobreza. A pobreza daqueles a quem Jesus anuncia a boa-nova do Reino de Deus é enfocada como uma condição humana desfavorável, que faz dos pobres vítimas da fome e da opressão. É um mal: precisamente por isso os sofrimentos e as privações dos pobres aparecem como um desafio à justiça real de Deus. Deus decidiu pôr termo a tudo isso"[7].

Pobres possui, portanto, um sentido concreto e histórico, como uma situação gerada pela injustiça que ofende e humilha a imagem de Deus.

Pregando a boa-nova aos pobres Jesus lhes garante que serão libertados de sua situação desgraçada... Ser pobre, para São Lucas, não é nenhum ideal; é algo que devemos superar, como devemos suplantar a injustiça e o pecado.

E que significa, então, a outra versão conservada por São Mateus: "Bem-aventurados os pobres de *espírito,* por-

---

7. *Los pobres*. Op. cit., p. 37.

que deles é o Reino dos Céus" (5,3)? Convém antes ressaltar que, das vinte e quatro vezes que ocorre no Novo Testamento a palavra *pobre*, vinte e uma vezes possui um sentido de necessitado de bens materiais e por isso digno de ajuda. Em 1Jo 3,17 aparece este sentido de pobre: "Aquele que tiver bens deste mundo e, vendo seu irmão passar necessidade, lhe fecha as entranhas, como permanece nele a caridade de Deus?" É um sentido de pobre.

Em São Mateus encontramos um outro sentido de *pobre*, significando um modo de ser espiritual positivo. Ser pobre é ser humilde, manso de coração, ser mendigo diante de Deus, que nada tendo de próprio se faz capaz de tudo receber do Alto. Este sentido estava já presente na tradição do Antigo Testamento. Para esta disposição espiritual se usava também a palavra *pobre* (*anaw*). Este outro sentido de *pobre* assumido por Mateus se encontra em todas as bem-aventuranças. Assim como Mateus fala de pobres em *espírito*, fala também dos que têm fome e sede de *justiça* e dos que são perseguidos *por causa da justiça* (5,10-11). Estamos já num outro plano que não depende mais do ter ou do não ter.

Por que São Lucas assume um sentido e São Mateus o outro? Ambos são verdadeiros. A exegese nos afirma que a formulação de São Lucas se refere aos pobres simplesmente; é a mais antiga, provinda do Jesus histórico. O próprio São Mateus conhece a formulação simples, sem o acréscimo de pobres *em espírito*. Quando João Batista manda perguntar a Jesus se é Ele o que há de vir, responde: "Os cegos veem, os coxos andam etc., e os pobres são evangelizados" (Mt 11,5). O acréscimo *em espírito* é próprio de São Mateus. Provavelmente não provém do Jesus histórico, mas corresponde à mentalidade jesuânica, como veremos logo a seguir. Jesus veio trazer um espírito novo que torna impossível a riqueza e a pobreza como dimensões dialéticas. Esse espírito é bem expresso nas bem-aventuranças de São Mateus. Ademais, os dois sentidos de pobreza estavam profundamente arraigados na tradição teológica do judaísmo, pobreza como opressão e pobreza como humildade diante de Deus. Motivos muito concretos motivaram Lucas a assumir um sentido – o da opressão – e Mateus o outro – o de espírito de humildade. Na comunidade de Mateus, onde havia muitos judeus e judaizantes, corria-se o risco de se cair na tentação do farisaísmo ligado à busca da própria justiça, ao orgulho e à autoafirmação diante de Deus. Daí Mateus insistir na pobreza-humildade de espírito, na fome e sede de justiça que se contrapõem ao orgulho. Na comunidade de São Lucas notava-se a diferença de classes: havia ricos e pobres, existiam relações de opressão. Daí São Lucas acentuar fortemente a pobreza-injustiça e a necessidade de se realizar o Reino de Deus, que é de justiça, amor e paz, e manifestação da força de Deus, que restabelece as relações violadas, libertando da opressão os pobres[8].

Ambos afirmam a verdade sob dois aspectos diferentes. Queremos mostrar agora que, embora diferentes, tanto um sentido quanto o outro são necessários e se implicam mutuamente, de tal forma que o empenho por uma superação da pobreza-opressão derivada mensagem de Jesus e uma espiritualização de tal empenho significa uma mistificação do sentido evangélico de pobreza e se transforma em refinada maneira de continuar rico, fazendo belos discursos sobre a pobreza.

---

8. JEREMÍAS, J. "Quienes son los pobres?" *Teología del Nuevo Testamento*, p. 134-138.

6 A pobreza que é riqueza querida por Deus e dignificadora do homem

Qual é a pobreza que agrada a Deus e dignifica o homem? Das reflexões que articulamos acima ficou claro: não é a pobreza material em si mesma pelas relações injustas que ela supõe ao ser gerada e pelas limitações desumanizadoras que ela provoca. A pobreza que dignifica é aquela já apontada anteriormente quando nos referíamos ao texto de São Mateus: a pobreza em espírito, chamada também por Gustavo Gutiérrez, o grande teólogo latino-americano, de infância espiritual. Talvez esta expressão – infância espiritual – seja mais condizente que a outra – pobreza espiritual –, porque evita os mal-entendidos e não dá lugar às mistificações teológicas justificadoras tanto do estado de pobreza quanto do de riqueza materiais. Mas não cabe mais a nós controlar a vigência das palavras. Pobreza, na tradição bíblico-cristã, possui também um sentido que não está ligado imediatamente com o ter e com os bens materiais, a partir donde se define exatamente o pobre e o rico, como classes sociais diferentes: pobreza como humildade e atitude de infância espiritual.

a) Pobreza como atitude de humildade

Pobreza, pois, significa também a capacidade de acolher Deus, de reconhecer a profunda nadidade da criatura, o vazio humano diante da riqueza do amor divino. Pobreza é sinônimo de humildade, desprendimento, vazio interior, renúncia a toda vontade de se autoafirmar. O oposto à pobreza, neste sentido, não é a riqueza. É o orgulho, a fanfarronice, a autoafirmação do eu, o fechamento diante de Deus e dos outros. Como transparece: neste sentido alguém pode ser pobre materialmente e não ser pobre humilde porque pode ser orgulhoso e cheio de desejos de possuir egoisticamente; alguém pode ser rico materialmente e ser pobre porque pode ser humilde, aberto a Deus e aos demais, viver solidário com os desafortunados de bens, dar um sentido social à riqueza herdada. Nesta acepção a pobreza é apresentada como um ideal pela Bíblia e por todos os mestres espirituais. Prega o Profeta Sofonias: "Buscai a Javé, vós todos, pobres da terra, que cumpris suas normas; buscai a justiça, buscai a pobreza" (Sf 2,3).

O sentido de pobreza como humildade, contraposta ao orgulho, encontra-se bem testemunhado pelo mesmo Profeta Sofonias: "Naquele dia, não serás mais confundida, filha de Sion, por causa de todos os pecados que cometeram contra mim teus fanfarrões arrogantes; não te orgulharás mais no meu santo monte. Deixarei subsistir no meio de ti um povo pobre-humilde e modesto, que porá sua confiança no nome do Senhor" (3,11-12).

Aqui aparece claramente a oposição dos dois modos de ser: um orgulhoso, arrogante, que confia em suas próprias forças; outro humilde, modesto, que põe sua confiança na força de Deus; isto é ser pobre.

Insistimos: não se trata de uma idealização da pobreza material. Pobreza aqui se toma num outro sentido, como um modo de situar-se face a todas as coisas, considerando-as como advindas de Deus, como uma atitude ontológica (e não psicológica) que torna o homem capaz de manter-se sempre ligado e aberto a Deus, a despeito de sua situação sociológica. Evidentemente, o pobre material possui uma situação que possibilita mais facilmente a abertura e a confiança em Deus. Nada tendo, é levado a tudo esperar da Providência. O rico material encontra maiores dificuldades de confiar e esperar de Deus. Ele possui bens que o satisfazem, que o preocupam e o ocupam. Daí não precisar de Deus para sobreviver materialmente. Por isso adverte Jesus: "Ai de vós, ricos, porque tendes já vossa consolação" (Lc 6,24)...; "é mais fácil um camelo passar pelo fundo de uma agulha que um rico entrar no Reino de Deus" (Lc 18,25).

A pobreza material continua a ser um mal. Apesar disto, ela pode dar oportunidade a uma fecundidade religiosa inegável: dar chance ao homem para entregar-se confiante a Deus, que lhe fará justiça.

Os salmos especificam melhor o sentido de pobre-humilde. No Sl 34 se diz que os pobres são "os que se refugiam em Deus" (v. 9), "os que buscam" (v. 11); no Sl 37 se afirma que os pobres são os "que esperam em Javé" (v. 9), "os justos" (v. 17), "os irrepreensíveis" (v. 18), "os fiéis" (v. 28), "os íntegros" (v. 37), "os retos" (v. 37). Mas se diz também neste Sl 37 que "os pobres herdarão a terra e gozarão de todo o bem" (v. 11). O Sl 34 assevera que, "quando o pobre invoca a Javé, Ele o escuta e o livra de suas dificuldades" (v. 7). Como diz González Ruiz: "Não há lugar para dúvida: o Deus dos *anawin* (pobres) não quer, como ponto de partida, a condição social da pobreza, de sorte que a supressão desta se identifica com a ação salvadora de Deus"[9].

---

9. *Pobreza evangélica*. Op. cit., p. 40.

b) **Pobreza material como ascese para poder viver a pobreza-humildade**

A pobreza-humildade não é uma questão voluntarística. Não basta querer para ser pobre-humilde, aberto a Deus e por isso desprendido dos bens deste mundo. Para sermos realistas e manter o sento histórico, precisamos colocar as condições materiais que possibilitem a vivência da pobreza-humildade. É aqui que tem lugar a ascese. Esta não implica desprezo dos bens, o que seria mau. Mas um uso moderado e módico dos bens sem o acúmulo que escraviza. Nesta direção, devem ser entendidas as admoestações de Jesus contra o enriquecimento pela preocupação excessiva que implica (Lc 12,15), pelo esquecimento de Deus que favorece (Lc 12,22) e pela tentação da idolatria em que facilmente se cai (Lc 18,25). O *quantum* de ascese em bens não pode ser determinado aprioristicamente. Depende do sistema econômico, do lugar, do tempo, das pessoas. Entretanto, deve ser aquele que nos faça permanentemente recordar e viver Deus como o único Absoluto e o outro como a presença do Absoluto na história. Somente pela ascese se pode viver realisticamente a pobreza-humildade, e esta ascese pode coexistir com uma pessoa que movimenta grandes riquezas. Pela ascese é livre em face delas e assim tem a possibilidade de conferir-lhes um sentido social e de comunhão com os outros homens.

c) **Pobreza como compromisso contra a pobreza**

A pobreza-humildade como total vazio e completa disponibilidade diante de Deus não pode, por sua vez, ser ideologizada para acobertar uma situação histórica onde há poucos ricos e muitos pobres. Se alguém está aberto realmente a Deus, sente-se impulsionado a se comprometer com a justiça no mundo. O encontro com Deus o urge para o encontro com os muitos nos quais Deus é ofendido pela miséria, fome e exploração que sofrem. O encontro com os pobres abre para um encontro exigente com Deus. A pobreza-pecado leva o pobre-humilde a se empenhar na sua superação. Lutar pela justiça nas relações entre os homens e na distribuição mais equitativa dos bens terrenos é uma das formas que assume a vivência concreta da pobreza-humildade.

Referíamos acima que para o Novo Testamento e para as bem-aventuranças os pobres são privilegiados no Reino de Deus, porque é por eles que começa a se realizar e a se manifestar o que significa propriamente o Reino. Deus vai fazer justiça e vai restituir-lhes a dignidade roubada. Como se fará isso? Deus não intervém diretamente, fazendo milagres. Não é esse o modo de sua atuação histórica. Ele intervém sacramentalmente, isto é, intervém utilizando o engajamento humano. Os homens de fé deveriam ser com mais razão os instrumentos-sacramentos responsáveis pela superação da pobreza-pecado. Em seu trabalho e em tudo aquilo em que se engajam está a ação de Deus. Na nossa história de libertação se concretiza a história do Reino. A pobreza-humildade exige um compromisso contra a pobreza-pecado.

Este compromisso se efetua em dois níveis diferentes testemunhados pela Escritura:

O primeiro se dá no nível da esmola. O Novo Testamento está cheio de convites à esmola, como forma de se solidarizar com o pobre: "Dai de esmola o que tendes, então tudo será puro para vós" (Lc 11,41). Jesus admoesta dar a quem pede, sem esperar a restituição (Lc 6,30.38). Esta forma, entretanto, possui um grande limite. Não suprime o estado de divisão entre ricos e pobres. Apenas faz do rico um generoso. Mas ele continua rico, conservando sua situação de classe.

No segundo nível se dá um passo além. Assume-se a pobreza. Despoja-se de todos os bens. Não porque se vê na pobreza em si um bem a ser buscado. Mas como movimento do amor e como compromisso para com os pobres para junto com eles lutar na suplantação da pobreza que desumaniza. Pobreza se cura com pobreza. Se a pobreza-pecado é gerada pela falta de amor e de solidariedade, então será o amor comprometido e a solidariedade a força de sua libertação. "Não se trata de idealizar a pobreza", nos diz Gustavo Gutiérrez, "porém, ao contrário, de assumi-la como é, como um mal, para protestar contra ela e esforçar-se por aboli-la. Como diz Paul Ricoeur, ninguém está realmente com os pobres senão lutando contra a pobreza. Graças a esta solidariedade – feita gesto precioso, estilo de vida, ruptura com sua classe de origem – poder-se-á também contribuir para que os pobres e despojados tomem consciência de sua situação de exploração e busquem libertar-se dela. A pobreza cristã, expressão de amor, é solidária com os pobres e é protesto contra a pobreza"[10].

As exigências de Jesus de total despojamento devem ser entendidas dentro desta dinâmica de um compromisso total para com os pobres do Reino (Lc 5).

---

10. GUTIÉRREZ, G. *Teologia da Libertação*. Petrópolis: Vozes, 1975, p. 247.

A pobreza-compromisso-de-amor se impõe hoje na América Latina como a forma histórica de a Igreja missionar e de a vida religiosa legitimar seu próprio voto de pobreza.

7 Jesus, o rico que se fez pobre

Os três sentidos positivos de pobreza como humildade, como ascese e como compromisso foram vividos radicalmente por Jesus de Nazaré. Sua família era pobre; Ele mesmo era de tal maneira pobre que não tinha onde repousar a cabeça. Vive de esmolas e do fruto da pesca de seus discípulos. Prega e faz o bem por todas as partes, a ponto de não ter tempo para comer (Mc 6,31). É também pobre de seu tempo, pois recebe a todos que o procuram: "Se alguém vem a mim, eu não o mandarei embora" (Jo 6,36). Entretanto, para Jesus, ser privado de bens não constitui ainda um valor em si mesmo. Como já consideramos acima: se exalta os pobres não é porque nada têm, mas porque tudo podem receber de Deus, que quer fazer justiça a eles. Porque é um homem livre, aceita comer com amigos ricos a ponto de tornar-se suspeito (cf. Mt 11,19). Aceita os convites de seus anfitriões como forma de concretizar o amor de Deus para com todos os homens, também dos pecadores ricos.

Filho de Deus, esvaziou-se a si mesmo tomando a condição de simples mortal (Fl 2,6-7). Viveu em total referência a Deus Pai. Dele recebeu tudo, a missão, os discípulos, o Reino, a glória: "...não tenho nada por mim mesmo" (Jo 5,30; cf. 5,19; 8,29). Esta vida realiza a humildade-pobreza num sentido radical e não meramente num sentido moral. Vive de tal forma dependente de Deus que se sente como Filho. Como do Pai tudo recebe, também tudo dá aos outros, a vida e a morte. Conquistou os homens não pelo poder arrogante que a todos subjuga, mas pelo serviço generoso que a todos fascina.

Comprometeu-se com os pobres de seu tempo; tomou-lhes sempre a defesa e não recusou por causa disso a disputa e os conflitos, para defender o cego de nascença, os leprosos, a prostituta, a mulher que perfumou sua cabeça, considerada de má vida, os doentes, considerados pelos cânones do tempo pecadores públicos. São Paulo lembra "a generosidade de Nosso Senhor Jesus Cristo, que sendo rico se fez pobre, *por nossa causa*, para que fôssemos enriquecidos com sua pobreza" (2Cor 8,9). Muito do conflito que o levou à morte fatal se deve à liberdade que Ele tomou em função dos marginalizados. Sua morte foi digna porque morreu pelos muitos pelos quais ninguém morre. E fê-lo por solidariedade, "por nossa causa", como sublinha São Paulo. Seguir Jesus é pro-seguir sua vida e sua causa, é "ter os mesmos sentimentos que Ele teve" (Fl 2,5), que o levaram a assumir a situação do outro (Fl 2,6) que era pecador. Assumiu-a não para idealizá-la, mas para, a partir de dentro, superá-la, para infundir uma nova mentalidade que torne impossível o surgimento de ricos e pobres e oprimidos e opressores.

Pobreza-compromisso constitui a forma mais alta do amor porque vai ao encontro do outro como outro e não como alguém da mesma classe ou prolongamento de nós mesmos. Ser pobre hoje para a Igreja e para os cristãos ao nível pessoal é entrar num compromisso pela justiça das imensas maiorias empobrecidas economicamente e ofendidas em sua dignidade de homens e de irmãos. Colocar sua consciência, sua linguagem, seu peso social, seus bens e sua presença histórica nas sociedades latino-americanas em favor destes outros que constituem os "muitos" (todos) pelos quais Cristo também viveu e morreu significa para a Igreja um apelo de consciência inarredável que julga do caráter evangélico e libertador de sua atuação no mundo.

Livros de Leonardo Boff

1 – *O Evangelho do Cristo Cósmico*. Petrópolis: Vozes, 1971 [Esgotado – Reeditado pela Record (Rio de Janeiro), 2008].

2 – *Jesus Cristo libertador*. 21. ed. Petrópolis: Vozes, 2012.

3 – *Die Kirche als Sakrament im Horizont der Welterfahrung*. Paderborn: Verlag Bonifacius-Druckerei, 1972 [Esgotado].

4 – *A nossa ressurreição na morte*. 11. ed. Petrópolis: Vozes, 2012.

5 – *Vida para além da morte*. 26. ed. Petrópolis: Vozes, 2012.

6 – *O destino do homem e do mundo*. 12. ed. Petrópolis: Vozes, 2012.

7 – *Experimentar Deus*. 2. ed. Petrópolis: Vozes, 2012 [Publicado em 1974 pela Vozes com o título *Atualidade da experiência de Deus* e em 2002 pela Verus com o título atual].

8 – *Os sacramentos da vida e a vida dos sacramentos*. 28. ed. Petrópolis: Vozes, 2012.

9 – *A vida religiosa e a Igreja no processo de libertação*. 2. ed. Petrópolis: Vozes/CNBB, 1975 [Esgotado].

10 – *Graça e experiência humana*. 7. ed. Petrópolis: Vozes, 2012.

11 – *Teologia do cativeiro e da libertação*. Lisboa: Multinova, 1976 [Reeditado pela Vozes, 2014 (7. ed.)].

12 – *Natal*: a humanidade e a jovialidade de nosso Deus. 8. ed. Petrópolis: Vozes, 2009.

13 – *Eclesiogênese* – As comunidades reinventam a Igreja. 3. ed. Petrópolis: Vozes, 1977 [Reeditado pela Record (Rio de Janeiro), 2008].

14 – *Paixão de Cristo, paixão do mundo*. 7. ed. Petrópolis: Vozes, 2012.

15 – *A fé na periferia do mundo*. 5. ed. Petrópolis: Vozes, 1991 [Esgotado].

16 – *Via-sacra da justiça*. 4. ed. Petrópolis: Vozes, 1978 [Esgotado].

17 – *O rosto materno de Deus*. 11. ed. Petrópolis: Vozes, 2012.

18 – *O Pai-nosso* – A oração da libertação integral. 13. ed. Petrópolis: Vozes, 2013.

19 – *Da libertação* – O teológico das libertações sócio-históricas. 4. ed. Petrópolis: Vozes, 1976 [Esgotado].

20 – *O caminhar da Igreja com os oprimidos*. Rio de Janeiro: Codecri, 1980 [Esgotado – Reeditado pela Vozes (Petrópolis), 1998 (2. ed.)].

21 – *A Ave-Maria* – O feminino e o Espírito Santo. 10. ed. Petrópolis: Vozes, 2014.

22 – *Libertar para a comunhão e participação*. Rio de Janeiro: CRB, 1980 [Esgotado].

23 – *Igreja*: carisma e poder. Petrópolis: Vozes, 1981 [Reedição ampliada pela Ática (Rio de Janeiro), 1994 e pela Record (Rio de Janeiro), 2005].

24 – *Crise, oportunidade de crescimento*. Petrópolis: Vozes, 2011 [Publicado em 1981 pela Vozes com o título *Vida segundo o Espírito* e em 2002 pela Verus com o título atual].

25 – *São Francisco de Assis*: ternura e vigor. 13. ed. Petrópolis: Vozes, 2012.

26 – *Via-sacra para quem quer viver*. Petrópolis: Vozes, 2012 [Publicado em 1982 pela Vozes com o título *Via-sacra da ressurreição* e em 2003 pela Verus com o título atual].

27 – *Mestre Eckhart*: a mística do ser e do não ter. Petrópolis: Vozes, 1983 [Reedição sob o título de *O livro da Divina Consolação*. Petrópolis: Vozes, 2006 (6. ed.)].

28 – *Ética e ecoespiritualidade*. Petrópolis: Vozes, 2011 [Publicado em 1984 pela Vozes com o título *Do lugar do pobre* e em 2003 pela Verus com o título atual e com o título *Novas formas da Igreja*: o futuro de um povo a caminho].

29 – *Teologia à escuta do povo*. Petrópolis: Vozes, 1984 [Esgotado].

30 – *A cruz nossa de cada dia*. Petrópolis: Vozes, 2012 [Publicado em 1984 pela Vozes com o título *Como pregar a cruz hoje numa sociedade de crucificados* e em 2004 pela Verus com o título atual].

31 – *Teologia da Libertação no debate atual*. Petrópolis: Vozes, 1985 [Esgotado].

32 – *Francisco de Assis* – homem do paraíso. 4. ed. Petrópolis: Vozes, 1999.

33 – *A Trindade e a Sociedade*. 6. ed. Petrópolis: Vozes, 2014.

34 – *E a Igreja se fez povo*. Petrópolis: Vozes, 1986 [Reedição pela Verus (Campinas), 2004, sob o título de *Ética e ecoespiritualidade* (2. ed.), e *Novas formas da Igreja*: o futuro de um povo a caminho (2. ed.)].

35 – *Como fazer Teologia da Libertação?* 10. ed. Petrópolis: Vozes, 2010.

36 – *Die befreiende Botschaft*. Friburgo: Herder, 1987.

37 – *A Santíssima Trindade é a melhor comunidade*. 12. ed. Petrópolis: Vozes, 2011.

38 – *Nova evangelização*: a perspectiva dos pobres. 4. ed. Petrópolis: Vozes, 1991 [Esgotado].

39 – *La misión del teólogo en la Iglesia*. Estella: Verbo Divino, 1991.

40 – *Seleção de textos espirituais*. Petrópolis: Vozes, 1991 [Esgotado].

41 – *Seleção de textos militantes*. Petrópolis: Vozes, 1991 [Esgotado].

42 – *Con la libertad del Evangelio*. Madri: Nueva Utopia, 1991.

43 – *América Latina*: da conquista à nova evangelização. São Paulo: Ática, 1992.

44 – *Ecologia, mundialização e espiritualidade*. 2. ed. São Paulo: Ática, 1993 [Reedição pela Record (Rio de Janeiro), 2008].

45 – *Mística e espiritualidade* (com Frei Betto). 4. ed. Rio de Janeiro: Rocco, 1994 [Reedição revista e ampliada pela Garamond (Rio de Janeiro), 2005 (6. ed.) e reedição pela Vozes (Petrópolis), 2010].

46 – *Nova era*: a emergência da consciência planetária. 2. ed. São Paulo: Ática, 1994 [Reedição pela Sextante (Rio de Janeiro), 2003, sob o título de *Civilização planetária*: desafios à sociedade e ao cristianismo].

47 – *Je m'explique*. Paris: Desclée de Brouwer, 1994.

48 – *Ecologia* – Grito da terra, grito dos pobres. 3. ed. São Paulo: Ática, 1995 [Reedição pela Sextante (Rio de Janeiro), 2004].

49 – *Princípio Terra* – A volta à Terra como pátria comum. São Paulo: Ática, 1995 [Esgotado].

50 – (org.) *Igreja*: entre norte e sul. São Paulo: Ática, 1995 [Esgotado].

51 – *A Teologia da Libertação*: balanços e perspectivas (com José Ramos Regidor e Clodovis Boff). São Paulo: Ática, 1996 [Esgotado].

52 – *Brasa sob cinzas*. 5. ed. Rio de Janeiro: Record, 1996.

53 – *A águia e a galinha*: uma metáfora da condição humana. 50. ed. Petrópolis: Vozes, 2012.

54 – *Espírito na saúde* (com Jean-Yves Leloup, Pierre Weil, Roberto Crema). 7. ed. Petrópolis: Vozes, 2007 [Coleção Unipaz].

55 – *Os terapeutas do deserto* – De Fílon de Alexandria e Francisco de Assis a Graf Dürckheim (com Jean-Yves Leloup). 16. ed. Petrópolis: Vozes, 2013 [Coleção Unipaz].

56 – *O despertar da águia*: o dia-bólico e o sim-bólico na construção da realidade. 24. ed. Petrópolis: Vozes, 2013.

57 – *Das Prinzip Mitgefühl* – Texte für eine bessere Zukunft. Friburgo: Herder, 1998.

58 – *Saber cuidar* – Ética do humano, compaixão pela terra. 19. ed. Petrópolis: Vozes, 2013.

59 – *Ética da vida*. 3. ed. Brasília: Letraviva, 1999 [Reedição pela Sextante (Rio de Janeiro), 2005, e pela Record (Rio de Janeiro), 2009].

60 – *A oração de São Francisco*: uma mensagem de paz para o mundo atual. 9. ed. Rio de Janeiro: Sextante, 1999 [Reedição pela Vozes (Petrópolis), 2012 (2. ed.)].

61 – *Depois de 500 anos*: que Brasil queremos? 3. ed. Petrópolis: Vozes, 2003 [Esgotado].

62 – *Voz do arco-íris*. 2. ed. Brasília: Letraviva, 2000 [Reedição pela Sextante (Rio de Janeiro), 2004].

63 – *Tempo de transcendência* – O ser humano como um projeto infinito. 4. ed. Rio de Janeiro: Sextante, 2000 [Reedição pela Vozes (Petrópolis), 2009].

64 – *Ethos mundial* – Consenso mínimo entre os humanos. 2. ed. Brasília: Letraviva, 2000 [Reedição pela Sextante (Rio de Janeiro), 2003 (2. ed.)].

65 – *Espiritualidade* – Um caminho de transformação. 3. ed. Rio de Janeiro: Sextante, 2001.

66 – *Princípio de compaixão e cuidado* (em colaboração com Werner Müller). 4. ed. Petrópolis: Vozes, 2009.

67 – *Globalização*: desafios socioeconômicos, éticos e educativos. 3. ed. Petrópolis: Vozes, 2002 [Esgotado].

68 – *O casamento entre o céu e a terra* – Contos dos povos indígenas do Brasil. Rio de Janeiro: Salamandra, 2001.

69 – *Fundamentalismo*: a globalização e o futuro da humanidade. Rio de Janeiro: Sextante, 2002 [Esgotado].

70 – (com Rose Marie Muraro) *Feminino e masculino*: uma nova consciência para o encontro das diferenças. 5. ed. Rio de Janeiro: Sextante, 2002 [Reedição pela Record (Rio de Janeiro), 2010].

71 – *Do iceberg à arca de Noé:* o nascimento de uma ética planetária. 2. ed. Rio de Janeiro: Garamond, 2002 [Reedição pela Mar de Ideias (Rio de Janeiro), 2010].

72 – (com Marco Antônio Miranda) *Terra América*: imagens. Rio de Janeiro: Sextante, 2003 [Esgotado].

73 – *Ética e moral*: a busca dos fundamentos. 8. ed. Petrópolis: Vozes, 2012.

74 – *O Senhor é meu Pastor*: consolo divino para o desamparo humano. 3. ed. Rio de Janeiro: Sextante, 2004 [Reedição pela Vozes (Petrópolis), 2013 (3. ed.)].

75 – *Responder florindo*. Rio de Janeiro: Garamond, 2004 [Reedição pela Mar de Ideias (Rio de Janeiro), 2012].

76 – *São José*: a personificação do Pai. 2. ed. Campinas: Verus, 2005 [Reedição pela Vozes (Petrópolis), 2012].

77 – *Virtudes para um outro mundo possível* – Vol. I: Hospitalidade: direito e dever de todos. Petrópolis: Vozes, 2005.

78 – *Virtudes para um outro mundo possível* – Vol. II: Convivência, respeito e tolerância. Petrópolis: Vozes, 2006.

79 – *Virtudes para um outro mundo possível* – Vol. III: Comer e beber juntos e viver em paz. Petrópolis: Vozes, 2006.

80 – *A força da ternura* – Pensamentos para um mundo igualitário, solidário, pleno e amoroso. 3. ed. Rio de Janeiro: Sextante, 2006.

81 – *Ovo da esperança*: o sentido da Festa da Páscoa. Rio de Janeiro: Mar de Ideias, 2007.

82 – (com Lúcia Ribeiro) *Masculino, feminino*: experiências vividas. Rio de Janeiro: Record, 2007.

83 – *Sol da esperança* – Natal: histórias, poesias e símbolos. Rio de Janeiro: Mar de Ideias, 2007.

84 – *Homem*: satã ou anjo bom. Rio de Janeiro: Record, 2008.

85 – (com José Roberto Scolforo) *Mundo eucalipto*. Rio de Janeiro: Mar de Ideias, 2008.

86 – *Opção Terra*. Rio de Janeiro: Record, 2009.

87 – *Fundamentalismo, terrorismo, religião e paz*. Petrópolis: Vozes, 2009.

88 – *Meditação da luz*. 2. ed. Petrópolis: Vozes, 2010.

89 – *Cuidar da Terra, proteger a vida*. Rio de Janeiro: Record, 2010.

90 – *Cristianismo*: o mínimo do mínimo. Petrópolis: Vozes, 2013.

91 – *El planeta Tierra*: crisis, falsas soluciones, alternativas. Madri: Nueva Utopia, 2011.

92 – (com Marie Hathaway). *O Tao da Libertação* – Explorando a ecologia da transformação. 2. ed. Petrópolis: Vozes, 2012.

93 – *Sustentabilidade*: O que é – O que não é. Petrópolis: Vozes, 2013.

94 – *Jesus Cristo Libertador*: ensaio de cristologia crítica para o nosso tempo. Petrópolis: Vozes, 2012. [Selo Vozes de Bolso].

95 – *O cuidado necessário*: na vida, na saúde, na educação, na ecologia, na ética e na espiritualidade. Petrópolis: Vozes, 2012.

96 – *O Espírito Santo* – Fogo interior, doador de vida e Pai dos pobres. Petrópolis: Vozes, 2013.

97 – *Francisco de Assis – Francisco de Roma*: a irrupção da primavera? Rio de Janeiro: Mar de Ideias, 2013.

Conecte-se conosco:

f facebook.com/editoravozes

◉ @editoravozes

𝕏 @editora_vozes

▶ youtube.com/editoravozes

◉ +55 24 2233-9033

www.vozes.com.br

Conheça nossas lojas:

www.livrariavozes.com.br

Belo Horizonte – Brasília – Campinas – Cuiabá – Curitiba
Fortaleza – Juiz de Fora – Petrópolis – Recife – São Paulo

EDITORA VOZES · VOZES NOBILIS · Vozes de Bolso · Vozes Acadêmica

EDITORA VOZES LTDA.
Rua Frei Luís, 100 – Centro – Cep 25689-900 – Petrópolis, RJ
Tel.: (24) 2233-9000 – E-mail: vendas@vozes.com.br